브뤼기에르 주교 서한집

브뤼기에르 주교 서한집

2007년 9월 3일 교회 인가
2007년 9월 7일 초판 1쇄 펴냄
2023년 10월 1일 초판 2쇄 펴냄

옮긴이 · 정양모 신부, 윤종국 신부
펴낸이 · 정순택
펴낸곳 · 가톨릭출판사
편집 겸 인쇄인 · 김대영

본사 · 서울특별시 중구 중림로 27
등록 · 1958. 1. 16. 제2-314호
전자우편 · edit@catholicbook.kr
전화 · 1544-1886(대표 번호)
지로번호 · 3000997

ISBN 978-89-321-1041-7 04230
    978-89-321-1040-0 (SET)

값 20,000원

이 책은 저작권법에 의해 보호를 받는 저작물이므로 무단 전재와 무단 복제를 금합니다.

가톨릭의 모든 도서와 성물을 '가톨릭출판사 인터넷쇼핑몰'에서 만나 보실 수 있습니다.
http://www.catholicbook.kr | (02)6365-1888(구입 문의)

브뤼기에르 주교 전기 자료집 제1집

브뤼기에르 주교 서한집

정양모 신부 · 윤종국 신부 옮김

가톨릭출판사

- : 인도양 → 자카르타 → 마카오 → 자카르타 → 페낭 → 방콕
- : 방콕 → 페낭 → 싱가포르 → 마닐라 → 마카오 → 푸저우 → 난징 → 시완쯔 → 마찌아즈

개포동 성당에 있는 브뤼기에르 주교 흉상과 원묘비 부본

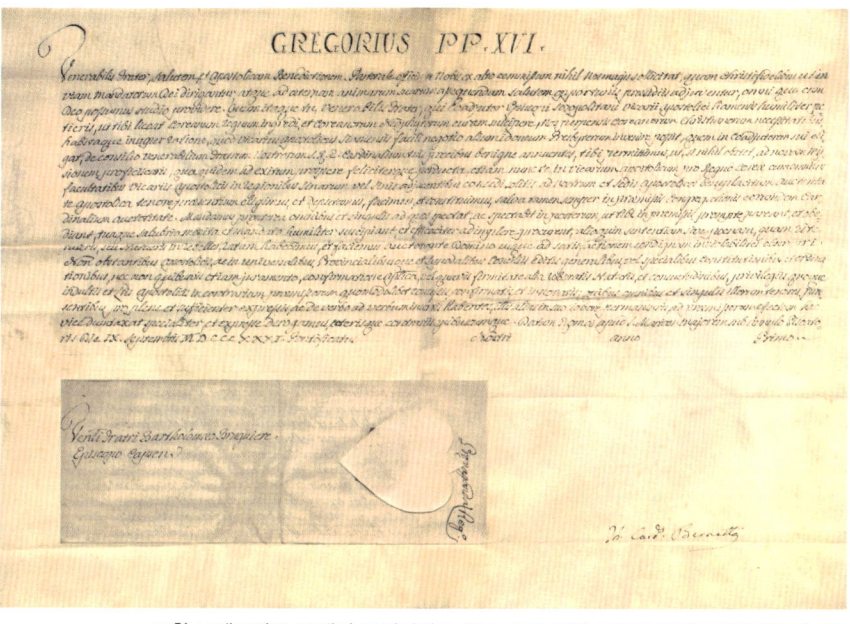

교황 그레고리오 16세의 브뤼기에르 주교 초대 조선 교구장 임명 교서(1831. 9. 9)

교황 그레고리오 16세의 조선 교구 설정 교서(1831. 9. 9)

브뤼기에르 주교가 조선 교우들에게 보낸 첫 번째 사목 서한 (1832. 윤 6. 26)

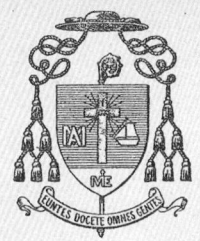

J. M. J.   Si Siang tartarice occidentale
            28 x.bre 1835

Ma très-chère mère

Il n'y a pas longtemps que j'ai eu le plaisir de vous écrire
comm. il se présente une nouvelle occasion j'en profite pour
vous donner de mes nouvelles plus récentes.
Je suis à la veille de mon départ pour les frontières de la Corée
j'ai encore trois cents lieues à faire par la tartarie, nous ne
sommes point encore en octobre et déjà il gèle aussi fort que
chez vous au mois de janvier. Avant de vous entrer dans un
pays encore plus froid après un mois de marcher nous trouverons
une température plus douce, nos affaires ne sont pas en fort
bon état je ne sais comment tout se terminera, j'entreprends
ce voyage en caravane à travers de déserts et de montagnes
infestées de voleurs et de bêtes féroces, mes compagnons de
voyage s'arment de toute pièce on dirait que nous allons au
combat il ne leur manque que le courage j'espère cependant
que nous en sortirons avec honneur je ne mets point ma confiance
dans les bras de chair, je mets tout mon espoir dans le Seigneur
je ne serai point trompé. priez donc le Bon Dieu pour moi
cette lettre est pour tous mes parens c'-à-d. je désire qu'on leur
donne de mes nouvelles. Je les salue tous, je fais mes complimens à
Mr le curé votre curé et m. le do. grand mère je lui écrirai encore.
Je suis
            ma très chère mère
        votre très humble
    et très-obéissant fils
    † Barthélemy Bruguière év. de capse
        V. ap. de la Corée

+ Dernière lettre photographiée — en attendant mieux —
de Mgr Bruguière 1er évêque missionnaire martyr
originaire de Raissac d'Aude où son ami
l'abbé Pierre Cabrol a été curé.
J. F. Bourdouil

장도에 오르기 열흘 전 네이멍구 시완쯔에서 어머니에게 보낸 마지막 편지(1835. 9. 28, 49신)

브뤼기에르 주교가 태어난 레삭 마을 전경

레삭 마을 입구 표지판

레삭 마을의 포도밭

브뤼기에르 주교가 공부했고 후에는 신학생들을 가르치기도 한 카르카손 소신학교·대신학교 자리

파리외방전교회

브뤼기에르 주교가 1832년 방콕을 출발한 후 잠시 머물던 페낭 신학교(자료 제공 : 한국교회사연구소)

브뤼기에르 주교가 1년 동안 머물던 시완쯔 마을 전경

브뤼기에르 주교가 박해를 피해 머물던 시완쯔에 있는 토굴

시완쯔 근교 구세주 천주당

시완쯔 천주당

3차 답사(2006. 3. 3~7) 중 시완쯔 천주당 요량 레오 부주교와 면담 중인 개포동 성당 염수의 주임신부

3차 답사 중 시완쯔 성직자 묘역 앞에서

마찌아즈 천주당 전경

마찌아즈 천주당 뒤편 브뤼기에르 주교 무덤(상단 왼쪽에서 두 번째)이 있는 외국인 선교사 묘역

1차 순례(2005. 8. 29~30) 중 마찌아즈 천주당 현양비 앞에서

1차 순례에 앞서 개포동 성당 신자들이 마찌아즈 천주당에 봉헌한 현양비

3차 답사 중 브뤼기에르 주교 원묘비 확인을 앞두고 촬영한 기념 사진

1차 순례 중 마찌아즈 신자들과 함께한 브뤼기에르 주교 묘역 참배

2006년 1월 15일 마찌아즈에서 발견한 브뤼기에르 주교 원묘비

3차 답사 중 원묘비 발견자 왕자춘과 악수하고 있는 개포동 성당 염수의 주임신부

3차 답사 중 원묘비 축복 예식

2차 순례(2006. 5. 12~15) 중 원묘비 축복 예식

2차 순례 중 염수정 주교의 원묘비 축복 예식

2차 순례 중 원묘비 축복 예식

2차 순례 중 원묘비 앞에서 찍은 단체 사진

용산 성직자 묘역으로 이장된 브뤼기에르 주교 묘소
(1931년 조선 교구 100주년 행사의 일환으로 마찌아즈에서 이장함)

개포동 성당 현양 감사 미사를 집전하는 정진석 니콜라오 추기경(2006. 9. 13)

개포동 성당 현양 감사 미사

개포동 성당 현양 감사 미사 중 정진석 추기경으로부터 받은 공로패

공로패

개포동 성당의 브뤼기에르 주교 흉상 및 원묘비 부본 축성식(2006. 9. 13)

현양 감사 미사 축하식

추천사

초대 교구장 브뤼기에르 주교님!
그분의 발자취를 따라가면서 배우는 신앙의 길잡이

먼저 개포동 성당에서 하느님의 크신 은총에 힘입어 초대 교구장 브뤼기에르(소 바르톨로메오) 주교님의 전기 자료집을 간행하게 된 것을 축하드립니다. 아울러 주교님의 신앙 행적을 본받고, 자발적인 기도와 현양 운동에 노력해온 교우들의 열정을 다시 한 번 치하합니다.

지난해 9월 13일에 저는 개포동 성당을 방문하고 현양 감사 미사를 집전하는 자리에서 '개포동 교우들이 그동안 이룩해온 현양의 발자취가 얼마나 훌륭한 것인가!'를 잘 알게 되었습니다. 또한 여기에는 섭리의 손길이 작용하고 있다는 것도 느꼈습니다. 그래서 저는 교구장으로서 아주 기쁜 마음으로 공로패를 수여했습니다.

이제 브뤼기에르 주교님의 현양 운동은 새로운 단계에 들어섰습니다. 보다 큰 공경 사업을 향해 나아가야 할 때이기 때문입니다. 그러기 위해서는 한국 천주교회, 더 나아가서는 동양과 세계 교회 안에서 그분이 남기신 복음사의 위상을 정립해내는 작업이 필요할 것입니다. 그뿐만 아니라 현양 운동을 더 넓게 펼쳐 나감으로써 한 명의 교우라도 더 많이 여기에 동참하게 되기를 기대해야만 합니다.

개포동 성당에서 주교님과 관련된 자료들을 꾸준히 추적해오면서 서한과 여행기, 유해 이장과 관련된 원자료들을 모아 번역 정리하고, 이를 종합하여 '브뤼기에르 주교 전기 자료집'으로 발간하는 이유도 이 때문일 것입니다. 아울러 이 자료집은 누구에게나 브뤼기에르 주교님의 신앙 행적을 이해하고, 이를 자기 신앙의 모범으로 삼는 길잡이가 될 것이라고 생각합니다.

부디 개포동 성당의 자발적인 현양 운동이 더 큰 공경 사업으로 이어져 좋은 결실을 맺고, 이 전기 자료집이 많은 교우들에게 읽혀지기를 바랍니다. 다시 한 번 브뤼기에르 주교님의 현양을 위해 애쓰시는 염수의 요셉 신부님과 교우들에게 하느님의 은총이 함께해주시기를 기원합니다.

2007년 8월

천주교 서울대교구
교구장 정진석(니콜라오) 추기경

역자들의 말

2005년 10월 천주교 서울대교구 개포동 성당(주임 염수의 신부)의 초대 조선 교구장 브뤼기에르 주교 현양위원회는 『브뤼기에르 주교의 여행기와 서한집』을 펴낸 바 있습니다. 이 책에는 브뤼기에르 주교와 관련된 서한 16편이 실려 있습니다.

이후 현양위원회는 2006년~2007년에 브뤼기에르 주교가 주고받은 서한과 선종 후 브뤼기에르 주교를 추모하는 서한 등 서한 40편과 브뤼기에르 주교 약전 및 송별기 등을 새로 찾아내 역자들에게 번역을 부탁했습니다. 정양모 신부가 프랑스어 서한들을 번역하고, 윤종국 신부가 라틴어 서한들을 우리말로 옮겼으며, 정진석 추기경님께서 라틴어 두 부분을 따로 번역해주셨습니다. 그리고 독자들의 이해를 돕기 위해 정양모 신부가 해제와 연보를 엮었습니다.

역문을 감수하는 노고를 아끼지 않으신 정진석 추기경님과 차기진 박사님께 감사의 말씀을 드립니다. 아울러 이 서한집을 펴내는 데는 개포동 성당 주임 염수의 신부님과 현양위원회 위원들, 사료를 제공해준 이들의 공이 큽니다. 특히 현양위원회 위원장 송봉자 아녜스 님의 희생과 노력 없이는 이 서한집이 빛을 보지 못했을 것입니다. 애써주신 모든 분들께 진심으로 고마움을 표합니다.

2007년 초여름
정양모 신부 · 윤종국 신부

일러 두기

1. 자료 해제

   AME(Archives de la Société des Missions Etrangères de Paris) → 파리외방전교회 문서고
   APF(Annales de la Propagation de la Foi) → 『전교후원회 연보』
   APM(Archivio della Procura Macao) → 포교성성 마카오 대표부 문서고
   Procura: Macao-Hongkong → 파리외방전교회 마카오 홍콩 대표부 문서
   SC Cina(Scritture Originali riferite nelle Congregazioni, Cina e Regni Adiacenti)
   → 교황청 인류복음화성 고문서고 소장, 중국과 주변국들에서 주간 회의에 보고한 원자료
   SOCP(Scritture Originali della Congregazione Particolare dell'Indie e Cina)
   → 교황청 인류복음화성 고문서고 소장, 인도 주변국들과 중국 관계 특별 회의에 보고된 원자료

2. 중국 지명 한글 변환표

   강남(江南) → 장난
   강서성(江西省) → 장시성
   광동성(廣東省) → 광둥성
   금주(錦州) → 진저우
   내몽골(內蒙古) → 네이멍구
   남경(南京) → 난징
   도문(圖們) → 투먼
   마가자(馬架子) → 마찌아즈
   복건성(福建省) → 푸젠성
   복주(福州) → 푸저우
   봉천(奉天) → 펑티엔
   봉황성(鳳凰城) → 펭후앙성
   북경(北京) → 베이징
   사천(四川) → 쓰촨

   산동성(山東省) → 산둥성
   산서성(山西省) → 산시성
   서만자(西灣子) → 시완쯔
   섬서성(陝西省) → 산시성
   신강(新疆) → 신장
   심양(瀋陽) → 선양
   연안(延安) → 옌안
   요동(遼東) → 랴오둥
   장치(長治) → 창즈
   직예(直隸) → 즈리
   청도(靑島) → 칭다오
   하북성(河北省) → 허베이성
   흑룡강(黑龍江) → 헤이룽강
   홍화(興化) → 싱화

3. 본문에서 괄호( ) 안에 있는 내용은 원본에는 없으나 독자들의 이해를 돕기 위해 역자들이 추가한 설명이다.

차례

추천사	25
역자들의 말	27
일러두기	29
브뤼기에르 주교 연보	34
해제	37

서한

1 신 : 브뤼기에르 신부의 1825년 9월 8일자 서한(카르카손)	67
2 신 : 브뤼기에르 신부의 1825년 11월 6일자 서한(파리)	71
3 신 : 브뤼기에르 신부의 1825년 12월 19일자 서한(파리)	73
4 신 : 브뤼기에르 신부의 1826년 4월 10일자 서한(항해 중)	76
5 신 : 브뤼기에르 신부의 1826년 7월 서한(바타비아)	78
6 신 : 브뤼기에르 신부의 1826년 말~1827년 초 서한(바타비아)	82
7 신 : 브뤼기에르 신부의 1827년 2월 4일자 서한(페낭)	87
8 신 : 브뤼기에르 신부의 1827년 2월 6일자 서한(페낭)	96
9 신 : 브뤼기에르 신부의 1827년 6월 20일자 서한(방콕)	101
10신 : 브뤼기에르 신부의 1829년 5월 19일자 서한(방콕)	126
11신 : 브뤼기에르 신부의 1829년 5월 29일자 서한(방콕)	137
12신 : 그레고리오 16세 교황의 1831년 9월 9일자 칙서(로마)	142
13신 : 그레고리오 16세 교황의 1831년 9월 9일자 칙서(로마)	144
14신 : 교황청 포교성성의 1831년 10월 1일자 서한(로마)	146

15신 : 브뤼기에르 주교의 1832년 4월 28일자 서한(페낭)	148
16신 : 브뤼기에르 주교의 1832년 7월 3일자 서한(페낭)	150
17신 : 브뤼기에르 주교의 1832년 8월 22일자 서한(싱가포르)	152
18신 : 브뤼기에르 주교의 1832년 10월 25일자 서한(마카오)	154
19신 : 브뤼기에르 주교의 1832년 11월 9일자 서한(마카오)	155
20신 : 브뤼기에르 주교의 1832년 11월 10일자 서한(마카오)	166
21신 : 브뤼기에르 주교의 1832년 11월 18일자 서한(마카오)	183
22신 : 브뤼기에르 주교의 1832년 11월 19일자 서한(마카오)	185
23신 : 브뤼기에르 주교의 1832년 12월 11일자 서한(마카오)	187
24신 : 브뤼기에르 주교의 1832년 12월 14일자 서한(마카오)	189
25신 : 브뤼기에르 주교의 1832년 12월 서한(마카오)	230
26신 : 브뤼기에르 주교의 1833년 4월 18일자 서한(푸젠성 푸저우)	231
27신 : 브뤼기에르 주교의 1833년 4월 20일자 서한(푸젠성 푸저우)	238
28신 : 브뤼기에르 주교의 1833년 4월 23일자 서한(푸젠성 푸저우)	241

29신 : 브뤼기에르 주교의 1833년 8월 28일자 서한(산둥) 243

30신 : 브뤼기에르 주교의 1833년 10월 28일자 서한(산시) 245

31신 : 브뤼기에르 주교의 1834년 6월 5일자 서한(산시) 252

32신 : 브뤼기에르 주교의 1834년 6월 6일자 서한(산시) 259

33신 : 포교성성 차관 A. 마유스의 1834년 8월 31일자 서한(로마) 264

34신 : 포교성성 차관 A. 마유스의 1834년 8월 31일자 서한(로마) 266

35신 : 포교성성 차관 A. 마유스의 1834년 8월 31일자 서한(로마) 268

36신 : 포교성성 차관 A. 마유스의 1834년 8월 31일자 서한(로마) 270

37신 : 포교성성 차관 A. 마유스의 1834년 8월 31일자 서한(로마) 272

38신 : 르그레즈와 신부의 1834년 9월 2일자 서한(마카오) 274

39신 : 브뤼기에르 주교의 1834년 9월 20일자 서한(산시) 275

40신 : 브뤼기에르 주교의 1834년 9월 20일자 서한(산시) 278

41신 : 브뤼기에르 주교의 1834년 9월 20일자 서한(산시) 287

42신 : 브뤼기에르 주교의 1835년 1월 28일자 서한(시완쯔) 293

43신 : 포교성성 장관 프란소니우스 추기경의 1835년 1월 31일자 서한(로마) 295

44신 : 브뤼기에르 주교의 1835년 2월 8일자 서한(시완쯔) **303**

45신 : 브뤼기에르 주교의 1835년 7월 27일자 서한(시완쯔) **311**

46신 : 브뤼기에르 주교의 1835년 7월 28일자 서한(시완쯔) **315**

47신 : 브뤼기에르 주교의 1835년 8월 7일자 서한(시완쯔) **323**

48신 : 브뤼기에르 주교의 1835년 9월 28일자 서한(시완쯔) **339**

49신 : 브뤼기에르 주교의 1835년 9월 28일자 서한(시완쯔) **343**

50신 : 브뤼기에르 주교의 1835년 10월 1일자 서한(시완쯔) **345**

51신 : 브뤼기에르 주교의 1835년 10월 2일자 서한(시완쯔) **350**

52신 : 브뤼기에르 주교의 1835년 10월 6일자 서한(시완쯔) **353**

53신 : 알퐁소 데 도나타 산시 보좌 주교의 1835년 10월 서한(산시) **359**

54신 : 모방 신부의 1835년 11월 9일자 서한(시완쯔) **361**

55신 : 부스케 신부의 서한(에르) **369**

56신 : 포교성성 장관 프란소니우스 추기경의 1836년 6월 18일자 서한(로마) **371**

부록 : 브뤼기에르 주교 약전과 송별기 … 373

브뤼기에르 주교 연보

1792년 2월 12일   프랑스 나르본 읍 근교 레삭 마을에서 프랑수아와 테레즈 부부의 열한 번째 자녀로 출생.

1805년~1814년   나르본 소신학교, 카르카손 소신학교와 대신학교에서 수학.

1814년 6월 4일   부제품을 받음. 10월부터 카르카손 소신학교 교사로 재직.

1815년 12월 23일   사제품을 받음. 이후 5년 동안 카르카손 소신학교 교사로 재직.

1819년   카르카손 대신학교 교수로 취임. 카르카손 주교좌 성당 명예 참사 위원으로 임명.

1825년 9월 8일   카르카손에서 부모에게 고별 서한을 쓴 다음 역마차를 타고 파리외방전교회로 떠남.

1825년 9월 17일   파리외방전교회 신학교에 입학 후 4개월 반 동안 아시아 선교 연수 과정을 이수.

1826년 2월 5일	파리를 떠남. 2월 26일 보르도 항구에서 부모에게 곧 프랑스를 떠난다는 서한을 올린 다음, 배로 희망봉, 자카르타, 마카오를 차례로 거쳐 항해한 후 자카르타로 되돌아옴.
1827년 6월 4일	임지 방콕에 도착. 교구청 행정, 본당 사목, 신학교 교육을 맡음.
1829년 6월 29일	샴 보좌 주교(갑사 명의 주교)로 주교품 받음. 갑사(Capsa)는 지금의 튀니지 공화국 관할의 사하라 사막 오아시스 도시인 가프사(Gafsa, 주민 8만 명)임.
1831년 9월 9일	조선 교구 설정과 함께 초대 교구장으로 임명.
1832년 8월 4일	말레이시아 반도 서쪽 섬 페낭에서 출항, 싱가포르·마닐라를 거쳐 10월 18일 마카오에 입항.
1832년 12월 17일	브뤼기에르 주교와 모방 신부 등 선교사 6명이 마카오에서 출항.
1833년 3월 1일	도미니코회 주교가 상주하던 푸젠성(福建省) 푸저우(福州)에 도착. 3월 9일 모방 신부가 조선 선교를 자원.
1833년 4월 23일	푸저우에서 출항, 장난(江南) · 양쯔강 · 황허 · 즈리(直隷, 지금의 허베이성에 해당하는 황실 직할 지역)를 지나 10월 10일 프란치스코회 소속 주교 살베티가 상주하던 산시(山西) 창즈(長治)에 도착.
1833년 8월 26일	파리외방전교회가 조선 교구 관할 책임을 맡음.

1834년 1월 3일	중국인 유방제(중국 이름은 여항덕) 파치피코 신부가 조선에 입국.
1834년 9월 22일	산시를 떠나 10월 7일 만리장성을 넘음. 10월 8일 시완쯔(지금의 허베이성 張家口市 崇禮縣 西灣子鎭)에 도착. 푸젠성 푸저우에서 헤어졌던 모방 신부와 재회. 라자로회 소속 중국인 쉬에 신부의 신세를 짐.
1835년 10월 7일	라자로회 소속 중국인 고 신부와 복사 왕 요셉 등을 데리고 시완쯔를 떠나 10월 19일, 교우촌 마찌아즈(馬架子, 지금의 네이멍구 자치구 赤峯市 松山區 東山鄕)에 도착. 10월 20일, 저녁 8시 15분경 급서. 모방 신부는 시완쯔에서 브뤼기에르 주교의 조선 입국 소식을 기다리던 중 11월 1일 뜻밖에 브뤼기에르 주교의 급서 소식을 접하고 마찌아즈로 가서 11월 21일 장례를 치른 다음 조선행을 강행.
1836년 1월 13일	모방 신부가 조선에 밀입국한 데 이어 1836년 12월 31일에는 샤스탕 신부가, 다음해 12월 18일에는 앵베르 주교가 입국에 성공. 세 선교사는 1839년 9월 21일 한강 백사장 새남터에서 함께 순교.
1931년 10월 15일	조선 교구 설정 100주년을 맞아 브뤼기에르 주교의 유해를 마찌아즈 성당 묘지에서 용산 성직자 묘지로 이장.

해제

1신

　브뤼기에르 신부가 1825년 9월 8일 사목지인 프랑스 남부 카르카손에서 고향 레삭에 사는 부모에게 올린 고별 서한이다. 브뤼기에르 신부는 선교사 파견 전 고향을 마지막으로 방문했을 때 부모에게 파리외방전교회 본부에서 선교사 훈련을 받은 다음 아시아로 떠난다는 말을 차마 하지 못했다. 그는 카르카손에서 1825년 9월 8일 역마차를 타고 파리로 떠나는 날 이 서한으로 작별을 고했다. 그 시절엔 아시아로 파견된 선교사들은 대부분 살아서 귀국하지 못하고 현지에서 순교하거나 병사했다. 그래서 브뤼기에르 신부는 부모가 신앙의 힘으로 생이별의 슬픔을 이겨낼 수 있도록 기도했다.

2신 ~ 3신

　브뤼기에르 신부가 파리외방전교회 본부에 다섯 달가량 머물면서 선교사 훈련을 받는 동안에 어머니(2신)와 부모(3신)에게 두 차례 서한을 작성했다. 브뤼기에르 신부는 형제 가운데 열한 번째로 부모에게 각별한 사랑을 받았다(2신). 브뤼기에르 신부는 가족 친지들에게 두루 인사하면서 신앙생활에 충실할 것을 간곡히 당부한다(3신).

4신

　브뤼기에르 신부가 1826년 2월 5일 파리외방전교회를 떠나, 2월 말경(송별기 11항 참조) 보르도 항구에서 배를 타고 남아프리카 희망봉을 돌아 인도양을 항해하던 중에 만난 유럽행 배를 통해 전한, 부모에게 보내는 안부 서한(4월 10일)이다. 브뤼기에르 신부가 같은 해 7월 1일 인도네시아 바타비아(지금의 인도네시아 수도 자카르타)에 하선한 사실로 미뤄보아(5신), 인도양 몰디브 군도 못미친 곳에서 쓴 서한이 아닐까 한다.

5신

브뤼기에르 신부는 1826년 2월 5일 보르도에서 출항, 같은 해 7월 1일 바타비아에 입항하여 마카오행 배를 기다리는 동안 부모에게 이 서한을 작성했다. 그 내용을 살펴보면, 바타비아의 인종·환경·도시에 관해서는 자세히 기술한 반면, 고향에 있는 부모와 친지들에 대한 안부는 너무도 간략하다.

브뤼기에르 신부가 바타비아를 출항한 날짜와 마카오에 입항한 날짜는 알 수 없으나, 1826년 12월 11일 마카오에서 출항하여 이듬해 1월 12일 말레이시아 페낭에 입항한 사실은 알려져 있다.

6신

브뤼기에르 신부는 1826년 12월 11일 마카오를 출항해 바타비아를 경유, 1827년 1월 12일 페낭에 입항했다. 그가 바타비아에서 잠시 머물 때, 자신이 10여 년 동안 사목했던 카르카손 교구의 총대리 귀알리(Gualy) 신부에게 보내는 이 서한을 작성했다.

브뤼기에르 신부는 마카오 주재 교황청 포교성성 경리부에서 몇 달 지내는 동안, 조선 교우들이 '선교사를 보내줄 것'을 교황님께 간청하는 한문 서신의 라틴어 역문을 우연히 보고(달레, 『한국 천주교회사』 '중', 212쪽, 각주 9) 큰 충격을 받았다. 자신은 샴(지금의 타이 방콕) 교구 선교사로 발령받았지만, "포교성성에서 유럽 신부들에게 호소하듯이 파리외방전교회 신부들에게 호소한다면 저는 즉시 조선으로 출발하겠습니다"라고 뜻을 밝혔다.

7신

브뤼기에르 신부는 1826년 12월 11일 마카오를 떠나 이듬해 1월 12일 페낭에 도착하여 2월 4일자로 총장 랑글루아(Langlois) 신부에게 동남아 선교 현황을 보고한 서신이다. 1801년 주문모 야고보 신부가 순교한 이래 조선 교우들이 성직자를 영입하려 애쓴다는 사실을 언급한다. 1824년 또는 1825년 조선 교우들이 교황님께 올린 한문 서한이 1826년 12월 3일 마카오에서 라틴어로 번역되었다(달레, 『한국 천주교회사』 '중', 212쪽, 각주 9). 브뤼기에르 신부가 그것을 직접 본 것이 틀림없다. 그는 "어찌해서 저 불쌍한 조선 교우들을 돌볼 사제가 전 유럽에 한 명도 없단 말인가?"라고 하면서 애통해하였다.

8신

브뤼기에르 신부는 1827년 1월 12일 페낭에 입항한 다음, 2월 4일자로 파리외방전교회 총장 랑글루아 신부에게 서한을 써 보낸(7신) 이틀 후, 자신이 철학과 신학을 가르쳤던 카르카손 대신학생들에게 이 서한을 써 보냈다. 서한 내용은, 신학생들에게 겁먹지 말고 동남아 선교사로 나설 것을 당부하는 것이다. 브뤼기에르 신부의 끈질긴 설득이 얼마나 주효했는지는 알 길이 없다.

9신

브뤼기에르 신부는 1827년 예수 부활 대축일 다음 날 페낭을 출발해 같은 해 6월 4일 방콕에 도착한 다음, 6월 20일 파리외방전교회 총장 랑글루아 신부에게 쓴 장문의 서한이다. 그는 여행 중에 겪은 일들을 자세히 적고, 샴 교구 현황을 약술한 뒤 앞날의 계획을 적었다. 그는 육로로 말레이시아 반도를 가로지르면서 관찰한 원주민들의 생활과 풍습, 밀림의 자연 환경을 상세히 적었다. 샴 교구장 주교의 건강 악화를 걱정하는 한편, 동남아 일대에 걸쳐 있는 광활한 샴 교구를 사목 방문할 계획을 세웠다.

10신

브뤼기에르 신부가 1829년 5월 19일 방콕에서 파리외방전교회 본부 장상 신부들에게 보낸 장문의 서한이다. 교황청 포교성성은 1827년 9월 1일과 11월 17일 파리외방전교회로 보낸 공한을 통해, 파리외방전교회가 조선 선교를 맡아주기를 바란다고 했다. 이에 파리외방전교회 책임자들은 아시아 여러 지역에 파견된 선교사 회원들의 의견을 묻고자 회람을 돌렸다. 결과는 파리외방전교회가 조선 선교를 떠맡기는 어렵다는 것이었다. 브뤼기에르 신부는 방콕에서 교황청 포교성성의 공한과 파리외방전교회의 회람문을 접하고서, 파리외방전교회가 조선 선교를 망설이는 이유 다섯 가지(돈이 없다, 선교사가 없다, 시급한 일이 많다, 조선 입국이 어렵다, 여력이 없다)를 하나하나 따지고 비판했다. 그러면서 조선으로 가고자 하는 선교사가 없으면 자신이 조선 선교를 자원한다고 밝히고, 조선 선교에 도움이 된다면 1년 전부터 종용받아온 주교직을 수락하겠다고 밝혔다. 브뤼기에르 신부는 1829년 6월 29일 성 베드로와 성 바오로 사도 대축일에 방콕에서 샴 교구 보좌 주교이며 갑사 명의 주교로 주교품을 받았다.

11신

브뤼기에르 신부는 1829년 5월 19일자로 파리외방전교회 본부 지도 신부들에게 10신을 보낸 후 그해 5월 29일 마카오 주재 프랑스 라자로회 소속 라미오(Lamiot) 신부에게 조선 입국 가능성을 묻는 장문의 서한을 작성했다. 브뤼기에르 신부는 조선 교우들을 중국에서 만날 수 있는 방법, 자신이 조선에 밀입국할 수 있는 방법 열한 가지를 라미오 신부에게 제시하고 그 실현 가능성을 물었다.

12신~13신

교황 그레고리오 16세가 1831년 9월 9일 반포한 칙서이다. 12신은 조선 교구 설정 칙서이고, 13신은 샴 보좌 주교이며 갑사 명의 주교인 브뤼기에르 주교를 조선 교구(정식 명칭은 조선 대목구, 이하 대목구는 '교구'로 표기함) 초대 교구장으로 임명한다는 칙서이다.

14신

교황 그레고리오 16세는 1831년 9월 9일자로 조선 교구를 설정하고(12신), 아울러 초대 조선 교구장으로 브뤼기에르 주교를 임명했다(13신). 같은 해 10월 1일 교황청 포교성성 비서가 브뤼기에르 주교에게 보낸 14신은 위의 두 가지 결정을 재확인하는 내용을 담고 있다. 이탈리아 나폴리 신학교에서 공부하던 중국인 신학생 2명이 조선 선교를 자원했다고 하는데, 산시(山西) 출신 주 요셉은 조선행을 곧 포기했고, 산시(陝西) 출신 유방제(중국 이름은 여항덕) 파치피코 신부는 1834년 초부터 1836년 말까지 약 3년 동안 조선에서 사목한 다음 중국 산시(陝西) 교구로 돌아가 그곳에서 1854년 선종했다.

15신

교황 그레고리오 16세는 1831년 9월 9일자 칙서로 조선 교구를 신설하고(12신) 아울러 샴 보좌 주교인 브뤼기에르 주교를 초대 조선 교구장으로 임명했다(13신). 그러나 브뤼기에르 주교는 이런 사실을 전혀 모르고 1832년 4월 28일 마카오 주재 교황청 포교성성 경리부장 움피에레스(Umpierres) 신부에게 15신을 써 보내면서 위의 두 가지 조치를 재촉했다. 브뤼기에르 주교는 1832년 7월 25일 페낭에서 교황 칙서에 관한 소식을 들었다.

16신

브뤼기에르 주교는 1832년 7월 3일 페낭에서 마카오 주재 교황청 포교성성 경리부장 움피에레스 신부에게 편지를 써 보낸다. 서한 내용은 크게 두 부분으로 나눌 수 있다. 프랑스 파리외방전교회 관할의 샴 교구와 포르투갈 관할의 인도 고아 교구가 싱가포르 관할권을 두고 서로 자기 관할이라고 다투었다. 고아 교구 참사회는 포르투갈 선교사 안셀모 신부를 싱가포르로 파견했다. 하지만 파리외방전교회 마이아 신부는 포르투갈을 배척할 뿐 아니라 샴 교구장 플로랑(Florent) 주교와 샴 교구 보좌 주교인 브뤼기에르 주교의 지시조차 거부하는 독불장군이었다. 브뤼기에르 보좌 주교는 1832년 8월 17일~9월 12일까지 싱가포르를 방문해 관할권 문제를 수습하고자 갖은 노력을 다했으나 해결되지 않았다(『브뤼기에르 주교의 여행기와 서한집』, 54~58쪽 참조).

17신

브뤼기에르 주교가 1832년 8월 22일 싱가포르에서 마카오 주재 교황청 포교성성 경리부장 움피에레스 신부에게 보낸 서한이다. 브뤼기에르 주교는 자신이 신설 조선 교구의 초대 교구장으로 임명됐다는 소식을 1832년 7월 25일 페낭에서 전해 듣고, 8월 4일 페낭을 떠나 8월 17일 싱가포르에 입항, 싱가포르 천주교회의 분열을 대충 수습한 다음, 9월 12일 마닐라행 배를 탔다. 브뤼기에르 주교는 포르투갈 선교사들이, 특히 포르투갈인 난징(南京) 주교(피레스 페레이라 주교, 당시 베이징에 상주)가 프랑스 선교사들의 조선행을 방해하지나 않을까 염려했다. 브뤼기에르 주교는 자신의 우려가 현실로 나타나는 쓰라린 경험을 앞으로 자주 접하게 될 것이다.

18신

브뤼기에르 주교는 1832년 9월 30일 마닐라에 도착해 마닐라 대교구장 세기(Ségui) 대주교의 환대를 받은 후, 10월 12일 마카오행 배를 탔다. 10월 18일 마카오에 도착한 후 교황청 포교성성 경리부에 두 달 남짓 머물렀다. 브뤼기에르 주교는 1832년 10월 25일(18신)과 12월 11일(23신), 두 차례에 걸쳐 세기 대주교에게 감사의 서한을 썼다.

19신

브뤼기에르 주교는 1832년 10월 18일 마카오에 도착한 후, 21일에 가서야 1831년 9월 9일자 조선 교구 신설 교황 칙서(12신)와 조선 교구 초대 교구장으로 브뤼기에르 주교를 임명한 교황 칙서(13신)를 받고 1832년 11월 9일 교황청 포교성성 장관 프란소니우스 추기경에게 이 서한을 올렸다. 서한 내용은, 서둘러 조선 교구를 파리외방전교회에게 맡겨달라는 것이었다. 아울러 1831년 7월 17일 프란소니우스 추기경이 교황 그레고리오 16세를 알현했을 때 교황이 브뤼기에르 주교에게 베풀어준 '권한'을 열거하고 있다. 브뤼기에르 주교는 1831년 9월 9일자로 조선 교구 초대 교구장으로 임명됐는데, 그보다 두 달 앞선 7월 17일에 교황 그레고리오 16세가 조선 교구 초대 교구장에게 '권한'(19신 부록)을 주었다니 앞뒤가 맞지 않는다고 지적하고 있다.

20신

브뤼기에르 주교는 1832년 8월 4일 페낭을 출발해 싱가포르와 마닐라를 거쳐 같은 해 10월 18일 마카오에 도착했으나, 파리외방전교회 경리부에서 기거하지 못하고 교황청 포교성성 경리부에서 두 달여 머물렀다. 왜 그랬을까? 파리외방전교회 본부에서 마카오 주재 파리외방전교회 경리부에 엄명을 내려 브뤼기에르 주교를 환대하지 말라고 지시했기 때문이다. 이때만 해도 파리외방전교회는 조선 선교를 맡을 생각이 전혀 없었다. 브뤼기에르 주교가 조선 선교를 굳이 고집하니까, 그럼 혼자서 잘해보라는 식으로 브뤼기에르 주교와의 절교 수순을 밟았던 것이다.

브뤼기에르 주교는 마카오에서 1832년 3월 12일자 파리외방전교회 본부 공한을 접했는데, 파리외방전교회는 조선 선교를 떠맡을 생각이 없고, 조선 입국을 강행하려는 브뤼기에르 주교의 처신은 잘못이라는 내용이었다. 이에 브뤼기에르 주교는 마카오에서 1832년 11월 10일, 본부 공한 내용 중 열두 가지 잘못을 낱낱이 지적하는 장문의 서한 20신을 파리외방전교회 본부 지도 신부들에게 보냈다. 브뤼기에르 주교의 치밀한 논리와 넘치는 패기가 압권이다.

21신

브뤼기에르 주교는 음력 1832년 윤 6월 26일에 조선 교우들에게 보낼 서한 21신을 썼다. 아마도 마카오에 오기 전 싱가포르에서 썼을 것이다. 마카오에 도착한 지 한 달이 되는 11월 18일 이 서한을 발송했다고 한다. 라틴어와 한문에 능통한 마카오 주재 라자로회 소속 라미오 신부(11신 참조)가 이 서한을 한문으로 번역했을 것이다. 조선 교우들이 이 서한을 받아보았는지는 알 길이 없다. 이 서한 끝에, 조선으로 갈 수 있는 육로와 해로의 경로를 적었는데 여러 지명들을 확인할 길이 없어 번역하지 않았다.

22신

브뤼기에르 주교는 1832년 10월 18일 마카오에 도착했지만 21일에 가서야 조선 교구 신설 교황 칙서(12신) 및 조선 교구 초대 교구장 임명 교황 칙서(13신)를 받았다. 아울러 교황 그레고리오 16세가 1831년 7월 17일자로 브뤼기에르 주교에게 베푼 '권한'을 열거한 서신도 받았다. 이 서한에서 브뤼기에르 주교는 자신이 부여받은 '권한'의 상당 부분을 마카오 주재 파리외방전교회 경리부장 르그레즈와(Legrégeois) 신부에게 이양했다. 르그레즈와 신부가 조선 선교사로 갈 생각이 있었기 때문일 것이다.

23신

브뤼기에르 주교는 1832년 9월 30일 마닐라에서 하선해, 아우구스티노회 소속 마닐라 대교구장 세기 대주교의 환대를 받았다. 브뤼기에르 주교는 세기 대주교에게 여비를 빌려 10월 12일 마카오행 배를 탔다. 브뤼기에르 주교는 10월 18일 마카오에 도착해 교황청 포교성성 경리부에서 두 달 남짓 유숙한 다음 12월 17일(26신) 중국 푸젠으로 떠났다. 브뤼기에르 주교는 마카오를 떠나기 일주일 전쯤인 12월 11일 세기 대주교에게 짤막하지만 정이 넘치는 감사의 서한 23신을 보낸다. 브뤼기에르 주교는 이미 10월 25일자로 세기 대주교에게 감사의 서신을 드린 바 있다(18신).

24신

브뤼기에르 주교는 1832년 10월 18일 마카오에 도착해 교황청 포교성성 소속 경리부에서 두 달가량 지낸 다음 12월 17일 푸젠성 푸저우로 떠났다. 마카오에서, 프랑스 리옹 전교후원회가 선교비 5,600프랑을 지원하기로 결정했다는 뜻밖의 기쁜 소식을 전해 듣고 너무도 반갑고 고맙고 기쁜 나머지 전교후원회 회원들에게 이 장문의 서한을 써 보냈다. 전교후원회는 리옹의 비단 거래상의 딸 폴린 자리코(Marie Pauline Jaricot, 1799년 7월 22일~1862년 1월 9일)가 20세 때인 1819년에 기도와 헌금으로 해외 선교사들을 돕기 위해 만든 단체로 지금도 활동 중이다. 브뤼기에르 주교는 이들의 도움으로 조선행 경비를 충당했다.

브뤼기에르 주교는『전교후원회 연보』(APF, 제6권, 1833년)에 수록된 이 서한에서 전교후원회 회원들에게 우선 고마움을 표한 후(위의 잡지 543-551쪽), '조선 천주교회 약사'를 길게 서술했다(위의 잡지, 552~587쪽). 약사에선 조선 개관, 임진왜란과 천주교, 이승훈의 영세(1784년)와 김범우의 유배(1785년), 성직자 영입 실패와 신해박해(1791년), 주문모 신부 밀입국(1794년), 을묘박해(1795년), 신유박해(1801년) 등을 상세히 소개했다.

25신

마카오 주재 교황청 포교성성 경리부장 움피에르스 신부와 그 후임자에게 1831년 7월 17일 교황 그레고리오 16세로부터 부여받은(19신 부록) 자신의 '권한'을 조선으로 파견되는 선교사들에게 알려줄 것을 요청하고 있는 짤막한 서신(25신)이다.

26신

브뤼기에르 주교는 모방(Maubant) 신부와 함께 1832년 12월 17일 마카오를 출항해 1833년 3월 1일 푸젠성 푸저우 주교관에 도착, 4월 23일 장난(江南, 난징 일대)으로 출항할 때까지 환대를 받았다. 브뤼기에르 주교는 4월 18일 교황청 포교성성 장관 프란소니우스 추기경에게 보낸 이 장문의 서한에서 아홉 가지 권한을 요청하고 미심쩍은 일곱 가지 문제에 대한 답변을 간청했다.

27신

브뤼기에르 주교와 모방 신부는 1832년 12월 17일(26신 참조) 마카오를 출항해, 무려 70일 동안 중국 해안을 떠다니다가 1833년 3월 1일에서야 도미니코회 소속 주교가 상주하는 푸젠성 푸저우 주교관에 도착했다. 일행은 두 달 남짓 푸젠 주교의 환대를 받은 다음, 모방 신부는 푸젠에 머물며 브뤼기에르 주교의 지시를 기다리기로 하고, 브뤼기에르 주교는 4월 23일 장난행 배를 타고 북상했다. 브뤼기에르 주교는 푸젠에서 출발하기 사흘 전 4월 20일에 마카오 주재 교황청 포교성성 경리부장 움피에레스 신부에게 간결한 서한 27신을 써 보냈다. 그 내용은 안부와 사소한 부탁으로, 굳이 따로 소개할 필요가 없다.

28신

브뤼기에르 주교는 4월 23일 푸젠에서 장난행 배를 타던 날 움피에레스 신부에게 또 한 통의 서한 28신을 썼다. 유럽인들이 어울려 다니면 중국인들 눈에 쉽게 띄어 소란이 일어날 수 있기 때문에 브뤼기에르 주교는 장난으로 먼저 떠나고, 모방 신부는 두 달 후에 떠날 것이라고 했다.

29신

1833년 4월 23일 푸젠성 푸저우를 떠난 브뤼기에르 주교는 그해 8월 26일 산둥(山東)과 즈리(直隷, 현 중국 허베이성의 옛 이름) 접경에 도착해 한 교우 집 골방에서 한 달여 숨어 지내다가, 9월 27일 자정에 다시 길을 떠나 10월 10일 드디어 산시(山西) 주교관(山西省 長治 소재)에 도착한다. 브뤼기에르 주교는 중국을 횡단하는 여행 자체가 위험천만한데다, 중국 남부 지방 화폐가 북부 지방에서는 통용이 되지 않아 죽을 고생을 했다. 마카오 주재 교황청 포교성성 경리부장 움피에레스 신부와 역시 마카오 주재 파리외방전교회 경리부장 르그레즈와 신부에게 보낸 1833년 8월 28일자 29신에서는, 훗날 조선으로 갈 선교사들에게 북부에서도 통용되는 돈을 마련해주라고 당부했다.

30신

1833년 4월 23일 푸젠을 떠난 브뤼기에르 주교는 장난에서 한동안 지낸 다음, 8월 말경 즈리를 거쳐, 마침내 10월 10일 이탈리아 출신 작은 형제회 소속 주교가 상주하는 산시 주교관에 도착했다. 브뤼기에르 주교의 여행은 매번 위험하고 험난했지만 이번 여행이 가장 고통스럽고 제일 위험한 여로였다. 그는 죽을 고비를 몇 차례 넘겼다. 산시 주교는 매우 친절했다. 브뤼기에르 주교는 1833년 10월 28일 마카오 주재 교황청 포교성성 경리부장 움피에레스 신부와 마카오 주재 파리외방전교회 경리부장 르그레즈와 신부 앞으로 보낸 공한 30신에서 베이징(北京)에 상주하면서 베이징 교구장직을 겸하고 있던 난징 주교 피레스 페레이라(Pirés-Pereira)도 아직까지는 호의적이라고 말했다. 산시 주교의 호의는 앞으로도 변함없겠지만, 피레스 페레이라 주교는 브뤼기에르 주교의 조선행을 방해할 것이다.

31신

브뤼기에르 주교가 마카오 주재 교황청 포교성성 경리부장 움피에레스 신부에게 쓴 서한이다. 이 서한에서는 여러 사람들에 대한 이야기가 나온다. 베이징에 상주하던 포르투갈 출신 난징 주교 피레스 페레이라는 브뤼기에르 주교의 조선 입국을 돕기는커녕, 1834년 1월 3일 조선에 입국한 중국인 사제 유방제 파치피코 신부를 자기 관할 사제로 보고, 그를 통해서 조선 교구에 대한 재치권을 행사하고자 했다. 이에 브뤼기에르 주교는 조선 입국 가능성을 스스로 알아보고자 중국인 애제자 왕 요셉(일명 '도 요셉')을 5월 12일 만주 랴오둥(遼東)으로 보내놓고 그의 귀환을 기다렸지만 큰 성과는 기대하지 않았다.

1833년 4월 23일 푸젠에서 헤어졌던 모방 신부는 베이징에 잠입해 숨어 지냈고, 샤스탕(Chastan) 신부는 난징에 있었다고 한다. 샤스탕 신부는 앞으로 두 달 후 1834년 8월부터 약 2년 동안 산둥반도에서 중국 교우들을 돌보게 된다. 쓰촨(四川) 선교사 앵베르(Imbert) 신부도 조선 선교를 희망했지만 브뤼기에르·모방·샤스탕이 일단 조선 입국에 성공할 때까지 쓰찬에서 사목하라는 지시를 브뤼기에르 주교로부터 받았다.

파리외방전교회는 이미 1833년 8월 26일 조선 선교를 책임지기로 확정했다. 브뤼기에르 주교는 이 사실을 몰랐기 때문에 걱정이 태산 같았다. 브뤼기에르 주교는 1835년 1월 19일 시완쯔(西灣子, 지금의 허베이성 張家口市 崇禮縣 西灣子鎭)에서 마카오 주재 파리외방전교회 경리부장 르그레즈와 신부의 서한을 받고 비로소 이 사실을 알게 됐다.

32신

브뤼기에르 주교가 1834년 6월 6일 산시에서 모처럼 부모에게 쓴 서한이다. 조선에 밀입국하려면 만주 랴오둥 지방을 거쳐야 하므로, 거기서 숨어 지낼 집 한 채를 구해보라고 5월 12일 애제자 왕 요셉을 랴오둥으로 보냈는데 감감 무소식이라 걱정이라는 내용이 들어 있다. 그리고 청나라 강희(康熙) 황제의 손자인 황손이 신앙 때문에 유배 갔다가 풀려난 뒤 산시에서 브뤼기에르 주교의 중국어 교사 겸 복사로 일하고 있다는 소식도 있다. 90세가 된 부모에게 모처럼 서한을 작성했는데 친지 안부나 정감 어린 표현이 전혀 없는 게 우리네 상식으로는 이해가 되지 않는다.

33신~37신

33신~37신은 교황 그레고리오 16세가 브뤼기에르 주교의 요청대로 여러 가지 권한을 베풀었다는 사실을 알리는 교황청 포교성성의 1834년 8월 31일자 통고문이다. 구체적으로, 조선 밖의 지역(만주 랴오둥, 일본 오키나와)에서 선교하는 권한(33신), 만주에 조선 신학교를 설립하는 권한(34신), 고해성사가 불가능할 때 통회로 사죄 은혜를 받게 하는 권한(35신), 미사 때 밀랍 초 대신 목랍 초를 사용해도 되는 권한(36신), 조선 밖에서 10년 동안 주교권을 행사할 수 있는 권한(37신)이다.

38신

마카오 주재 파리외방전교회 경리부장 르그레즈와 신부가 1834년 9월 2일 시완쯔에 체류하고 있는 브뤼기에르 주교에게 보낸 서한이다. 브뤼기에르 주교와 샤스탕·모방 신부가 함께 조선에 입국하려고 시도한다는 소문이 나돌고, 그런 시도는 현명치 못하다는 비판도 있다고 전한다. 또 브뤼기에르 주교와 쓰촨 교구 선교사 앵베르 신부가 조선에 가는 것이 좋겠다는 견해도 있다고 밝혔다. 실제로, 모방 신부는 1836년 1월 13일에, 샤스탕 신부는 1837년 1월 1일 조선에 밀입국했고, 제2대 조선 교구장 앵베르 주교는 1837년 12월 18일 조선에 잠입해 선교하다가, 1839년 9월 21일 한강변 새남터에서 세 선교사 모두 함께 순교했다.

39신

브뤼기에르 주교가 산시에서 파리외방전교회 총장 랑글루아 신부에게 쓴 간략한 서한이다. 애제자 왕 요셉이 만주 펑후앙성(鳳凰城) 비엔민(邊門)까지 갔다가 드디어 9월 8일, 떠난 지 120여 일 만에 산시로 귀환했다는 내용을 보고했다. 왕 요셉은, 랴오둥 교우들이 브뤼기에르 주교에게 은신처를 제공할 생각이 없다는 실망스러운 소식을 전했다. 이에 브뤼기에르 주교는 어떻게 하든지 조선에 입국할 방도를 찾고자 9월 22일 산시(山西 長治)를 떠나 베이징에 좀 더 가까운 시완쯔 교우 마을로 갔다. 베이징에 잠입해 칩거했던 모방 신부는 6월 말부터 시완쯔에 미리 와 있었다. 브뤼기에르 주교와 모방 신부는 1년 동안 중국인 라자로회 소속 쉬에(Sué) 신부의 환대를 받으며 조선 입국 마지막 준비 작업을 했다.

40신

브뤼기에르 주교가 1834년 9월 20일 산시 주교관에서 교황청 포교성성 장관 프란소니우스 추기경에게 올린 서한이다. 조선 입국에 대한 이제까지의 노력과 앞으로의 계획을 적었다. 1834년 1월 3일 조선에 입국한 중국인 유방제 파치피코 신부가 브뤼기에르 주교를 조선 교구장으로 인정하지 않고, 오직 베이징 주재 난징 교구장인 포르투갈 출신 피레스 페레이라 주교만을 자신의 교구장으로 받드니 교황청 포교성성에서 그에게 서한을 보내 바로잡아달라고 요청했다. 또한 난징 교구장 피레스 페레이라 주교도 브뤼기에르가 조선 입국에 성공하기 전에는 페레이라 자신이 조선 교구 책임자라고 강변해 브뤼기에르 주교의 마음고생이 이만저만이 아니었다.

41신

브뤼기에르 주교는 1834년 9월 22일 산시를 떠나 시완쯔로 향하기 이틀 전에 이 비통한 서한 41신을 교황청 포교성성 마카오 경리부장 움피에레스 신부에게 써 보냈다. 그 내용은, 아무래도 만주 펭후앙성 근처에 집 한 채를 사서 숨어 지내다가 조선 교우들을 만나 조선에 밀입국해야겠다는 것이다. 그런데 믿고 지내던 움피에레스 신부조차 이 계획을 반대했고, 심지어 브뤼기에르 주교에 대해 "3년을 써도 충분한 돈을 갖고 있으니 어느 누구든 주교에게 동전 한 푼도 주어서는 안 된다"라고 엄격히 금했다. 브뤼기에르 주교는 고립무원, 사면초가였다. 과연 파리외방전교회가 조선

교구 선교를 맡기나 할 것인가, 브뤼기에르 주교는 몹시 궁금했다. 파리외방전교회는 1833년 8월 26일 조선 교구를 책임지기로 결정했으나, 브뤼기에르 주교는 이 소식을 1835년 1월 19일 시완쯔에서 처음으로 들을 수 있었다.

42신

브뤼기에르 주교가 베이징 주재 난징 교구장 포르투갈인 피레스 페레이라 주교에게 조선 입국에 협조해달라는 서한을 여러 차례 썼다고 하는데 지금은 1834년 1월 28일자 42신 한 통만 전해온다. 브뤼기에르 주교는, 만주 펭후앙성 인근에 집을 한 채 사서 은거하다가 조선 교우들을 만나 조선으로 밀입국하는 것이 상책이겠는데, 마카오 주재 포교성성 경리부장 움피에레스 신부조차도 이 계획을 반대하니 난감하다고 속내를 털어놓았다(41신 참조). 아울러 자신의 병이 날마다 악화되고 있다고 했다. 브뤼기에르 주교는 병든 몸으로 조선 입국을 위해 장차 시완쯔에서 마찌아즈(馬架子, 지금의 네이멍구자치구 赤峯市 松山區 東山鄉)로의 여행(1835년 10월 7~19일)을 강행하다가 마찌아즈에서 10월 20일 병사하게 된다.

43신

교황청 포교성성 장관 프란소니우스(Fransonius) 추기경이 1835년 1월 31일자로 브뤼기에르 주교에게 보낸 43신을 보면, 추기경이 브뤼기에르 주교의 서신을 잘못 판독하여 브뤼기에르 주교가 중국인들인 유 파치피코 신부와 도 요셉(왕 요셉) 신부를 데리고 조선에 입국한 줄로 착각했음을 알 수 있다. 실은 유 파치피코 신부와 평신도 길잡이 도 요셉만 1834년 1월 3일 조선에 밀입국했다. 그리고 1833년 4월 18일로 청한 '권한'(26신)에 대한 답서를 교황청 포교성성 장관이 동봉한다고 했는데, 43신 부록 '29조 권한'이 그 답서이다.

44신

브뤼기에르 주교가 1835년 2월 8일 시완쯔에서 마카오 주재 파리외방전교회 경리부장 르그레즈와 신부에게 보낸 서한이다. 파리외방전교회가 조선 교회를 책임지기로 확정한 1833년 8월 26일자 결정을 브뤼기에르 주교는 전혀 모르고 있다가, 1835년 1월 19일 르그레즈와 신부의 서한을 받고서야 비로소 알게 됐다.

브뤼기에르 주교는 1835년 1월 9일 왕 요셉을 베이징으로 보내 조선 교회 밀사들과 담판을 벌이게 했다. 왕 요셉은 1월 19일 조선 교우들을 만났는데 그들은 서양 선교사들의 입국을 사양한다는 입장을 취했다. 왜 그랬을까? 조선 교우들이 1834년 1월 3일 조선에 입국한 중국인 유방제 파치피코 신부의 영향을 받았기 때문이었다. 유방제 신부는 프랑스 선교사들을 혐오해서 그들을 상전으로 받들기보다는, 당시 베이징에 상주하던 포르투갈 출신 난징 교구장 피레스 페레이라 주교를 관할 주교로 모시고 싶어 했다. 그래서 그에게 조선 교구 실정을 보고하기도 하고 경제적 지원을 요청하기도 했다. 피레스 페레이라 주교도 의기투합해 유방제 신부를 자기 권위 아래 두고 경제적으로 지원하면서 조선 교구를 자신의 재치권 아래 두려 했다.

베이징에 머물던 조선 교우 3명(유진길 아우구스티노, 조신철 가롤로, 김방제 프란치스코)은 다행히 생각을 바꿔 1835년 1월 20일 브뤼기에르 주교에게 올린 서신에서(『브뤼기에르 주교의 여행기와 서한집』, 218~220쪽), 조선 교우들이 브뤼기에르 주교를 음력 11월에 만주 펑후앙성 비엔민에서 만나 조선으로 모시겠다고 약속했다. 이후 왕 요셉과 조선 교우 3명은 베이징 주교 관에서 포르투갈 출신 피레스 페레이라 주교를 만나, 브뤼기에르 주교를 조선으로 모시기로 합의했다고 했다. 그러자 피레스 페레이라 주교는 브뤼기에르 주교에게 쓴 1월 21일자 서한에서, 자신은 브뤼기에르 주교의 조선행을 돕겠다는 약속을 한 적이 없다고 했다(『브뤼기에르 주교의 여행기와 서한집』, 222~223쪽).

45신

브뤼기에르 주교가 1835년 7월 27일 시왼쯔에서 마카오 주재 교황청 포교성성 경리부장 움피에레스 신부에게 써 보낸 서한이다. 베이징 주재 난징 교구장 포르투갈 출신 피레스 페레이라 주교가 만주 랴오둥 지방 교우들에게 서한을 써 보내 자신이 추천한 선교사가 아니면 랴오둥 교우들은 어떤 성직자도 영접하지 말라고 지시했다. 파리외방전교회 성직자들은 랴오둥을 거쳐야만 조선으로 밀입국할 수 있었는데, 그들의 조선 입국을 막으려고 페레이라 주교는 이런 고약한 조치를 취했던 것이다(46신 참조). 할 수 없이 브뤼기에르 주교는 5월 13일 중국 교우 셋을 만주 펭후앙성 비엔민으로 떠나보내면서 전셋집을 마련하라고 했는데 7월 27일까지 감감무소식이었다. 교우들은 펭후앙성 비엔민에서 5리 떨어진 곳에 전셋집을 얻었는데, 3명의 교우 중 1명이 10월 1일 시왼쯔로 돌아와 이 사실을 보고했다(『브뤼기에르 주교의 여행기와 서한집』, 262쪽). 브뤼기에르 주교는 10월 7일 만주 펭후앙성 비엔민의 전셋집을 향해 장도에 오를 것이다.

46신

1835년 5월 13일 산시 전교회장과 두 심부름꾼이 브뤼기에르 주교의 조선 입국 가능성을 알아보려고 시완쯔를 떠나 만주 랴오둥 펭후앙성으로 향했다. 산시 전교회장은 천신만고 끝에 만주 랴오둥 펭후앙성 비엔민에서 불과 5리 떨어진 곳에 브뤼기에르 주교가 은신할 전셋집을 얻어놓고 10월 1일 마찌아즈로 귀환했다. 브뤼기에르 주교는 그 사이에, 그러니까 1835년 7월 28일 시완쯔 교우 마을에서 마카오 주재 파리외방전교회 경리부장 르그레즈와 신부에게 이 서한을 썼다. 그 안에는 매우 가슴 아픈 사연이 있는데, 피레스 페레이라 주교가 랴오둥 지방 교우들에게 서한을 써서, 자신이 작성한 추천장이 없으면 어떤 선교사도 받아들이지 말라는 엄명을 내렸다는 것이다. 브뤼기에르 주교가 랴오둥을 거쳐 조선으로 갈 때 단 며칠이라도 숨겨주지 말라는 금령을 페레이라 주교가 랴오둥 교우들에게 내렸던 것이다.

46신 추신에서, 브뤼기에르 주교는 자신의 몸에 이상이 생겼다고 한다. 다리가 부었다가 가라앉았다 하는 일이 자주 발생한다는 것이다. 그는 이런 몸으로 10월 7일 시완쯔를 떠나 조선행을 강행하다가 10월 20일 마찌아즈에서 병사하고 만다.

47신

브뤼기에르 주교가 1835년 8월 7일 시완쯔에서 교황청 포교성성 장관 프란소니우스 추기경에게 쓴 서한이다. 서한 머리에 가장 중요한 내용이 있다. 유진길·조신철·김방제 등 조선인 교우 3명이 조선의 동지 사절단에 끼여 베이징에 와서 시완쯔에 있는 자신에게 보낸 서한에서, 조선에 입국하는 것은 전적으로 불가능하니, 주교가 조선 바깥 어디에서 조선인 신학생들을 가르쳐 사제품을 주고 조선으로 밀입국시키는 것이 상책이라고 제안했다. 이는 조선 교우들의 생각이기보다는, 실은 1834년 1월 3일 조선 밀입국에 성공한 중국인 유 파치피코 신부의 영향을 받은 제안이었다. 그러나 브뤼기에르 주교가 왕 요셉을 통해서 조선 교우들을 크게 꾸짖자, 이들은 1835년 1월 20일 베이징 난탕(南堂)에서 연명으로 브뤼기에르 주교에게 편지를 써 주교와 여타 서양인 선교사들을 조선으로 맞아들이겠다고 확약했다(『브뤼기에르 주교의 여행기와 서한집』, 218~220쪽).

48신

프랑스 루르드 북쪽에 자리 잡은 에르 교구 총대리 부스케(Bousquet) 신부는 1833년 4월 3일 브뤼기에르 주교에게 안부 서한을 보냈다. 브뤼기에르 주교는 시완쯔에서 1835년 9월에서야 이 서한을 받고 9월 28일자로 짤막한 답신(48신)을 보냈다(부스케 신부가 브뤼기에르 주교의 순직 소식을 듣고 파리외방전교회 총장 신부에게 쓴 55신 참조).

49신

브뤼기에르 주교는 1835년 10월 7일 시완쯔를 떠났다. 우선 네이멍구 마찌아즈로 가서 휴식을 취한 다음, 만주 펑후양성 비엔민에서 5리 떨어진 곳에 가서 미리 구해놓은 전셋집에 은거해 있다가 조선 교우들을 만나 꽁꽁 얼어붙은 압록강을 걸어서 건널 작정이었다. 이 서한은 장도에 오르기 열흘 전 9월 28일에 마지막으로 어머니에게 쓴 서한이다.

50신

브뤼기에르 주교는 1835년 10월 7일 시완쯔를 떠나기 한 주 전 10월 1일자로 교황청 포교성성 장관 프란소니우스 추기경에게 이 서한을 올렸다. 브뤼기에르 주교는 5월 13일 펭후앙성 비엔민에 전셋집을 구하러 보낸 중국 교우 3명으로부터 아무런 소식이 없지만 10월 7일에는 조선을 향해 무조건 떠나려 했다. 다행히 10월 1일 늦게 교우 1명이 시완쯔로 돌아와 펭후앙성 비엔민에서 5리 떨어진 곳에 전셋집을 마련했다고 보고했다(『브뤼기에르 주교의 여행기와 서한집』, 262쪽).

둘째 내용은, 만주 랴오둥 지방 선교를 파리외방전교회에 맡겨달라는 청원이다. 그래야만 장차 파리외방전교회 선교사들이 조선으로 오갈 때 도움을 받을 수 있다는 것이다. 이 건의가 수락돼 1838년 4월 랴오둥 대목구가 신설되고 관할 책임을 파리외방전교회에 맡겼다.

셋째 내용은, 난징 교구장 피레스 페레이라 주교가 난징으로 부임하지 않고 베이징에 상주하는 것은 옳지 않다는 것이다.

51신

브뤼기에르 주교는 1835년 10월 7일 정든 시완쯔 교우촌을 떠나 랴오둥 지방 펭후앙성 비엔민 근교에 마련된 전셋집으로 출발했다. 브뤼기에르 주교는 시완쯔에서 떠나기 전에 우선 파리외방전교회 총장 랑글루아 신부에게 10월 2일자 51신을 쓰고, 마카오 주재 파리외방전교회 경리부장 르그레즈와 신부에게 10월 6일자 52신을 썼다. 51신에서 유의할 사항은 쓰촨 선교사 앵베르 신부가 조선 선교사로 뽑혔다는 소식이다. 브뤼기에르 주교는 이 소식을 듣고 천군만마를 얻은 듯 기뻐하면서, 교사이자 신학 교육자로서 탁월한 앵베르 신부의 자질을 높이 평가했다. 훗날 앵베르 신부는 제2대 조선 교구장으로 임명을 받고 1837년 12월 18일 조선에 입국해 잠시 선교하다가 1839년 9월 21일 새남터에서 군문효수형을 받고 순교했다.

52신

브뤼기에르 주교가 1835년 10월 7일 시완쯔를 떠나기 전날 서둘러 마카오 주재 파리외방전교회 경리부장 르그레즈와 신부에게 써 보낸 생애 마지막 서한이다. 추신에서 브뤼기에르 주교는 이렇게 적었다. "갈겨써서 죄송합니다. 이 서한을 작성하는 지금 저는 동상에 걸려 있습니다. 이 지방은 오래전부터 날씨가 꽁꽁 얼어붙어 있습니다." 브뤼기에르 주교는 이런 몸으로 조선행을 강행하다 10월 20일 저녁 마찌아즈에서 선종하게 된다.

53신

이 서간의 우리말 번역 전문이 달레가 쓴 『한국 천주교회사』('중', 323~324쪽)에 실려 있는데, 옮겨 실으면서 내용을 다듬었다. 이탈리아 나폴리 출신으로 작은 형제회 소속 도나타(Donata) 신부와 브뤼기에르 주교는 마카오에서 푸젠성 푸저우까지 70일 이상(1832년 12월 17일~1833년 3월 1일) 함께 배를 탄 적이 있다. 그리고 브뤼기에르 주교가 산시 주교관에 도착해 한 해 가까이 지낼 무렵(1833년 10월 10일~1834년 9월 22일), 그곳에서 사목하던 도나타 신부는 브뤼기에르 주교를 극진히 모셨다. 나중에 브뤼기에르 주교는 도나타 신부의 주교 서품 소식을 전해 듣고 매우 기뻐했다. 이 서한은 1835년 10월 말경 도나타 산시 보좌 주교가 브뤼기에르 주교의 부음을 듣고 파리외방전교회 총장 신부에게 보낸 서한이다.

54신

　모방 신부는 시완쯔에서 브뤼기에르 주교의 조선 입국 소식을 기다리고 있었는데, 브뤼기에르 주교가 1835년 10월 20일 저녁 8시 15분경 마찌아즈 교우촌에서 급서했다는 부고를 11월 1일 파발꾼에게서 받았다. 모방 신부는 11월 9일자 이 서한에서 동료 신부들에게 브뤼기에르 주교의 선종을 자세히 적어 보내면서, 주교 대신 자신이 조선으로 떠나겠다고 통보했다. 매우 감동적인 서한이다.

　모방 신부는 1835년 11월 21일 브뤼기에르 주교 유해를 마찌아즈 성당 묘지에 안장하고 길을 떠났다. 1836년 1월 12일 펭후앙성 비엔민에서 조선 교우들(정하상·유진길·조신철·이광렬)을 만나서 이튿날 밤 조선에 밀입국했다. 그는 지성으로 조선 교우들을 돌보다가, 나중에 입국한 앵베르 주교와 샤스탕 신부와 함께 1839년 9월 21일 새남터에서 순교하고, 1984년 5월 6일 서울 여의도 광장에서 시성됐다.

55신

　에르 교구 총대리 부스케 신부는 파리외방전교회 총장 랑글루아 신부로부터 브뤼기에르 주교 선종 소식을 듣고 애도하는 이 서한(날짜 미상)을 보냈다. 총대리 신부는 자신이 브뤼기에르 주교의 연로한 부모에게 아들의 선종을 알렸다고 한다. 그리고 브뤼기에르 주교가 미리 지명한 한 사제가 브뤼기에르 주교의 부모와 상의해서 유산 문제를 정리했다고 한다. 브뤼기에르 주교가 1835년 9월 28일 시완쯔에서 부스케 신부에게 보낸 48신 참조하라.

56신

   교황청 포교성성 장관 프란소니우스 추기경이 1836년 6월 18일 로마에서 브뤼기에르 주교에게 보낸 서한이다. 그 내용은, 류큐(琉球, 지금의 오키나와) 왕국과 일본 열도에서 선교하는 권한을 부여한다는 것이다. 유럽과 아시아 사이의 통신이 어려웠던 때라 교황청에선 브뤼기에르 주교가 1835년 10월 20일 선종한 사실을 알지 못했던 것이다.

서한

1신

발신자 : 브뤼기에르 신부
수신자 : 부모
발신일과 발신지 : 1825년 9월 8일, 카르카손
출처 : 카르카손 교구 주보(1835년 10월 5일자)

사랑하는 부모님께,

하느님의 뜻에 따라 이제까지 지상에서 아낌없이 사랑해온 모든 것과 이별해야 할 시간이 되었기에 부모님께 이 서한을 올립니다. 저의 하찮은 말로 부모님을 위로할 생각은 없고, 부모님께서 기대어 위로를 받으실 수 있는 비법을 말씀드리고자 합니다. 제가 말씀드리고자 하는 바를 두 분은 이해하실 줄 믿습니다. 부모님께서 온전히 그리스도에 대한 신앙에 의지하시길 바랍니다. 오직 신앙에 의지할 때만 견디기 어려운 이별의 고통을 이길 수 있는 힘을 얻을 것입니다. 그렇게 하신다면 부모님께서는 그리스도에 대한 거룩한 믿음에서 오는 은은한 복락과 기쁨을 얻을 것입니다. 이는 지금 두 분께서 자애롭게 저를 위해 축원하시는 기쁨보다도 더한 것입니다.

우리를 구원하고자 당신 독생성자를 희생하신 하느님께서 이제 두 분의 아들인 저를 요구하십니다. 어찌 그 희생을 거부하실 수 있겠습니까? 연로하신 부모님의 후원자요 위로자이신 하느님, 우리 가족 모두의 보호자이신 하느님께서 요구하시는데 말입니다. 하느님께서 정말 이 희생을 요구하실까? 부모님께서는 반문하실 수도 있겠지요. 사랑하는 부모님, 하느님이 요구하십니다. 부모님께 그런 희생을 요구하고 계십니다. 혹여 부모님께서 그런 희생에 대해 헐뜯는 말들을 듣고 마음이 흐려져 잘못 판단하시지나 않을까 염려하지는 않습니다. 제가 여러 해 전부터 결심한 것은 변덕스러운 마음 때문도 아니고 현실에 대한 불만 때문도 아니며, 미지에 대한 호기심 때문도 아닙니다. 그것은 당치도 않습니다. 제가 오로지 하느님의 뜻을 따르는 것임을 두 분도 추호도 의심하지 않으셨다고 봅니다. 부모님의 신심을 과장하는 것이 아니라 사실이 그러함을 저는 확신합니다.

저는 오직 하느님의 영광만을 추구합니다. 부족한 제가 양심을 깊이 성찰하면 할수록 은혜롭게도 하느님 친히 제게 선교사가 되라는 열망을 심어주셨다고 생각됩니다. 저의 이런 열망을 확인하려고 저는 여러 가지 방법으로 검토했습니다. 저는 해외로 향하는 제 마음의 움직임을 오랫동안 억눌렀지만 결국은 그 강렬한 힘에 압도되어, 하느님의 길을 아는 무사무욕하고 현명한 분들과 의논했습니다. 저는 시간을 두고 심사숙고한 끝에 고향을 떠나기로 결심했습니다. 신심 깊은 많은 분들이 저를 위해서 기도해주셨습니다. 그리고 제 계획이 얼마나 장하고 어려운지 여러 차례 말씀해주셨습니다.

부모님도 여러 차례에 걸친 저의 대답을 알고 계실 겁니다. 사람들은 제게 강한 어조로 부모님의 연세, 저를 아끼시는 두 분의 애정, 두 분께서 받으실 충격 등을 거론했습니다. 이런 말을 듣고 제가 무감각할 리가 있겠습니까? 그러나 육정의 소리보다 하느님의 부르심은 더 강력했습니다. 하느님의 부르심이 육정의 소리를 없애지는 못했지만 언제나 우세했습니다. 그러니 이 세상의 그 무엇도 제 결심을 바꿀 수 없었던 것입니다. 마침내 저를 지도하신 분들은 하느님의 뜻을 헤아리고, 저를 더 이상 말리지 않고 하느님 이끄심에 따르라고 충고했습니다.

세상 사람들은 이런 충고를 못마땅하게 여겨 제게 충고한 분들에게 격노하는 모양입니다만 저는 놀라지 않습니다. 세상이 어찌 하느님의 섭리를 감지할 수 있겠습니까? 천주 성자께서 세상을 단죄하신 사실을 부모님도 아시지 않습니까? 그러나 구세주로부터 가르침을 받은 우리 그리스도인들은 잘 압니다. 이 세상에서 할 일은 하느님의 뜻을 행하는 것뿐이라는 사실을 말입니다. 우리가 이 일 말고 다른 일을 추구해서야 되겠습니까? 예수 그리스도께서 그렇게 하라고 가르치셨습니다. 우리가 매일 바치는 주님의 기도에 "아버지의 뜻이 이루어지소서"라는 청원이 들어 있습니다. 작은 일에 하느님의 뜻을 어기는 것도 반드시 단죄받아 마땅하다면, 하물며 큰일에 있어서야 말해 무엇하겠습니까? 예를 들면 우리 구원과 밀접히 관련된 일, 또는 온 백성의 구원과 밀접히 연관된 일에 하느님의 뜻을 어겨서는 안 됩니다. 두 분은 제가 드리는 말씀을 이해하실 것입니다.

만일 첫 사도들이 그들의 열정과 복음 선포를 고향에서만 행했다면 이 세상과 우리 구원, 우리 신앙은 어떻게 되었을까요?

사랑하는 부모님, 이를 심사숙고하시기 바랍니다. 불신의 늪에서 허우적거리는 무수한 백성들의 영적 필요를 헤아리시고, 우리가 애덕으로 도와주길 기도하는 저들의 울부짖음을 살펴주십시오. 그래서 두 분은 한탄을 거두시고, 오히려 저 가련한 외교인들의 회개에 일조한다고 생각하시어 하느님 안에서 기뻐하시기 바랍니다. 문득 불평불만 하고 싶은 마음이들 때에는, 지금 이 순간 내 아들이 외교인의 영혼을 또 하나 구원하고 있다는 생각으로 위안을 삼으시기 바랍니다. 그리고 홀로 영광을 받으시는 하느님을 찬양하십시오.

사랑하는 부모님, 이제 마칠 때가 되었습니다. 두 분께 슬픔을 안겨드려 죄송합니다. 제가 파리에 머무는 동안 답장을 주실 것으로 믿고 감히 부모님의 축복을 기다리겠습니다. 사랑하는 부모님과 주님을 사랑하는 모든 이에게 간청합니다. 제가 하느님께서 제게 주신 계획을 저버리는 불충을 저지르는 일이 없도록 하느님께 기도해주시기를 부탁합니다. 아울러 제가 다른 사람들에게 구원의 길을 제시하면서 스스로 앞장서도록 하느님께 기도해주시기를 청합니다.

이제 작별 인사를 드립니다. 저희가 이 세상에서 잠시 헤어지지만 하느님 나라에서 영원히 함께하기를 주님께 기도합니다.

부모님을 사랑하고 존경하는 아들
바르톨로메오 브뤼기에르 드림

2신

발신자 : 브뤼기에르 신부
수신자 : 어머니
발신일과 발신지 : 1825년 11월 6일, 파리
출처 : 카르카손 교구 고문서고

사랑하는 어머니,

어머니께서 친절히 써 보내신 서한을 읽고 저를 위하시는 어머니의 사랑을 다시금 확인했습니다. 어머니께서 베푸신 축복을 감사하는 마음으로 받아들입니다. 주님의 이름으로 베푸는 물 한 잔에도 반드시 보상하시는 하느님께서(마태 10,42 참조) 주님을 위해 행하시는 어머니의 너그러운 희생을 잊지 않으실 것입니다. 어머니께서 말씀하시듯이, 저는 어머니의 자녀들 가운데서 열한 번째, 가장 사랑받는 아들입니다. 저 바르톨로메오에 대한 어머니의 각별한 사랑을 매우 자랑스럽게 여기지만, 제가 야곱 성조의 열한 번째 아들인 요셉을 온전히 닮았으면 좋겠습니다. 저의 신심이 야곱의 아들 요셉처럼 돈독했으면 좋겠습니다. 어머니께서 한평생 어느 날이고 기도하실 때마다 이런 지향으로 기도해주시면 고맙겠습니다. 어머니께서는 제가 고향으로 돌아오기를 바라시지만 그것은 주님의 섭리에 맡길 일입니다.

    제게 필요 없는 물건은 처분했습니다. 어머니께 편지를 쓰는 것은 언제나 가능합니다. 자주 편지를 할 터이니 안심하십시오. 누이들에게도 안부 전해주십시오. 어머니와 누이들이 저를 위해 기도해주시기를 부탁드립니다.

브뤼기에르 드림

3신

발신자 : 브뤼기에르 신부
수신자 : 부모
발신일과 발신지 : 1825년 12월 19일, 파리
출처 : 카르카손 교구 고문서고

아버지, 어머니,

두 분께서 자주 편지를 주시지 않으니 매우 고통스럽습니다. 제가 착각한 것이 아니라면, 부모님의 서한을 받아본 지 두 달이 넘었습니다. 새해에는 부모님의 소식을 받고 행복하리라고 믿습니다. 저는 내년 2월 중에 보르도로 갈 생각입니다. 파리외방전교회에서는 저를 코친차이나(Cochin-China, 프랑스 식민지 시절의 남부 베트남)로 파견할 것입니다. 저는 유럽을 떠날 날을 학수고대하고 있습니다. 하느님께서 저희에게 당신 뜻을 알려주시면 그 뜻을 실천하는 데 망설임이 있어선 안 됩니다. 제가 프랑스에서도 할 일이 많다고들 하지만 말입니다.

저를 염려해주셔서 정말 감사드립니다. 저는 하느님의 도우심으로 부족한 것 없이 잘 지냅니다. 파리외방전교회 본부에서는 필요한 것들을 다 줍니다. 저는 아주 잘 지내고 있습니다. 두 분의 건강이 회복되셨다니 천만 다행입니다. 부모님의 심정을 헤아린 나머지 저는 선교사로 고향을 떠난다는 말씀을 차마 드릴 수가 없었습니다. 부모님과 작별할 때는 제 신상에 관한 최종 결정 통고문을 받지 못한 상태였습니다. 저는 카르카손에 와서야 그 통고문을 받았습니다. 그래서 두 분과 작별할 때 제가 선교사로 고향을 떠난다는 말씀을 확실히 드리지 않고 대충 답변했던 것입니다. 사실이 그랬습니다.

저는 몇 달 내에 동방으로 떠날 것입니다. 아마도 중국 아래에 자리 잡은 코친차이나로 갈 것입니다. 저는 프랑스에서 사목할 생각이 없지만, 만일 파리외방전교회에서 저를 동방으로 파견하지 않는다면 카르카손 교구로 돌아갈 것입니다. 저는 파리를 별로 좋아하지 않기 때문에 파리에서 머물 생각은 없습니다. 제 소식을 듣지 못할까 봐 염려하지 마십시오. 저는 늘 순종해야 하는 몸이지만 어느 때나 부모님께 소식을 드리겠습니다. 새해 복 많이 받으세요. 열심히 신앙생활을 하는 한 해가 되시기 바랍니다. 외교인 백성들에게 복음을 전하고자 유럽을 떠나려는 이 순간에도 마음이 무겁습니다. 저희 친척 가운데 일부에게 신심을 불어넣지 못하고 떠나는 게 괴롭습니다. 그것이 부모님과 작별하면서 제가 안고 가는 단 한 가지 고통입니다. 선교사들이 우상숭배에 젖은 백성들에게 복음을 전하고자 땅끝까지 파견되는데, 정작 그리스도교 품에서 자라난 선교사들의 형제자매들은 교회의 가르침에 귀를 막고 있으니 이 어찌 큰 슬픔이 아니겠습니까. 외교인을 개종시키는 일보다 고약한 그리스도인을 교화하는 일이 더 어렵다는 것은 생생한 사실입니다.

숙부님과 숙모님, 피가송(Pigasson) 부부, 누이와 매형, 어린 조카딸, 그리고 마스(Mas) 가족에게 안부를 전합니다. 피가송이 보낸 편지를 받고 저는 감격했습니다. 고맙다는 말을 전해주십시오. 누이와 매형과 조카들에게 새해 복을 빕니다. 이들에게서 서한을 받지 못해서 저는 조금 섭섭했습니다. 루이 형과 형수에게 각별한 당부를 하고 싶습니다. 언젠가는 밭과 포도밭을 버리고 하느님 앞에 서야 한다는 사실을 상기하시기 바랍니다. 블로틸드(Blotilde)에게는 신심을 돈독히 하라고 당부합니다. 어린 루이는 덜 산만했으면 좋겠습니다. 새해 벽두에 모두 이런 결심들을 하기 바랍니다. 프랑수아 형에게도 인사를 전합니다. 알레그르(Alégre) 매형께는, 그리스도인의 의무를 잊지 마시길 당부합니다. 매형의 아들 벨루(Bellou)에게도 같은 말을 하고 싶습니다. 그는 나르본 집에서 모범적으로 신심 생활에 열심했습니다. 그의 동생 루이제(Louise)는 제게 한 약속을 기억했으면 좋겠는데 용기가 부족한 게 탈입니다. 본당 신부님께도 문안드립니다. 신부님께 대봉(Daibon) 씨를 만나면 제가 좋은 추억을 간직하고 있다고 말해달라고 전해주시기 바랍니다. 대봉 씨가 아프다니 걱정입니다. 그가 답장해야 한다는 부담을 느낄 것 같아 일부러 그에게 편지를 하지 않았습니다. 마리아 누이에게도 문안드립니다. 저는 누이의 맏아들이 '그리스도 교육 형제회'에 입회하기를 권했지만 누이는 들은 척도 하지 않았습니다. 제 잘못이 아닙니다. 누이에게 자녀들의 신심을 돌보기를 당부합니다. 그러자면 스스로 신심 행위에 앞서야지요. 신심 실천이야말로 자녀들의 신심을 양육하는 유일한 방법입니다. 매형과 조카들에게도 인사합니다. 아버지, 어머니, 마음을 다해서 포옹합니다.

브뤼기에르 드림

4신

발신자 : 브뤼기에르 신부
수신자 : 부모
발신일과 발신지 : 1826년 4월 10일, 항해 중
출처 : 카르카손 교구 고문서고

사랑하는 부모님,

제 편지를 보고 기뻐하실 줄 믿습니다. 저는 무사합니다. 더 이상 뱃멀미를 하지 않게 되었습니다. 이제 토하지도 않고 위 통증도 사라졌습니다. 처음 배를 타면 누구나 겪는 고통을 잘 견뎌냈습니다. 육지에 상륙하면 다른 사람들처럼 제대로 걷지 못할 것 같습니다. 배가 심하게 움직이는 까닭에 저희는 게처럼 옆으로 걸어다닙니다. 저희는 이제까지 무사히 항해했고, 목적지에 도착할 때까지 그러리라고 믿습니다. 어머니께서 성모님께 기도해주신 덕분일 것입니다. 앞으로도 계속 기도해주십시오.

마침 유럽으로 가는 배를 만나 이 서한을 전합니다. (1826년 2월 말경 보르도 항구에서 출항한 다음) 바다에서 만난 열한 번째 배인데 저희는 항해 중 처음으로 다른 배에 승선할 수 있었습니다. 현재 제가 있는 곳은 저희 고향 레삭(Raissac) 마을에서 14,000리 이상 떨어진 곳입니다. 4월 6일 목요일에 적도를 통과했습니다. 4월 2일엔 해가 저희 머리 위에 수직으로 내리 비쳤습니다. 더위가 얼마나 지독한지 상상이 가시죠. 그렇지만 저희 배가 신속히 항진하는 까닭에 나날이 더위가 물러가는 편입니다. 지금은 저희 그림자가 북쪽으로 드리우지 않고 남쪽으로 기웁니다. 이제부터 한 달이 지나면 겨울이 닥쳐 추워질 것입니다. 레삭에서 여름을 지낸 지 한 달이 가도 여기는 아직도 더울 것입니다. 우리 배는 직항하지 않고 이곳저곳을 거친 후 목적지에 닿을 것입니다. 제 글씨가 비뚤비뚤하지요. 배가 흔들려서 그렇습니다. 저희 친척 모두에게 제 소식을 전해주십시오. 그들 모두를 포옹합니다. 아직은 부모님의 소식을 기다릴 처지가 아니군요. 목적지까지는 아직 먼 길이 남아 있습니다.

브뤼기에르 드림

5신

발신자 : 브뤼기에르 신부
수신자 : 부모
발신일과 발신지 : 1826년 7월, 바타비아
출처 : APF, v. 4(Lyon, 1830), ff. 200~203

제가 바타비아(지금의 인도네시아 자카르타)에 잘 도착했다는 소식을 들으시면 기쁘실 것입니다. 1826년 7월 1일 토요일 저녁 7시 바타비아 항구에 닻을 내렸습니다. 고향 레삭 시간으로는 점심때쯤 되겠군요.

바타비아는 네덜란드인들이 자바 섬에 세운 도시들 가운데 가장 큰 도시입니다. 여러 민족이 사는 이 도시의 인구는 약 14만 명쯤 됩니다. 다소 개화된 말레이시아인들이 있는데, 그들의 얼굴색은 붉은 구릿빛과 비슷합니다. 그들은 수염이 거의 없습니다. 그 결함을 벌충이라도 하듯이 머리카락을 정성을 다해 풍성하게 가꿉니다. 그들은 머릿수건으로 머리를 감싸는데 그 모양이 터번(무슬림의 두건) 같습니다. 얼굴은 바싹 마른 데다 평평하며 사각형에 가깝습니다. 눈동자는 갈색이며 코는 납작하고 입은 벌려져 있습니다. 입술은 앞으로 툭 튀어나왔고 이는 필발(bétel) 잎사귀를 늘 씹어 쌔까맣게 물들어 있습니다. 그들은 필발 잎사귀에 석회를 조금

섞어 씹습니다. 그들은 거의 벌거숭이에다 맨발입니다. 많은 사람들이 독이 묻은 단도를 늘 허리에 차고 있습니다. 이 단도에 살짝이라도 찔리면 어김없이 목숨을 잃습니다. 이런 단도에 묻힌 독은 독성이 강한 나무에서 뽑은 즙입니다. 이 나무가 발산하는 독성이 어찌나 강한지 주변 나무들이 모두 말라 죽어버린다고 합니다. 말레이시아인들은 불행히도 거의 다 무슬림입니다. 바타비아에는 중국인들도 많습니다. 중국인들은 말레이시아인들보다 얼굴 생김새가 반듯합니다. 중국인들은 깔때기 모양 비슷한 모자를 쓰는데, 모자 중심에 매우 뾰족한 송곳 같은 것이 솟아 있습니다. 중국인들은 모자 아래 검은색 비단으로 만든 둥근 모자를 쓰는데, 마치 가톨릭 사제들이 쓰는 검정색 주게토(빵 모자) 같이 생겼습니다. 중국인들은 머리카락을 거의 전부 칼로 밀어버리고 한 뭉치만 남겨서 길게 땋습니다. 머리카락으로 이마를 묶는 수도 있지만, 대부분의 경우엔 그것을 늘어뜨려 바람 부는 대로 날리게 합니다. 길게 땋은 머리카락은 다리에까지 닿습니다.

바타비아에 사는 유럽인들은 대부분 개신교 신자들입니다. 천주교 신자도 더러 있는데, 그중에는 프랑스인들도 몇 명 있습니다. 저는 동료 신부와 함께 벨기에 출신 천주교인 집에 머물렀으며, 그는 무상으로 저희 두 사람을 기꺼이 영접했습니다. 이는 하찮은 친절이 아닙니다. 이 도시의 호텔에 하루 숙박비가 27프랑이나 하니까요. 도시 교외의 광활한 평야는 언제나 푸른 풀로 덮여 있고, 유럽에선 찾아볼 수 없는 온갖 나무들이 무성합니다. 후추나무, 계피나무, 지롤(Girolle) 버섯나무, 육두구(肉豆蔲), 커피나무, 밀감나무, 레몬나무, 야자나무 등이 무성합니다. 사탕수수도 있는데, 프랑스의 갈대와 비슷합니다. 다만 갈대보다는 좀 더 크고, 마디도 더 많습니다.

바타비아의 도로는 아주 넓고 곧게 뻗어 있습니다. 도로변에는 가로수와 운하가 있고요. 운하의 물은 괴어서 썩은 데다가 작열하는 태양열로 인해 늘 병원성 열기를 뿜어내고 있습니다. 이 때문에 바타비아는 건강에 매우 해로운 식민지입니다. 그래서 바타비아를 '유럽인들의 묘지'라고 부르곤 합니다. 오전 10시부터 오후 4시 사이에 마차를 타지 않고 다니면 죽을 위험이 있어 이곳 사람들은 외출을 삼갑니다. 이 도시에서 생존하기 위해서는 과식하지 말고 과음하지 말아야 합니다. 물도 많이 마셔서는 안 됩니다. 화를 내도 안 되고 손가락에 작은 상처가 나도 안 됩니다. 너무 활동적인 기질도, 너무 조용한 기질도 다 안 좋습니다. 온종일 도심에서 지내는 것도 안 좋습니다. 이 고장에서 지키는 건강 수칙을 소홀히 한다면 죽음을 자초하는 것입니다. 사제가 새벽 6시 이후에 미사를 드리러 간다면 반드시 마차를 타고 가야 합니다. 미사에 참례하러 오는 교우들도 마찬가지입니다. 아침 8시 이후에 맨발로 성당에 가는 것은 대단히 위태로운 일입니다. 해가 뜨면 별처럼 반짝이는 작은 나비들이 수없이 온 들판과 늪지대를 뒤덮습니다. 들판에 있는 울창한 나무들이 이 나비들로 뒤덮여 마치 불타는 것처럼 보입니다. 자바 섬에 처음 도착하면 지상 낙원에 왔다고 생각할 것입니다. 그러나 이 섬에 머물면서 잘 알게 되면, 사람들이 허상에 속아 위험하기 짝이 없는 세상에 왔다고 할 것입니다. 그렇지만 유럽인들은 돈벌이에 혈안이 되어 이런 위험들을 대수롭지 않게 여깁니다.

이곳엔 유럽의 과일이 전혀 없습니다. 말은 아주 작습니다. 반면, 뱀과 사자와 호랑이는 엄청 큽니다. 전반적으로 우리 고향 랑그독 지방이 훨씬 살기 좋은 고장입니다. 저는 가까운 날에 바타비아를 떠나 마카오로 항해할 것입니다. 사랑하올 부모님께 하직 인사를 드립니다. 마음을 다해 부모님을 포옹합니다. 부모님을 향한 저의 사랑은 저희를 갈라놓고 있는 이 공간보다도 더 큽니다.

사도좌 선교사 브뤼기에르 드림

6신

발신자 : 브뤼기에르 신부
수신자 : 카르카손 교구 총대리 귀알리 신부
발신일과 발신지 : 1826년 말~1827년 초, 바타비아
출처 : APF, v. 4(Lyon, 1830), ff. 203~206

신부님,

　바타비아(자카르타)에 머무는 동안 신부님께 편지를 쓸 수 있는 기회를 갖게 되어 기쁩니다. 우선, 해외 선교에 큰 관심을 보여주었던 카르카손의 젊은 신학생들에 관한 소식을 듣고 싶습니다. 그들이 지금도 열성을 보이는지요? 그들 대부분이 약속을 잊어버리지나 않았는지 염려됩니다. 아직도 약속을 간직한 신학생들이 있다면, 신부님께서 그들을 만나, 하느님의 영광과 비신자들의 구원을 위해서 확연히 떠오르는 생각을 저를 대신해 그들에게 전해주시기 바랍니다. 제가 두 눈으로 여기서 보는 것을 그들이 목격한다면 충격을 받지 않을 수 없을 것입니다. 자바 섬에는 말레이시아인 500만 명이 살고 있는데 예외 없이 모두 무슬림입니다. 유럽 남자들과 결혼해 그리스도교로 개종한 말레이시아 부인들이 몇몇 있을 따름입니다. 포르투갈인들에 이어 네덜란드인들이 자바 섬에 정착한 지 200여 년이 됩

니다만 이들의 신심 흔적은 찾아볼 길이 없습니다. 그들은 돈을 벌고 인생을 즐기려고 여기로 왔습니다. 그들은 현지인들에게 그리스도교를 소개하는 법이 없습니다. 설득시키기 쉬운 하인들에게도 신앙을 전하지 않습니다. 중국인들이 바타비아 시에만도 5만 명이나 사는데 그들은 이들에게 신앙을 전하는 일에도 무관심합니다. 중국인들은 우상숭배자들입니다. 말레이시아인들이나 중국인들이 그리스도교 신앙 진리에 반감을 갖고 있기 때문에 선교할 수 없다는 변명은 성립이 안 됩니다. 왜냐하면 이들이 다른 지방에서는 곧잘 개종하기 때문입니다. 수마트라·보르네오·뉴기니·새 네덜란드(호주 북부 지역), 그리고 아시아 거의 모든 군도에서도 선교가 안 되기는 마찬가지입니다. 포르투갈인들의 식민지들과 스페인인들이 다스리는 필리핀 군도에만 현지 그리스도인들이 있습니다.

중국 동북쪽에 '조선'이라는 왕국이 있습니다. 19세기 초(정확히는 1784년)에 베이징(北京)에서 개종한 조선인 청년(이승훈 베드로)의 열성으로 천주교가 조선에 전래되었습니다. 그는 조선으로 돌아가서 동포들의 사도가 되어 많은 사람들을 개종시켰습니다. 그 열성으로 말미암아 그는 (1801년) 순교했습니다. 조선의 신입 교우들은 사목적 도움을 받을 수 없었기 때문에 성직자를 보내달라고 베이징 주교에게 간청했습니다. 베이징 주교는 (1794년에) 신부(주문모 신부)를 파견했는데, 그는 조선인들을 개종시키는 데 성공을 거두었습니다. 그러나 그는 조선에 잠입한 지 몇 년 되지 않아(1801년) 붙잡혀 순교했습니다. 그 이후 조선 교우들은 매년 정기적으로 베이징으로 교우 대표를 보내어 성직자를 요청했지만 늘 성과가 없었습니다. 베이징 주교는 매번 조선 교우들의 요구를 들어줄 수 없는 형편이었습니다. 1817년 조선 교우들은 같은 목적으로 교황님께도 서신을 올렸습니다. 그들은 올해 다시 교황님께 서신을 올렸다고 합니다.[1] 제가 마카오에서 만나 뵌 마카오 주재 포교성성 경리부장(움피에레스 신부)이 새 서신에 관해 제게 언급했습니다. 경리부장은 매우 열심하고 용감한 프랑스 신부가 조선으로 갔으면 하고 바랐습니다. 조선행 성소를 받은 선교사는 하느님의 영광을 위해서 많이 고생하는 복락을 누릴 것입니다. 조선 사람들을 많이 개종시키고 몇 해 안 되어 순교의 영예를 얻을 것이기 때문입니다. 저는 조선 교우들을 도우러 가고 싶은 열망이 여러 번 있었지만, 제게 맡겨진 소임(샴 교구 사목)에 충실해야 하지 않을까요? 조선으로 가려고 제 소임을 버리는 것은 변덕스러운 게 아닐까요? 그렇지만 포교성성에서 유럽 신부들에게 호소하듯이 파리외방전교회 신부들에게 호소한다면 저는 즉시 조선으로 출발하겠습니다.

유럽에 사는 개신교 신자들과 마찬가지로 여기에 사는 개신교 신자들도 자기네 신앙의 기초가 되는 원칙이란 게 없습니다. 저는 루터교 목사를 만났는데, 루터에 관한 말을 듣기 싫어합니다. 그의 아내는 장로교 신자인데 장로교 창시자인 칼뱅을 비난합니다. 은총에 힘입어서인지 그들은 천주교 신자들도 구원받을 수 있다고 동의한답니다. 요즘엔 더욱 너그러워진 것인지, 무슬림과 우상숭배자들도 구원받을 수 있다고 동의한답니다. 속마음을 솔직히 털어놓는 목사 부부가 제게 한 말이 그렇습니다. 개신교는 윤리는 설교하지만 믿을 교리는 대수롭지 않게 여깁니다. 각자 성경을 멋대로 풀이하면서 제각기 믿을 교리를 만들 권리가 있다는 식입니다. 저는 개

---

[1] 조선 신자들은 1824년 말 혹은 1825년 말에 서한을 작성하여 교황에게 올렸는데, 이 서한은 1826년 마카오 주재 포교성성 경리부에 전달되었고, 12월 3일 이곳에서 라틴어로 번역된 뒤 교황청에 전달되었다(달레, 『한국 천주교회사』, '중', 212~215쪽)

신교 교리서를 구하고 싶었습니다. 그러나 이곳 신부가 하는 말이 인쇄된 개신교 교리서가 없다는 것이었습니다. 개신교 신자들은 성경을 풀이할 때 자기네 멋대로 받아들이기도 하고 빼기도 합니다. 제가 아는 루터교 신자 하나는 루터교 목사가 앓아누워 예배를 인도하지 못하면 천주교 미사에 갑니다. 그리고 장로교 신자 한 사람은 늘 루터교 예배에 참석합니다. 그러니 이들이 토착민 선교를 소홀히 하는 것은 하나도 놀랄 일이 아닙니다. 천주교 신자들만이 예수 그리스도를 신봉하는 자녀들을 출산할 권리와 열정을 갖고 있습니다. 그러니 풍성한 수확을 거둘 수 있도록 성부께 기도해주십시오. 하느님의 자비로 비신자들의 마음에서 죄악을 치우시고, 이들의 눈이 복음의 빛을 볼 수 있게 열리도록 기도해주십시오. 저는 말레이시아어를 몇 번 배워 말레이시아인들에게 말을 걸고 싶었습니다. 그러나 말레이시아어로 대화하기엔 제 실력이 부족하고, 그렇다고 통역해줄 사람도 없었습니다. 이들은 헛된 종교를 믿고 있습니다. 그러니 참된 종교를 택해서 믿지 못할 까닭이 있겠습니까? 별나게 미신이 강한 중국인들에 대해서도 같은 말을 하고 싶습니다. 중국인들은 문에 온통 노란 종이를 붙여 놓는데, 거기에는 미신 그림이 그려져 있습니다. 중국인들은 가게에 흔히 공자상이나 고약한 신상을 모십니다. 이들은 아무리 가난해도 저 우상들 앞에다 작은 초들을 켜둡니다. 어느 한 가게에는 이런 상들 옆에 마르세이유의 성모자상을 모시고 같은 모양으로 공경했습니다. 저는 충격을 받고 가게 주인더러, 제가 그 성모자상을 사고 싶다고 했지만 주인은 거절했습니다. 주인은 통역을 시켜 대답하기를, 이 상은 하느님의 어머니이신데 선물로 받았으며 아무리 돈을 많이 주어도 팔 생각이 없다는 것이었습니다. 저는 좀 더 이야기를 나누면서 주인에게 설명하고자 했으나, 통역이 개신교 신자인데다 구경꾼들도 대부분 미신을 믿어 주인을 개종시키려는 시도를 멈추었습니다. 그러니 저희에게 선교사들을 보내주십시오.

겸손하고 열심히 기도하며 영혼 구원에 대한 사랑과 열정을 두루 갖춘 유능한 선교사들을 보내주십시오.

평화를 빕니다.

사도좌 선교사 브뤼기에르 드림

7신

발신자 : 브뤼기에르 신부
수신자 : 파리외방전교회 총장 랑글루아 신부
발신일과 발신지 : 1827년 2월 4일, 페낭
출처 : APF, v. 3(Lyon, 1828), ff. 234~242

1827년 2월 4일, 페낭

존경하올 총장 신부님,

마침내 선교 임지에 도착했습니다. 저는 (작년) 12월 11일 마카오를 떠나 (1827년) 1월 12일 페낭에 도착했습니다. 페낭에 계신 바루델(Baroudel) 신부를 비롯해 모든 신부들의 의견에 따라 이제 방콕으로 갈 생각입니다. 이번주 내로 배를 타고 우선 타벨(Tavael)과 메르기(Mergui, 지금의 미얀마 남부 지역)로 가서 여러 지역에 사는 교우들을 만날 생각입니다. 제가 포르투갈어를 제법 하는 편이니 필요하다면 그곳 교우들에게 도움을 줄 수 있을 것입니다.

저는 페낭 신학교 중국인 신학생을 데리고 가려고 합니다. 소조폴리스(Sozopolis) 주교(샴 교구 주교 플로랑)는 그를 사제로 선발해, 샴(지금의 타이) 왕국에 많이 살고 있는 중국인들을 회개시키는 일을 맡기려 합니다. 이 신학생은 제가 여행 중에 중국인들과 만날 때 큰 도움을 줄 것입니다. 그는 용감하고 열심하며 중국인들 사이에 성행하는 미신들을 잘 알고 있습니다.

제가 세례 받은 중국인을 만났을 때 이미 통역을 한 적이 있습니다. 또한 샴 교우 한 명을 데리고 가는데, 제가 메르기에서 방콕으로 가다가 말레이시아와 타이 교우들을 만나는 경우 그가 통역을 할 것입니다.

메르기에서 방콕까지 육로로 갈 생각인데 그 거리는 1천 리 남짓합니다. 프랑스에서 역마차로 달린다면 이틀도 안 걸릴 것입니다. 그러나 이 지역에선 그렇지 않습니다. 제가 보름 만에 목적지에 도착할 수 있다면 다행이겠습니다. 열대림과 습지를 지날 때 나침반 하나로 방향을 잡을 것입니다. 안내자가 있겠지만 그 역시 가끔 헤맬 것입니다. 그렇지만 부활절 전에 방콕에 무사히 도착해 주교와 함께 예수 부활 대축일을 지내고 싶습니다. 상황이 지금만 같다면 예정대로 무사히 여정을 마칠 수 있을 것으로 예상됩니다. 기후가 수시로 변하고 지독한 무더위가 계속되고 있지만, 다행히 저는 건강하고 전혀 지치지 않았으니까요. 파리를 떠난 때부터 오늘까지 저는 열병을 앓은 적이 없습니다. 저와 함께 여행한 동료 여럿은 작열하는 무더위에 희생되곤 했습니다.

바르브(Barbe) 신부와 부쇼(Boucho) 신부는 페낭의 두 성당에 머물고 있습니다. 부쇼 신부는 토종(Taujong) 성당에 머물고, 바르브 신부는 '쥐들의 섬'으로 불리는 풀로티쿠(Poulo-Ticoux)에 머물고 있습니다. 쥐들의 섬으로 불리는 까닭은 쥐들이 득실거리고 주민들이 몹시 가난하기 때문입니다. 바르브 신부는 여러 가지 임무를 맡아 열심히 잘 수행하고 있습니다. 그는 교우들을 돌보는 본당 신부요, 외교인들을 개종시키는 선교사이며, 예비 신자들을 가르치는 교리 교사요, 중국인 신학생들에게 신학을 가르치는 교수입니다. 거기다 가톨릭계 학교들을 감독하는 책임자입니다. 그는 이미 큰 성과를 거두고 있지만 그것으로 만족하지 않고 더 넓은 활동 영역을 원합니다. 그는 방콕에서 저와 합류하여 이 광활한 반도에 사는 외교인들의 회개를 위해 함께 일하기를 열망하고 있습니다.

샴·케다(Quéda, 말레이시아 북서부 지역)·파라(Para)·리고르(Ligor) 왕국 전 지역과 라오스 왕국 일부를 관할하는 샴 교구에서 일하는 선교사들이라야 연로하고 병약한 한 주교와 본토인 신부 3~4명뿐이니 통탄할 일 아닙니까? 더군다나 본토인 신부들이 사목을 완수하려면 유럽인 신부들로부터 자극과 지도를 받아야 하는 형편이니 말입니다. 샴 교구는 관심을 끌지 못했습니다. 왜 그런지 모르겠습니다만 이 지역은 전혀 성과를 거둘 수 없는 황무지로 여겨졌습니다. 그러나 경험상 말씀드리건대 그 반대입니다. 각 민족끼리 모여 사는 집단 구역이나 가정을 방문하여 복음을 전할 때마다 외교인들 가운데서 개종자들이 생긴다고 선교사들은 한결같이 증언합니다. 페낭 신학교에서 공부한 바 있는 중국인 평신도는 공적인 직함 없이 열성 하나만 갖고서, 한가한 시간에 방콕 동포들을 방문하여 두 해도 채 안 되는 기간에 많은 이들을 개종시켰습니다. 방콕 교우들은 훌륭한 그리스도인들입니다. 이 사실을 잘 아는 이들의 증언에 따르면, 유럽에서 신앙심이 좋다는 이들이 방콕 교우들을 만나본다면 부끄러워 몸 둘 바를 모를 것이라고 합니다. 저는 페낭에서 몇 달 전에 세례를 받은 신입 교우들을 여러 명 만났습니다. 영세를 준비하는 예비 신자들은 더 많은데, 이들 가운데 상당수는 제가 페낭에 도착한 다음에 스스로 성당을 찾아왔습니다.

제가 남자 한 사람에게 세례를 베풀었는데, 이 사람은 가톨릭 교리를 잘 배우고자 오랫동안 일을 포기하고 엄청난 가난을 감수했습니다. 열성이 좀 지나치다고 누가 그에게 말하니까 그의 대답이 걸작입니다. "참신앙을 위한 희생은 고통스럽지 않아요." 제자에게 시원한 물 한 잔이라도 주는 사람을 잊지 않으시는(마태 10,42 참조) 하느님께서는 이 사람에게 보상을 주시고자 한 것 같습니다. 교리를 충분히 익혔을 무렵 그는 그만 병이 들었습니다. 그는 즉시 세례 받기를 원했습니다. 그는 신앙을 고백했습니다. 삼덕송 등 그리스도교 덕행 기도도 바쳤습니다. 세례식 때 제가 한 질문에 고결한 마음으로 대답했습니다. 마침내 그처럼 오랫동안 원했던 세례를 받고 3시간 후에 순결하고 고귀한 그의 영혼은 하느님 품에 안겼습니다. 그가 깨닫자마자 정성을 다해 섬기기로 마음먹은 하느님께로 갔습니다. 제가 사제가 되어 세례를 베푼 이들 중 첫 번째 성인 영세자입니다. 그는 수마트라 서쪽에 있는 니아스(Nias) 섬 출신입니다. 니아스 섬 주민들은 모두 그리스도교 신앙을 받아들일 자세가 되어 있습니다. 이들은 말레이시아 무슬림처럼 고약하지 않습니다. 이들은 그리스도교를 매우 환영합니다. 말라카 반도에는 니아스 사람들이 많습니다. 페낭 섬에 사는 니아스 사람 대다수는 세례를 받았습니다. 이들은 천진난만하고 모범적 신앙생활을 합니다. 페낭의 니아스 교우들 가운데 젊은 부인이 하나 있는데 늘 퓌피에(Pupier) 신부를 찾아와서는 거룩하기 위해서, 더욱 거룩하기 위해, 매우 거룩하기 위해서 행할 바를 가르쳐달라고 간청합니다. 그녀는 신부가 권고한 모든 것을 하나하나 착실히 실천했습니다. 부쇼 신부는 그녀의 공덕을 더하고자 충고하기를, 세례를 준비하는 여자들에게 교리를 가르치면 하느님께서 매우 기꺼워하시리라고 했습니다. 그녀는 충고를 명령으로 받아들인 나머지, 즉시 많은 예비 신자들을 가르치기 시작했습니다. 니아스 출신인 남편 또한 그 신심이 부인 못지 않습니다. 파리외방전교회 소속 사제가 3~4명만 더 있다면 니아스 섬으로 갈 것입니다. 선교 성과가 있을 것입니다. 니아스 출신 여러 교우들이 니아스로 가는 선교사를 따라가 통역도 하고 니아스 섬 사람들의 개종을 위해서 헌신하려고 합니다. 영국 출신 선장이 부쇼 신부에게 무상으로 부쇼 신부와 신입 교우들을 니아스 섬으로 수송하겠다고 제안했습니다. 그러나 우리는 선교사가 모자랍니다. 그러니 총장 신부님! 니아스 섬 사람들을 불쌍히 여기시고 선교사들을 보내주십시오. 외교인들에게 복음의 빛을 비출 사람이 없어 미신 숭배의 어둠에 파묻혀 사는 수많은 외교인들을 볼 때면 피눈물이 납니다. 총장님께서 당장 선교사를 보내주실 수 없다면, 적어도 추수의 주인이신 하느님께 이렇게 빌어주십시오. 젊은 선교사들을 많이 부르시어, 저희와 함께 일하게 하시고 저들의 열성으로 저희 열의를 타오르게 하시며 저들의 성공으로 저희 용기를 북돋아주시도록 기도해주십시오. 저희가 나날이 더욱더 겸손과 사랑의 덕에 나아가도록 기도해주십시오. 저희가 성 프란치스코 하비에르(1506년~1552년) 신부님처럼만 선교한다면 훗날 말레이시아 반도 전부가 가톨릭으로 개종하겠지요.

총장님께서 아시아 선교에 대한 최근 소식을 접하지 못하셨다면 제가 여기에서 올리는 보고에 귀 기울여주십시오. 요즘 중국 선교는 비교적 조용히 진행되고 있습니다. 어떤 예비 신자가 앵베르(Imbert) 신부(쓰촨성 선교사, 1837년~1839년 제2대 조선 교구장)와 교우들을 관가에 고발했지만 관장은 고발을 접수하지 않았습니다. 그 예비 신자가 다시 고발하자 고관은 그를 굶어 죽도록 처벌했습니다. 옳은 일이지요. 하느님께서 무서운 천벌을 내리신 것입니다. 하느님께서는 당신 은총을 그처럼 고약하게 악용하는 인간들에게 이승에서부터 벌을 내리십니다. 나날이 심해지는 전쟁이 광대한 청나라 제국에서 벌어졌습니다. 북서부 지방(지금의 신장 자치구) 사람들이 반란을 일으켰습니다.

청나라(1644년~1911년)에 새로 정복된 (위구르) 민족은 총독(청나라 말기 성 단위 지방의 최고 통치자)의 압제를 더는 견딜 수 없어 총독을 죽이고 청나라의 멍에를 떨쳐버렸습니다. 황제는 이들을 진압하고자 대부대를 보냈지만 궤멸되고 말았습니다. 황제는 더 많은 병력을 투입했습니다만 결과가 어떻게 될지 알 수 없습니다. 청나라 내부에서 오는 중국인들은 노심초사합니다. 이 내란의 결과로 청나라 교우들이 박해를 받는 일이 없도록 하느님께 기도할 따름입니다. 제가 마카오에 있는 동안 청나라 조정은 인력 동원과 세금 인상 조치를 단행했습니다. 유럽인들과 무역을 하는 광둥(廣東)의 대상들은 수백만 원을 바쳐야 했습니다. 쓰촨 청년 셋이 얼마 전에 페낭 신학교에 도착해 사제품을 준비하고 있습니다.

(주문모) 신부가 (1801년) 순교한 이래 조선 교우들은 성직자의 도움을 받지 못하고 있습니다. 조선의 열심한 신입 교우들은 매년 밀사를 보내어 성직자를 보내달라고 베이징 주교에게 간청하지만 베이징 주교는 이제까지 그 간청을 들어주지 못하고 있습니다. 최근에 조선 교우들은 같은 내용의 서한(1824년 말 혹은 1825년 말의 편지)을 로마로 보냈습니다. 제가 착각하지 않는다면, 이는 교황님께 올린 두 번째 서한입니다. 조선인들은 중국인들보다는 일본인들을 많이 닮았다고 합니다. 일본 사람들처럼 조선인들도 쾌활하고 영적이며 호기심이 강하고, 일단 그리스도교를 받아들이면 신앙심이 요지부동이라고 합니다. 중국에서 오는 사람들은 한결같이 이 점에 동의합니다. 어째서 저 불쌍한 조선 교우들을 돌볼 사제가 온 유럽에 하나도 없단 말입니까?

코친차이나(지금의 베트남 남부)는 언젠가 박해가 일어날 것만 같으나 아직은 현상 유지 상태입니다. 코르미에 선장이 코친차이나에 갔다가 돌아오는 길에 지난달 싱가포르에 들렀는데 새 소식이 전혀 없습니다. 코친차이나의 왕 민멘(Ming Menh)은 날이 갈수록 그리스도교를 더 증오합니다. 외교인 고관 중 한 사람이 저 배은망덕하고 부도덕한 왕의 분노를 잠재우려고 애쓴다고 합니다.

샴 선교에 관해선 이미 자세히 말씀드렸다고 봅니다. 페낭 교회에 관해서 몇 말씀 올리겠습니다. 전에는 황량했던 페낭 섬에 지금은 4만 명이 넘는 주민이 살고 있습니다. 이 섬에 천주교 신자들이 생긴 사연은 이렇습니다. 방콕 주교가 샴에서 추방되었을 때 이 섬을 지배하는 영국인들의 초빙을 받고 케다 지방 천주교 신자 200명과 함께 이주해 여기에 정착했던 것입니다. 현재 천주교 신자들은 1,200명이고 나날이 증가하고 있습니다. 천주교 신자 200명이 이주한 것이 잘된 일일까요? 저는 그렇게 생각하지 않습니다. 세상 어디서든 유럽 그리스도인들이 정착하는 곳에서는 외교인들이 입교하기 매우 어렵게 되고 신입 교우들의 신앙심이 줄어듭니다. 이는 유럽 그리스도인들의 큰 수치이지요. 이들은 지극히 불경스런 잡담, 제멋대로 놀아나는 방탕, 온갖 스캔들을 공공연히 일삼고 있습니다. 거기다가 개신교 신자들은 우리 불쌍한 천주교 신자들을 배교하게 하려고 온갖 간계와 회유, 협박을 일삼고 있습니다. 개신교 신자들은 최근에 고아들을 위한 학교를 설립했는데 입학 조건으로 개신교 아동들만 받아들인다는 것입니다. 그 학교에선 성공회 교리를 배워야 하고 매 주일 예배에 참석해야 합니다. 그리고 정해진 햇수 안에는 자퇴도 할 수 없습니다. 성공회에선 협박을 비롯하여 여러 가지 방법을 써서 천주교 부모들로 하여금 자녀들을 자기네 학교에 보내도록 합니다. 그리고 재침례파 개신교 신자들도 학교와 예배당을 세웠지만 다행히 그들의 노력은 허사였습니다. 이들은 단

한 명의 외교인도 개종시키지 못했습니다. 그들의 종들과 머슴들조차도 말을 듣지 않으니까요. 성공회 신부의 흑인 하녀가 죽음이 임박해서 부쇼 신부에게 세례를 받았습니다. 성공회 신부는 개신교도이므로 그에게서 세례를 받을 수 없노라고 하녀가 주장하는 바람에, 성공회 신부는 할 수 없이 부쇼 신부를 데리고 가서 하녀에게 세례를 베풀게 했던 것입니다. 하녀는 이단자들의 종교를 믿을 수는 없다고 했답니다. 말레이시아어로 이단자들을 '오랑 폴레'라고 합니다(오랑 폴레는 본디 백인들이라는 뜻인데, 여기 사람들은 이단자들을 오랑 폴레라고 합니다). 성공회 사제는 사제도 아니라고도 했답니다. 포르투갈 사제들만 참사제들이라고 했다는 것입니다(여기 사람들은 포르투갈과 가톨릭을 동일시합니다). 여기 사람들만 개신교를 멀리하는 게 아니라, 자바·싱가포르·말라카·마카오 등 타 지역에서도 마찬가지입니다. 제가 경험한 일을 말씀드리겠습니다. 영국 선교사나 네덜란드 선교사에 의해 개종한 사람을 찾아봤지만 한 사람도 찾을 수 없었습니다. 천주교 신자들이나 개신교 신자들이나 모두 그런 개종자를 본 적이 없다는 것이었습니다. '콩파니'(Compagnie)라는 배에서 만난 스코틀랜드인은 인도에서도 사정이 비슷하다고 말했습니다. "우리나라 선교사들은 순진해서, 자기네 설교를 들으러 오는 인도인들은 모두 개종자들이라고 생각합니다. 그러나 얼마 안 있으면 선교사들은 외톨이로 남습니다. 이른바 개종자들이 선교사들을 버린 것입니다. 제가 보기에 가톨릭 신부님들만 개종을 시킵니다." 개신교 신자가 나를 설득할 생각 없이 발설한 사실입니다. 그는 개신교 선교사들의 현황·숫자·성공 여부 등을 영어로 보고한 셈입니다. 그러면서도 그는 개신교 선교사들을 사도들보다 더 높이면서 이런 불경스런 말을 덧붙였습니다. "복음을 처음으로 전한 사도들의 개종 성과는 개신교 성공회 선교사들이 도처에서 이룩한 개종 성과에 비할 바가 못 됩니다."

말라카(Malaca)와 탄존(Tanjon) 두 도시에서 개신교로 개종한 사람들만도 2만 명이 넘는다는 것이었습니다. 그래서 저는 그에게 반론을 펴서, 스코틀랜드 선교사들의 천진난만한 말을 맹신하는 것이라고 대꾸했습니다. 유럽의 어느 누구도 6만 리나 떨어진 동남아시아에 와서 그의 주장을 확인하는 일이 없으리라고 믿고 그는 아무렇게나 말했던 것입니다. 제 생각은 정반대입니다. 말라카의 말레이시아인들이 그리스도 신앙을 받아들이려고 한다면 가톨릭 신부를 찾아가지, 개신교 선교사들을 찾아가지는 않을 것입니다.

사도좌 선교사 브뤼기에르 드림

8신

발신자 : 브뤼기에르 신부
수신자 : 카르카손 대신학생들
발신일과 발신지 : 1827년 2월 6일, 페낭
출처 : APF, v. 4(Lyon, 1830), ff. 207~211

1827년 2월 6일, 페낭

신학생 여러분, 저는 원래 코친차이나(지금의 베트남 남부) 선교사로 내정되었습니다. 그러나 하느님께서는 당신의 섭리로 제 행선지를 바꾸었습니다. 시급한 수요와 동료 선교사 한 분(페코 신부)의 갑작스런 죽음으로 저는 샴 선교지로 가게 되었습니다. 다행히 저는 4주 전에 샴 교구에 속하는 교우 공동체인 페낭 섬에 도착했습니다. 샴 교구에는 여러 왕국이 있습니다. 말라카 반도와 그 북쪽 모든 지역이 샴 교구 관할입니다. 이 광활한 지역에 유럽 신부는 단 한 명도 없습니다. 방콕에는 파리외방전교회 소속 프랑스인 주교가 있지만 도와줄 보좌 주교도 없는데다 연로하고 병약해서 제가 방콕에 도착하기 전에 돌아가실지도 모릅니다. 그러니 서둘러 여기서 떠나 주교를 찾아뵐 생각입니다. 저는 육로로 말레이시아 반도를 통과할 예정입니다. 왜냐하면 방콕행 길을 단축하고, 아울러 반도 내륙 지방에 사는 사람들의 생활상을 자세히 알아보고 싶기 때문입니다. 이 고장 원주민들은 비신자들이거나 무슬림입니다. 저와 이야기를 나눈 모든 신부들은 한결같이, 이들 원주민들은 하느님 나라에서 멀리 떨어져 있지 않다고 증언합니다. 이들은 자기네에게 하느님 나라 길을 가르쳐줄 친절한 선교사를 기다리고 있는 것만 같습니다. 신학생 여러분, 그러니 이처럼 풍성한 수확을 거두러 오십시오. 제가 프랑스를 떠날 때 제게 크나큰 희망을 주신 여러분 모두 어서 오십시오. 만일 여러분을 부르시는 하느님의 음성에 오랫동안 저항한다면 하느님께서 불충한 종에게 내리시는 선고가 그대들에게 떨어지지나 않을까 두렵습니다. 만일 여러분이 복음의 빛을 비신자들의 눈에 비추는 일을 거부해 그들이 버림받는 원인을 제공한다면, 그로 인해 비신자들이 하느님의 심판 때 그대들을 고발한다면, 여러분은 무슨 할 말이 있겠습니까? 하느님의 은총에 저항하는 것은 남은 생애 동안 고초를 자초하는 일입니다. 그처럼 고귀하고 찬탄할 만한 부르심에 불충했다는 것입니다. 제가 개인적으로 후회하는 게 있다면 주님께서 원하시는 곳에 오는 데 너무 오랫동안 지체했다는 것입니다. 제가 저 자신에게 위로하는 말을 한다면 스스로 지체하지는 않았다는 사실입니다. 제가 영광스럽게도 제 주교님이라고 부르고 싶은 카르카손 교구장께서 저의 해외 선교 성소를 허락하시자마자 저는 즉각 그 길로 들어섰습니다. 존경하고 사랑하는 부모님을 몹시 슬프게 하는 처사는 고통스럽다는 것을 압니다. 예수님께서 제자들에게 말씀하실 때, 부모를 당신보다 더 사랑하고 싶은 마음이 들면 부모조차 버리라고 하시지 않았습니까? 사람들에게 순종하기보다는 하느님께 순종하는 것이 값지지 않겠습니까?

제가 전혀 모르는 나라(샴)에 들어가려는 이 시점에서, 하느님의 섭리가 저를 어디로 인도하실지 알 수 없는 시점에서 이 편지를 쓰는 데 아마도 이것이 마지막 소식이 될 것 같군요. 제가 받은 유산을 여러분에게 물려줍니다. 제가 곧 착수하려는 일, 그러나 남은 시간이 짧은데다 공덕이 부족한 이 사람이 하는 일이라 시작만 하고 완성하지 못할 이 일을 여러분이 승계하시기 바랍니다. 여러분을 부르시는 하느님의 이름으로 당부하는 것입니다. 우리가 작별하기 전에 여러분이 제게 약속한 말을 믿고 당부하는 것입니다.

선교의 어려움을 예상하고 지레 겁먹지 마십시오. 유럽에서 상상하는 것보다는 덜 어렵습니다. 기후가 고약하긴 하지만 견딜 수 없을 정도는 아닙니다. 현지 언어가 어렵긴 하지만 몇 달 익히면 의사소통이 가능합니다. 기질이 약한 사람, 기질이 강한 사람이 할 수 있는 일이 따로 있습니다. 단조롭고 조용한 삶을 원하는 사람, 활동적인 삶을 열망하는 사람이 할 수 있는 일이 따로 있습니다. 우리가 맡은 학교들이 있습니다. 기존 교우들을 돌보면서, 비신자들이 개종하면 교육도 해야 합니다. 선교하다 보면 추운 지방이 있는가 하면 더운 지방도 많이 있고, 때로는 기온이 적당한 곳도 더러 있습니다. 고도만 보고 한 지역의 온도를 추측하면 틀릴 수 있습니다. 때로는 적도에 가까운 지역이 유럽인들 건강에 아주 좋고 아주 편합니다. 적도에서 300km밖에 안 떨어진 싱가포르가 그렇습니다. 제가 경험해서 안 것이기도 하고 여행객들의 한결같은 말이기도 합니다. 무더위와 건강에 해로운 습기 때문에 선교사들이 더러 목숨을 잃는 수도 있습니다. 그러나 유럽이라고 해서 주민들의 생애가 단축되는 사고가 없습니까? 어쨌거나 선교지에서 죽는다면 하느님 보시기에 고귀한 일이지요. 여러 곳을 거치면서 많은 유럽 남자들과 여자들을 만났는데, 이들은 순전히 현세적 이득을 얻으려고 이것저것 대수롭지 않게 여기고 장거리 여행의 위험과 살인적 기후의 혹독함을 잘 견뎠습니다. 별 가치 없는 이 사람들의 처신을 반대하는 이들은 보이지 않습니다. 그러나 한 사제가 하느님 영광과 영혼 구원을 위해서 먼 고장으로 가겠다는 뜻을 세우면 즉각 1,000명이 들고일 어나서 사제의 거룩한 계획을 반대합니다. 경솔하다고 합니다. 해외 선교에 대해서 아는 척, 온갖 반대 이유를 들이댑니다. 마치 현지에 가보기라도 한 듯이 기후가 어쩌고저쩌고합니다. 그러면서 사제가 고향에서 사목하는 게 현명하다고 만장일치 결론을 내립니다. 그러면 그 사제는 자기를 부르시는 하느님 은총의 도움에 기대지 않고 지나치게 현명한 충고를 받아들여, 해외 선교 계획을 포기합니다. 만일 문제가 해외 선교가 아니고 다른 일이었다면 그처럼 쉽게 물러서지는 않았을 것입니다.

그러니 신학생 여러분, 숭고한 열망을 품으십시오. 복음을 처음으로 전한 사도들의 발자취를 따라가겠다는 열정을 품으십시오. 살과 피를 지닌 인간들이 여러분의 계획을 반대하는 소리에 귀를 막으십시오. 우리 조상들이 받았던 복음의 봉사를 가련한 이교 백성들에게도 베풀기 위해 떠나십시오. 갈리아 백성(프랑스인들의 조상)에게 복음을 전한 선교사들이 이러저러한 반대 여론에 휘말렸었다면 우리 프랑스인들은 지금도 불신의 어둠에 갇혀 있을 것입니다. 우리 자신의 기도와, 우리가 하느님의 도구가 되어 구원하려는 사람들의 기도를 합친다면, 우리는 하느님의 자비에 많은 희망을 걸 수 있고 또 걸어야 합니다. 간청합니다. 오십시오. 같은 신앙의 인연으로 합치고, 같은 조국의 인연으로 합친다면 우리는 똘똘 뭉쳐 일할 수 있습니다.

동방 선교는 전적으로 프랑스 차지입니다. 동방의 초창기 주교들 모두, 그리고 이 머나먼 땅을 피로 물들인 선교사들 대부분은 프랑스인들이었습니다. 프랑스 선교사들의 열정으로 동방 선교가 성공을 거두었습니다. 이제 그들은 그 길고도 험한 선교 사업에 대한 보상으로 하느님의 품에 안겨 있습니다. 그리고 그 선교한 백성들을 위해 항상 기도하고 있습니다. 성부께서 그들의 전구를 들으시어 그들의 열성과 그들의 성공을 이어받는 선교사로 여러분을 선택하신다면, 신학생 여러분은 복 받은 사람들입니다. 여러분이 선교사로 부르심을 받은 은총에 계속해서 성실하다면 여러분은 더더욱 복 받은 사람들입니다. 무슨 말이냐고요? 개신교는 있는 힘을 다 모아서 세계 각지에 선교사들을 보냅니다. 열심한 개신교 신자들은 자기네 선교사들이 필요로 하는 것을 충분히 채워주기 위해서 온갖 희생을 무릅씁니다. 그런데 만백성에게 복음을 전하고 세례를 베풀라는 명령을 주님으로부터 받은 유일무이한 교회의 참된 자녀들인 우리 가톨릭은 한가로이 보내고 있습니다. 우리는 멀뚱멀뚱한 눈으로 이 불행한 동방인(우상숭배자)들이 오류에서 오류로 옮겨가는 것을 지켜보고만 있습니다. 이들 동방인들에게 진리를 보이는 일은 상당히 쉬운데도 말입니다. 개신교에는 수치스러운 현상입니다만, 가톨릭 선교사들이 있는 곳이면 어디서나 개신교의 선교 성과는 전무입니다. 더 길게 쓸 시간이 없기 때문에 여기서 이 편지를 마칩니다. 신학생 여러분, 안녕히 계십시오. 지상에서 다시 한 번 여러분을 뵐 수 있기를 진심으로 갈망합니다. 하느님께서 제 뜻을 이루어주시기를 기도합니다. 평화를 빕니다.

사도좌 선교사 브뤼기에르 드림

9신

발신자 : 브뤼기에르 신부
수신자 : 파리외방전교회 총장 랑글루아 신부
발신일과 발신지 : 1827년 6월 20일, 방콕
출처 : APF, v. 3(Lyon, 1828), ff. 242~271

경애하올 총장 신부님,

마침내(1827년 6월 4일) 임지에 도착했습니다. 저는 (말레이시아) 반도를 돌아서 방콕으로 갈 생각이었습니다. 그러나 저는 오늘날 샴과 무역을 하는 유일한 민족인 중국인들을 믿어서는 안 된다고 페낭 신부들이 너무도 간곡히 말리는 바람에 생각을 바꾸었습니다. 마침 프랑스 배의 선장이 정중히 제안하기를, 저를 태우고 메르기를 거쳐 샴으로 데려다주겠다는 것이었습니다. 그런데 출발 전날 선주가 행선지를 바꿔 수마트라 섬에 있는 아셈(Achem)으로 항해토록 했습니다. 그래서 저는 고인이 된 페코(Pécot) 신부가 갔던 길을 택했습니다. 도중에 저는 리고르의 왕을 만날 생각이 간절해졌습니다. 만남이 가능하다면 저는 처음부터 이 길을 택했을 것입니다. 뱅골 총독부 주재 샴 왕국 대사가 천주교 신자인데, 자신이 페낭에 들르는 길에 모든 난관을 해소시켜주겠다고 했습니다. 저는 예수 부활 대축일 다음 날 페낭을 떠났습니다. 저는 교리 교사직을 맡길 생각으로 페낭 신학교에서 공부한 중국인을 데리고 갔습니다. 갓 영세한 중국인 한 명도 데려갔는데, 그는 저를 따라 다니며 성당 일을 하고 싶어 합니다.

이튿날 우리는 페낭 북부 지역 케다에 도착해 샴 왕국 대사를 만났습니다. 해안에서 우리를 맞아 자기 호텔로 안내했는데, 호텔이라는 것이 짚을 깐 창고였습니다. 저는 리고르 왕자인 관장을 만나볼 생각을 하면서, 대사에게 저를 안내하고 통역을 해달라고 간청했지만 대사는 거절했습니다. 제가 관장을 찾아가는 것은 품위에 어긋난다는 것이었습니다. 관장이 먼저 움직여야 한다는 것이었습니다. 실제로 관장은 장교 한 명을 보내 저를 환영한다며 요새로 초대했습니다. 담으로 둘러친 요새 안에는 항구 입구를 방어하기 위해 대포 몇 문이 설치되어 있었습니다. 요새 구조는 조화나 균형미가 없었고, 관장의 저택은 요새 귀퉁이에 자리 잡고 있었습니다. 저는 복도 같은 방으로 안내되었는데 응접실 같았습니다. 가구라야 바닥에 깐 돗자리가 전부였는데 그중 따로 놓인 두 개는 다른 것들보다 좀 깨끗해보였습니다. 거기 있는 사람들은 얼굴이 못생긴데다, 허리에 천을 둘렀을 뿐 벌거벗은 모습이었습니다. 샴에서는 남녀 할 것 없이 다 같은 모습입니다.

제가 방에 들어서자 모두 땅바닥에 엎드렸습니다. 그리고 저를 보고 제 돗자리에 길게 누우라고 했습니다. 조금 있으니까 왕자 관장이 들어왔는데, 젊은데다 얼굴이 준수하고 매우 활기찼으며 똑바로 바라보는 눈길이 자신만만했습니다. 그리고 명령할 때면 큰 소리로 단호히 명했습니다. 그가 제 옆자리에 와서 눕기에, 저는 인사하려고 일어섰습니다. 그러나 이는 예의에 어긋난다고 했습니다. 저는 앉거나 누워 있어야 한다는 것이었습니다. 교우인 대사는 저의 잘못을 보고 즉시 바로잡아주었습니다. 곧 필발

(bétel)과 빈랑(aréque)이 가득 담긴 접시 둘을 가져와서, 하나는 왕자 앞에 또 하나는 제 앞에다 놓았습니다. 제 접시는 제 발치, 돗자리 밖에다 놓았습니다. 아주 재미없는 대담이 시작되었습니다. "나이가 어떻게 되십니까? 언제 사제품을 받으셨나요? 조국은 어디입니까? 프랑스에도 코끼리·곰·원숭이가 있습니까?" 따위의 질문이었습니다. 대담 끝에 전혀 예기치 못한 질문을 해서 저는 좀 놀랐습니다. "신부님, 돈 많이 갖고 계십니까?" 하기에 "왕자님, 아주 조금 갖고 있습니다"라고 답변했는데, 이는 사실이었습니다. 왕자가 그런 질문을 한 것은 저를 호위할 사람들을 마련해 주려는 목적이었습니다. 왕자는 저희 세 사람을 위한 코끼리 수가 모자란다고 했습니다. 대사는 리고르로 서둘러 가야만 했습니다. 그래서 왕자는 "신부님, 5~6일 후에 떠나셔도 되겠습니까?" "대사와 함께 떠나면 좋겠습니다만 불가능하다면 기다리겠습니다." "신부님, 나중에 떠나시더라도 전혀 염려하지 마십시오. 충직한 경호원들을 마련하겠습니다. 그들이 신부님을 리고르까지 안전하게 모실 것입니다."

이튿날 대사는 짐을 꾸리고서 저더러 인내심을 가지라고 일장 훈시를 했습니다. 그리고 저에게 예의와 품위를 갖추고 처신하는 법을 가르친답시고 처세법을 나열했습니다. 그의 지시에 따르면 제가 맨 먼저 식사하고 그 다음엔 교리 교사가 먹는 등 차례로 식사를 해야 한다는 것이었습니다. 방에서 나가도 안 되고 누구와 말을 해도 안 되며 누구를 쳐다봐도 안 된다고 했습니다. 신선한 공기를 마시려고 산책을 하는 것도 금지되었습니다. 산책은 제 품위에 어긋난다고 했습니다. 이런 법도만도 엄격한데 교리 교사는 그것도 부족하다면서 새로운 법규들을 보탰습니다. 제가 앉아도 안 되고 누워도 안 된다는 것이었습니다. 예의에 어긋난다고 말입니다. 하인이 사용한 돗자리는 불결하기 때문에 제가 쓸 수 없다고도 했습니다. 그는 정중하고 심각한 모습으로 이르기를, 온종일 눈을 내리깔고 부동의 모습으로 서 있는 것만이 제가 취할 수 있는 가장 합당한 자세라고 말했습니다. 온통 우스꽝스럽지만 이것이 이 민족의 풍습이요 관습입니다. 제가 가는 곳마다 말레이시아인들과 타이인들이 몰려와서 놀라워하면서 제 행동과 거동을 눈여겨봅니다. 저의 일거수일투족이 호기심을 불러일으키는 모양입니다. 제가 산책하거나 걸으면서 책을 읽는 모습이 가장 놀라운 모양입니다. 그들은 자주 저와 동행하고 있는 중국인을 찾아와서는, 저 유럽인이 한 곳을 왔다 갔다 하면서 무슨 일을 하느냐고 묻곤 합니다. 저게 무슨 놀이인가, 유럽인이 잃어버린 물건을 찾는 것인가 하고 묻습니다.

제가 케다에 온 지 사흘째 되던 날 왕자 관장은 저를 찾아와서, 제가 쓸 코끼리들이 오래지 않아 마련된다고 했습니다. 기다리는 동안 저는 이 민족의 관습을 살펴볼 수 있었습니다. 신분이 낮은 사람이 자기보다 높은 사람에게 말할 때는 발뒤꿈치를 엉덩이에 대고 꿇어앉습니다. 상대방의 신분이 아주 높으면 그 앞에서 무릎을 꿇고 엎드립니다. 꿇어 엎드리기 거북한 장애물이 있으면 아무리 급박한 질문을 받아도 대답하지 않고, 먼저 장애물을 치운 다음 무릎을 꿇고 엎드린 자세로 대답하는데, 그때 두 손을 모아서 얼굴에 대고 말을 합니다. 상관이 묻는 말에 긍정하는 대답을 해선 안 됩니다. "내가 지시한 일을 했느냐?" "이러저러한 곳에 간 적이 있느냐?" "일을 마쳤느냐?" 따위의 질문을 받으면 "어르신네", "어르신네", "어르신네"라고만 대답합니다. 고관이 외출할 때면 홀로 앞서가고 관리들은 뒤따라갑니다. 첫째 관리는 양산을 받쳐 들고, 둘째 관리는 필발이 담긴 통을 들고, 셋째 관리는 담뱃불을 켤 때 쓰는 심지를 들고 뒤따라갑니다. 고관이 정지할 때면 고관만 홀로 서 있고, 아랫 사람들은 땅에 앉습니다. 고관이 누군가를 가까이 부르면, 하인은 고개를 깊숙이 숙이고 가재마냥 옆걸음으로 다가갑니다. 만일 하인이 상전마냥 고개를 치켜든다면 호된 벌을 받습니다. 오직 스님들만이 고관에게 표하는 예법을 지키지 않아도 됩니다. 저 역시 유럽 사제로서 스님과 같은 특권을 누립니다. 왕자인 관장은 정장을 하고 샌들을 신고 있었습니다. 그러나 옆에 있는 왕자의 형제는 맨발이었는데, 행색으로 봐서 평소에도 신발을 신지 않고 산 것을 금방 알아차릴 수 있었습니다.

저희가 케다에 있는 동안 왕자 관장은 저희에게 필요한 것을 주었습니다. 저는 주변을 돌아다니면서 선교를 시도하려고 했습니다. 지방 수도에 가보니 초가 200여 채가 있는 초라한 마을이었습니다. 초가 모양새는 순다 해협(수마트라와 자바 사이 해협)·말라카 반도·리고르 왕국·샴 왕국 어디에서나 볼 수 있는 초가와 같습니다. 이런 초가는 몇 시간이면 지을 수 있습니다. 우선 수직으로 말뚝들을 박은 다음 그 위에 횡단으로 대나무들을 묶습니다. 그리고 습지의 짚 같은 것으로 대나무들을 덮습니다. 대나무 발에다 짚을 붙여서 말뚝들을 둘러칩니다. 그러면 즉시 거처할 수 있는 초가가 됩니다. 집 건축이 단순한 것처럼 가구도 단순해서 흔히 돗자리 한두 개를 깔면 끝입니다. 돗자리는 탁자·의자·침대 대용입니다.

제가 처음으로 종교에 대해서 이야기를 나눈 상대는 저와 함께 있는 사람들이거나 저를 찾아오는 사람들이었습니다. 저는 우선 그들이 믿는 신앙을 말하도록 한 다음에 그들의 한정된 지능에 알맞는 단순한 추리나 친근한 예를 들어가면서 저들의 신앙을 반박합니다. 그런 다음에 저는 유일신과 유일신의 속성과 창조 등을 이야기해줍니다. 그들이 제 말에 반응하는 정도에 따라서 저는 이야기를 접기도 하고 계속하기도 합니다. 말레이시아 무슬림과 이야기를 나누다 보면 그들은 항상 유일신 신앙에 집착합니다. 그리스도인들은 여러 신들을 섬긴다는 게 말레이시아 무슬림의 주장인데, 제가 그렇지 않다고 해봐야 아무런 소용이 없습니다. 저들은 모두 이슬람을 고수하겠다고 합니다. 저들이 이슬람은 조상들의 종교이고 자기네도 이슬람을 믿으면서 자랐다고 말하면 대담은 끝납니다. 그러니 제가 처음으로 선교해서 무슨 성과를 거두었다고 자랑할 처지가 못 됩니다. 제 교리 교사가 저보다 감동을 주었더군요. 저는 그를 중국 동포들에게 보내어 선교를 시도해보라고 했습니다. 그는 상당히 많은 사람들을 모아 설교하고 토론하고 반박하곤 했는데, 사람들이 그의 말을 즐겨 들었습니다. 그의 말을 듣고 많은 이들이 천주교 책을 달라고 했으며 몇몇은 밤에 찾아와서 더 상세히 설명해달라고 했습니다. 저희가 케다에 오래 머문다면 많은 중국인들이 신앙을 받아들일 것이라고 교리 교사는 말했습니다. 교리 교사는 열심한 사람이라, 페낭에서 중국인들을 많이 개종시켰습니다. 케다에서 조금 떨어진 곳에 중국인 동네가 있는데, 타락을 조장하는 무리들과 뚝 떨어져 사는 소탈한 중국인들이라고 합니다. 교리 교사는 저들을 교화시키려고 기꺼이 거기로 가고 싶다고 하지만, 가는 길에 강도들이 득실거릴 뿐 아니라, 저희가 곧 떠나야 하니 그렇게 할 수 없었습니다.

이 작은 왕국에서 천주교 신자는 2명밖에 만나지 못했습니다. 저희는 세례 예식을 그들에게 가르쳤습니다. 아기들이 죽을 때 유아 세례를 베풀 수 있도록 말입니다. 저희가 이 지역을 지나가면서 심은 복음의 씨앗이 자라길 주님께 기도할 따름입니다.

마침내 떠날 날이 되었습니다. 여행에 필요한 코끼리 다섯 마리를 데려

왔더군요. 저는 코끼리의 키와 덩치를 보고 놀랐습니다. 유럽에서 타는 말들은 이 나라의 코끼리와 비교가 안 됩니다. 코끼리는 키가 3m 전후이고 상아는 길이가 1m, 굵기가 30cm나 됩니다. 밀림에서 살던 그 힘세고 무서운 짐승이 길들여진다는 게 불가사의합니다. 10세가량의 어린아이가 마음대로 그 코끼리를 부립니다. 코끼리는 아이의 말에도 순종합니다. 고분고분합니다. 지시하면 코로 물건을 나릅니다. 몰이꾼이 시키는 대로 누웠다 일어섰다 합니다. 몸을 굽혀서 사람을 등에 태우기도 합니다. 코끼리의 걸음을 가로막을 것은 거의 없습니다. 가다가 나무를 만나면 코로 나뭇가지를 부러뜨립니다. 어떤 때는 나뭇가지를 아래로 끌어당겨 발로 짓이깁니다. 진창을 지나가기 어려우면 그 널찍한 배를 바닥에 대고 진창 위로 기어갑니다. 그렇게 해서 몸의 무게를 넓은 면적에 분산시켜 덜 빠지게 되는 것입니다. 가다가 늪이나 진창을 만나면 코로 그 깊이를 잽니다. 그래서 빠질 위험이 있는지 알아냅니다. 굉장히 깊은 골짜기에 내려가기도 하고, 코를 지렛대처럼 사용해 매우 가파른 산에 오르기도 합니다. 아주 좁은 오솔길에서조차 비틀거리지 않습니다. 한 시간에 10리 조금 더 갑니다. 코끼리는 피곤하면 몰이꾼에게 신호를 보냅니다. 즉, 코로 땅을 치면서 뿔피리 같은 소리를 냅니다. 밤에 여물을 먹습니다. 보통은 서서, 어떤 때는 옆으로 누워서 한 시간쯤 잠을 잡니다. 맑은 물을 만나면 여러 차례 코로 빨아 당겨 온몸에 물을 뿌려서 상쾌하게 합니다. 발이 땅에 닿지 않는 깊은 강을 만나면 코끝을 물 위로 치켜들고 숨을 쉬면서 수영을 하니, 코끼리 코만 보입니다. 저는 코끼리를 타고 케다에서 리고르로 갔습니다.

저희 여행단은 여행자 5명, 호송자 14명, 코끼리 몰이꾼 5명, 합쳐서 24명이었습니다. 저를 빼고 모두 무장을 했지만 무시무시한 무장은 아니었습니다. 고작 신통치 않은 군도 두 자루와 낫과 단도들로 무장하고서 이 지방에 설치는 강도 200여 명을 상대로 여행단을 지킨다는 것이었습니다. 최근에 강도들이 여행객 9명을 교살했는데, 저희는 여행 중에 그중 한 명이 나무에 매달려 있는 것을 목격했습니다. 호송자들은 시신을 보고 그만 질려서 호송단이 보강되기 전에는 한 발짝도 가려고 하지 않았습니다. 케다에서 150리쯤 갔을 때 제가 데리고 떠났던 중국인 신입 교우와 대사가 저의 심부름도 하고 통역도 하라고 맡긴 샴 교우 둘 모두 여독으로 탈진했습니다. 그래서 저는 두 교우와 번갈아 코끼리를 탔습니다. 여행이 끝날 때까지 차례로 타고 내렸습니다. 여행지는 사람이 살지 않는 밀림이라 길을 내면서 나가다 보니 걷는 게 몹시 피곤할 수밖에 없었습니다.

저희는 꼭두새벽에 일어나서 밥을 먹은 다음 쉬지도 마시지도 먹지도 못하고 저녁 7시까지 강행군했습니다. 우리는 늪지대와 강들이 많은 평야를 300리쯤 통과한 다음 굉장히 광활한 밀림으로 접어들었습니다. 밀림에는 드문드문 반(半)원시인들의 움막들이 보였는데, 그들은 울창한 밀림에서 살면서 도둑질과 강도질로 먹고삽니다. 밀림의 초목들은 유럽에선 못 보던 것들입니다. 강변과 늪지대에는 유럽의 실편백과 닮은 나무들이 있습니다. 해가 질 무렵에는 전깃불 비슷한 노을이 퍼지는데, 노을은 공중에 날아다니는 반딧불 벌레와 어울려 보기에 아름답습니다. 밀림은 온통 수풀로 덮여 있습니다. 밀림의 열매는 대부분 유해하거나 독이 있습니다. 제가 큰일 날 뻔한 적이 있습니다. 걷기가 힘들어서 사과나무 비슷한 잎사귀가 달린 나무 아래 앉았습니다. 푸른 석류 비슷한 열매가 달렸기에 맛을 보고 싶어서 손에 쥐고 막 먹으려고 하는데, 포르투갈 말로 소리를 지르는 것이었습니다. "신부님, 잡숫지 마세요. 독이 있는 열매예요. 잡수시면 돌아가시거나 아니면 적어도 정신을 잃을 것입니다." 그때부터 저는 더욱 조심을 했습니다. 열매를 보면 그것을 따기 전에 안내자들에게 물어보곤 했습니다. 안내인들의 대답인즉 거의 한결같이 먹을 수 없다는 것이었습니다. 거의 어디서나 물은 썩었거나 흙탕물이었거나 매우 불결했습니다. 더 신선한 물을 얻을 수 없으면 차를 넣고 물을 끓여 마시면 물의 나쁜 성분을 어느 정도 없앨 수 있습니다. 밀림에서 저희는 땅에 돗자리를 깔고 잤습니다. 밤엔 더위도 가라앉고 기분이 좋아집니다. 달이 비칠 때는 특히 좋습니다. 지구만큼이나 오래된 밀림의 고요는 밤에 음산하게 울어대는 새소리 아니면 밀림에 우글대는 맹수들의 울부짖음으로 깨지곤 합니다. 밀림에는 코끼리·야생소·코뿔소·일각수 등이 득실댑니다. 일각수는 코뿔소와 달라서, 쭉 솟아난 뿔이 머리통 중간에 있습니다. 힘이 엄청난 무서운 짐승입니다. 그놈이 울어대는 소리는 불독이 짖는 소리를 닮았는데 소리가 좀 더 길게 울리며 더 힘찹니다. 저희는 밀림 짐승들이 울부짖는 소리를 여러 번 들었습니다. 저희 가까이서 짐승 소리가 들려도, 짐승의 정체를 알아보겠다고 다가가는 사람은 아무도 없었습니다. 가끔 곰도 만나는데 유럽의 곰보다는 작은 편입니다. 저희는 영양 무리도 많이 보았는데 두 마리를 잡기까지 했습니다. 보아 구렁이도 흔하고 온갖 종류의 독 없는 뱀도 많습니다. 파충류도 많은데, 물리면 생명을 잃습니다. 표범과 호랑이도 적지 않은데 호랑이는 공공연히 사람을 공격합니다. 호랑이는 네 발 짐승 가운데서 가장 사납고 위험합니다. 호랑이는 닥치는 대로 물어 죽이는데 배가 고파서라기보다 천성이 사나워서 그렇습니다. 철창에서 자기를 키우는 사육사에게도 사납게 대합니다. 험상궂고 번쩍이는 눈, 위협적이고 돌발적인 움직임, 놀라운 속도는 호랑이를 다른 맹수들과 구분 짓는 특징들입니다. 힘도 힘이지만 용맹스럽기 짝이 없습니다. 호랑이는 코끼리를 공격하고 사자와 싸웁니다. 단지 밤에 불을 보면 덤비지 않습니다. 또한 호랑이는 보아 구렁이를 보면 달아난다고 합니다. 여행 중에 그 위험한 호랑이와 마주친 적은 없습니다. 어느 날 밤엔 저희 주변에서 배회하면서 으르렁거렸는데 코끼리들이 소리를 질러서 호랑이가 가까이 있다는 것을 알려주었습니다. 관습에 따라 저희는 캠프 주위에 불을 지폈는데, 그것이 호랑이의 접근을 막았습니다. 일행은 겁먹은 모습으로 제게 다가와서 제자리를 벗어나지 말라고 했습니다. 저는 그럴 생각도 없었습니다. 밀림에는 여러 종류의 원숭이 무리가 있는데, 이것들은 나무 위에 올라가 깡충깡충 뛰기도 하고 오만 가지 짓을 하여 여행객들을 기쁘게 합니다. 형형색색 크고 작은 도마뱀들이 있는데 그중에는 길이가 1m나 되는 것도 있습니다. 강에는 악어들이 드물지 않은데, 그것들은 하구에서 500리 내륙까지 올라갑니다. 그놈들은 길이가 6m나 됩니다. 저의 중국인 신입 교우는 강을 건너다가 하마터면 수륙 양서 동물인 악어에게 물려 죽을 뻔했습니다. 저희는 두 번에 걸쳐 보통 크기의 이상한 도마뱀을 보았는데, 이것들은 날개가 달려 있어 그것을 돛처럼 사용해서 빨리 달립니다. 황색 전갈도 보았는데, 길이가 20cm, 굵기가 5cm쯤 됩니다. 전갈 독침에 물리면 목숨을 잃습니다. 늪에는 어디서나 형형색색 야생 오리들이 있습니다. 그리고 두 주먹 크기만 한 달팽이도 보았습니다. 벌들도 보았는데 어떤 벌은 파리보다도 작았습니다.

이 지방에 득실거리는 곤충들 가운데서 개미가 가장 흔하고 귀찮습니다. 개미는 크고 작은 것, 흑색·백색·홍색 그 종류를 이루 헤아릴 수가 없습니다. 겨우 볼 수 있는 아주 작은 개미들도 있는데 손가락으로 죽이면 참을 수 없이 고약한 악취가 납니다. 떼를 지어 다니는 개미들도 있는데, 집·상자·나무·그릇·음식 가리지 않고 아무 데나 달라붙습니다. 모기도 극성인데 적잖이 귀찮습니다.

밀림이 너무 우거져서 혼자서는 길을 잃을 수밖에 없습니다. 길잡이가 앞장서서 길을 내고 때때로 소리를 지르면서 따라오는 사람들에게 신호를 보냅니다. 가끔은 도끼로 나무를 자르고 수풀에 불을 질러서 길을 만들어야 합니다. 진창과 늪과 강을 만나면 걸어가는 사람들은 신발을 벗고 맨발로 건너야 하는데 이는 상당히 위험합니다. 왜냐하면 가시에 찔릴 수도 있고 이 지대에 흔한 독충에게 물릴 수도 있기 때문입니다. 이처럼 많은 위험이 도사리고 있음에도 불구하고 저희는 하느님의 섭리로 아무런 사고 없이 무사했습니다. 오전 10시부터 오후 4시까지는 무더위가 대단합니다. 열과 햇빛을 피하려고 현지인 여행자들은 천으로 챙이 큰 모자를 만들어 머리를 가립니다. 그렇지만 얼굴 피부가 갈라져서 물고기 비늘마냥 떨어지는 것을 막지는 못합니다. 한더위에 모래땅을 지나갈 때면 모래가 마치 반사경처럼 햇빛을 반사해서 더위를 견디기가 몹시 힘듭니다. 특히 눈에 무리가 와서 눈을 뜨기가 어렵습니다. 이런 난관들이 합쳐져 저만 빼고 일행 모두가 앓았습니다. 그래서 호송인들 일부를 바꿀 수밖에 없었습니다. 탈롱(Thalon)의 관장이 이 일을 도와주었습니다.

탈롱은 리고르 왕의 아들이 다스리는 볼품없는 고을입니다. 저는 여기에 머물 생각이 없었습니다. 그렇지만 탈롱 요새의 높은 벼슬아치가 방문해달라고 간청하기에 찾아갔습니다. 관례대로 인사를 나눈 다음, 그 고관은 자녀들 중에 병을 앓고 있는 아이를 고쳐달라고 했습니다. 저는 의사가 아니라서 청을 들어줄 수 없다고 대답했습니다. 그러나 저의 중국인 교리

교사는 저보다도 자신만만했습니다. "아이가 앓고 있는 병을 고쳐줄 수 있는 좋은 약을 알고 있습니다. 저녁 식사 때 잘게 다진 두꺼비 고기를 먹이십시오. 치유를 장담합니다." 그러고서 제게로 돌아서서 이렇게 말했습니다. "유럽 의사들은 소독과 사혈밖에 모르지만 우리 중국인들은 아는 게 더 많아요." 집 문 앞에 두꺼비가 수두룩했습니다. 그중 두 마리를 잡아서 두꺼비 고기를 마련했습니다. 그것이 치료 효과가 있었는지는 알 수 없습니다. 저희가 곧바로 떠났으니까요. 저는 병든 아이에게 세례를 주고 싶었습니다만 교리 교사는 아이가 죽을 위험이 없고 나을 것이라고 했습니다. 저는 관장에게서 과일도 좀 얻었고, 거의 바닥이 나서 염려했던 쌀도 얻었습니다.

저희는 캠프에 돌아와서 코끼리들에게 짐을 지웠습니다. 사람들이 코끼리 두 마리를 가져가서 세 마리만 남았는데 이것으로는 저희가 여행하기에 모자랐습니다. 저는 제 일행을 보고 먼저 떠나라고 하고, 안내자 두 사람만 데리고 60리 떨어진 밀림에서 요새를 짓고 있는 관장에게로 갔습니다. 제가 찾아온 목적을 설명했더니 매우 친절하게 저를 맞으면서 요청한 두 마리보다 코끼리 한 마리를 더 주었습니다. 그의 모습은 리고르에 있는 부왕을 닮아 부드럽고 자애로웠습니다. 그는 이런 말을 했습니다. "부왕은 이미 리고르를 떠나셨는데 3~4일 안에 여기에 당도할 것입니다. 부왕을 만나 뵙고 싶으시면 여기에서 저희와 함께 머무십시오. 힘닿는 데까지 잘 모시겠습니다. 다만, 신부님의 지위에 어울리는 의장대는 없습니다. 여기는 밀림인지라 제게도 의장대는 없습니다." 저는 의장대라는 말에 당황해서 "의장대를 거느린 적이 없었고 앞으로도 의장대를 거느리지 않을 것입니다"라고 대답했습니다. 그리고 밀림에서 함께 며칠 동안 지내자는 왕자의 간곡한 청에 대해서는, 여느 때 같으면 응하겠으나 지금은 몹시 서둘러야 하기 때문에 가는 길에 부왕을 만나 뵐 테니 길을 떠나게 해달라고 간청했습니다. 그리하여 인사와 함께 선물을 받고 왕자와 작별한 다음 저는 코끼리를 탔습니다. 그때가 오후 7시였는데 안내자는 곧 길을 잃었습니다. 저는 늪에 빠져 진창 속에서 2시간 이상 허우적거렸습니다. 새벽 2시가 되어서야 겨우 약속 장소에 도착했는데 잠과 피로가 엄습하고 배가 고파 죽을 지경이었습니다. 제 일행은 잠에 곯아떨어졌고, 저 역시 자고 싶었지만 모기란 놈들이 잠을 방해했습니다.

다음 날, 관장으로부터 되돌아오라는 전갈이 왔습니다. 리고르 왕국의 왕이 도착할 것이니 맞으러 나가야 한다는 것이었습니다. 저희 일행은 되돌아서서 쉬지 않고 달렸습니다. 그때 저는 코끼리의 능력을 알아볼 수 있었습니다. 제 코끼리는 밤낮없이 700리를 달렸는데 그동안에 5시간만 쉬었습니다. 코끼리의 힘과 온순함을 악용하는 것 같아 저는 괴로웠지만, 그런 혹사를 반대할 권한도 없었습니다. 마침내 저희는 새벽 4시에 밀림 속에서 왕을 만날 수 있었습니다. 제 호송인들만큼이나 장비가 허술한 300명이 왕을 호위했습니다. 그들은 거리를 두고 어좌들을 들고 갔는데, 왕이 코끼리에서 내리면 앉을 어좌들이었습니다. 횃불 20~30개가 왕의 행차 길을 밝혔습니다. 관리 한 사람은 큰 양산을 들고 왕 오른편에서 걸어갔습니다. 왕은 암코끼리에 올라탔는데, 코끼리 등에는 1m가 넘는 돔 같은 것을 올려놓았습니다. 돔 같은 좌석 바깥쪽은 흰 비단으로 두르고, 안쪽은 황금 별 자수가 새겨진 붉은 비단으로 꾸몄습니다. 왕은 허리에 천을 둘렀을 뿐 다른 옷은 입지 않았습니다. 오히려 코끼리 몰이꾼이 최고급 하늘색 푸른 비단옷을 입고 필발 통을 안고 있었습니다. 행차 끝에는 후궁 25명을 태운 코끼리들이 따랐는데, 후궁들의 옷들은 똑같고 매우 초라했습니다. 왕이 나를 보자 "프랑스인이로군"(여기선 유럽인들을 무조건 프랑스인이라고 합니다)이라고 하면서 멈추어 서서 저더러 다가오라는 시늉을 했습니다. 그 순간 모두 얼굴을 땅에 대고 엎드렸고 저 홀로 서 있었습니다. 저는 이런 말씀을 드렸습니다. "폐하, 폐하께서 저의 선임자 고(故) 페코 신부를 환대하신 사실을 유럽에서 전해 들었습니다. 저는 페코 신부와 같은 사명을 받고 그의 자리를 채우려고 파견된 사람입니다. 저는 폐하께 개인적으로 경의를 표하고 폐하의 강력한 보호를 받고 싶은 마음에서 바닷길 대신 육로로 샴까지 가기로 작정했습니다." 왕은 저를 만나서 기쁘다고 했습니다. 제가 아는 것은 샴 단어 몇 개에 불과했기 때문에, 왕이 계속한 말을 알아들을 수가 없었습니다. 저는 이런 말씀을 드렸습니다. "샴 대사가 폐하께 드리는 서간을 갖고 왔는데, 보시겠습니까?" 하니까 "보고 말고"라고 했습니다. 서한을 다 읽고 나서 "좋습니다. 짐을 다 준비해두었습니다. 리고르에 배 한 척을 마련해놓았으니 신부님과 대사를 방콕으로 모실 것입니다"라고 말하고는 관리들을 향해 명했습니다. "신부님을 지극 정성으로 모셔라. 길에서나 리고르에서나 부족함이 없도록 하라."

여기까지는 순조로웠습니다. 그러나 제가 이곳에 온 중요한 일은 아직 시작도 되지 않았습니다. 밀림 한복판에서, 그것도 잠시 지나치면서 종교 문제를 거론하는 것은 큰 성과를 거두기 어려운 법이지요. 그러나 저는 좀처럼 얻을 수 없는 기회를 하느님의 섭리로 얻었던 것입니다. 그래서 저는 하느님의 도우심을 기도하면서 왕에게 이렇게 말했습니다. "폐하, 페코 신부가 리고르를 통과할 때, 폐하께서는 그를 초대하시고 리고르에 정착하는 것을 허락하시고, 나아가서 성당을 세우는 일을 돕겠다고 하셨다고 들었습니다. 페코 신부는 폐하의 제안을 기꺼이 받아들였으나 그만 죽는 바람에 이를 실현할 수 없었습니다. 이제 제가 폐하의 뜻을 받들고 싶습니다." 왕은 난처해했습니다. 저는 '일이 틀렸구나' 하고 속으로 생각했습니다. 저는 조금 있다가 하직 인사를 올리고 길을 떠났습니다. 그러나 왕의 행차는 움직이지 않았습니다. 횃불 아래 협의하는 모습이 보였습니다. 왕은 주위로 고관들을 불러서 제 요구에 대해 논의했던 것입니다. 이후 왕은 제게 심부름꾼을 보내 변명을 하면서, 저의 청을 허락하길 망설인 데 대해서 언짢아하지 않았으면 좋겠다고 했습니다. 리고르 수도에나 리고르 왕국에 성당이 전혀 없었던 만큼 쉽게 결정할 문제가 아니었지요. 저는 이 문제에 대한 여러 관점들을 심부름꾼에게 말하고 왕에게 가서 말씀드리도록 부탁했습니다. 왕은 결론적으로, 리고르 왕국은 샴 왕국의 속국이므로 샴 왕과 상의하지 않고선 제 청을 들어줄 수 없다고 대답했습니다. 가까운 시일에 방콕에 가서 샴 왕과 이 문제를 논의하고, 샴 왕이 동의한다면 자신이 방해하는 일은 없을 것이라고도 했습니다. 이렇게 논의가 끝난 후 왕은 왕대로, 저는 저대로 길을 떠났습니다. 하느님의 계획은 측량할 길이 없습니다. 리고르 왕은 저를 도와주고 싶지만 겁을 먹은 나머지 망설이는 것입니다.

총장 신부님, 왕의 마음을 다스리시는 하느님께 저희를 이끌어달라고 기도해주십시오. 저는 실망하지 않습니다. 만일 리고르에 성당을 세운다면 신앙이 크게 전파되리라고 저는 확신합니다. 리고르 왕이 방콕에 오면 저는 방콕 주교와 함께 왕을 찾아뵐 생각입니다.

리고르 왕은 신앙이 없는 것 말고는 훌륭한 분입니다. 왕은 호감을 주는 인상이고 선의와 자애가 넘치는 분입니다. 왕은 상냥하고 인기가 있으며 외국인들을 반깁니다. 왕은 정의를 실천하는 분이라, 노동자들이 정당한 임금을 받기를 바랍니다. 그는 불의와 사기를 엄히 벌합니다. 그는 자꾸 여러 지방을 순시하고 요새를 세우며 땅을 개간합니다. 왕국은 상당히 크지만 인구는 많지 않습니다. 백성은 왕을 사랑하고 리고르 왕국에 오는 외국인들은 왕을 존경합니다.

저는 마침내 리고르에 도착했습니다. 샴 대사는 포구에서 저를 영접해 화려한 격식을 갖추고, 저희가 묵을 궁전으로 안내했습니다. 궁전이라는 게 초가집인데, 거기 저를 위해 사방이 막힌 작은 방을 마련해놓았습니다. 제가 마음대로 숨을 쉴 수 있는 방을 달라고 했지만 제 요구를 들어주지 않았습니다. 저처럼 큰 인물은 천한 사람들 눈에 띄지 말아야 한다는 것이었습니다. 다행히 저는 벽을 둘러친 천을 조금 떼어내 숨구멍을 만들고 숨을 쉴 수 있었습니다.

대사는 여행하다가 사고를 당했습니다. 코끼리가 땅으로 메치는 바람에 한쪽 눈이 멍 들고 허리를 다쳤습니다. 또한 17일 동안 비가 줄곧 와서 계속 열병을 앓았는데 이제 겨우 회복 중입니다. 저희가 육로나 해로로 여행하는 경비는 왕이 댔습니다. 저희는 아침 7시와 오후 2시에 식사 대접을 받았는데, 큰 구리 접시 위에다 찻잔 받침 접시 같은 작은 접시를 올려놓고 거기에 음식을 담았습니다. 이곳 식사 예법에 따라 저는 홀로 땅에 앉아서 다섯 손가락을 이용해서 음식을 먹었습니다. 샴 사람들은 아무거나 잘 먹습니다. 독이 있는 것 말고는 못 먹는 게 없습니다. 온갖 파충류를 다 먹습니다. 개구리는 내장도 꺼내지 않고 껍질을 벗기지도 않고 산 채로 냄비에 넣습니다. 새 둥지, 그리고 병아리가 알을 깨고 나오기 전, 암탉이 품던 계란을 대단히 맛깔스런 요리로 칩니다. 누에 번데기는 삶아 먹습니다.

이 맛있는 요리를 안 먹는 유럽인들을 비웃습니다. 여기서는 큰 접시에 음식을 많이 담고 함께 먹는데 손가락으로 집어먹는 것은 약과고, 개가 먹는 것처럼 입을 갖다대고 먹으니 역겨운 식습관이라 하겠습니다. 독수리 발톱을 닮은 손톱으로 쇠고기를 잘라 먹습니다. 이들은 손톱을 붉게 물들입니다. 손톱이 길고 이가 검어야 미인으로 꼽힙니다. 야자열매를 둘로 쪼개 잔으로 쓰고, 빈랑나무(aréquier) 껍질을 말려 접시로 씁니다.

저희는 5월 20일 리고르에서 출발했습니다. 리고르에는 절·비구·비구니들 말고는 볼 게 없습니다. 여기에는 벽돌로 쌓은 성벽과 깊이 판 해자가 있는데, 이는 네덜란드인들이 전에 만든 요새의 일부입니다. 강 포구가 항구 구실을 하는데 수심은 3m가 넘고, 배가 정박할 수 있습니다. 도읍은 아름답고 나지막한 평야에 위치해 있으며 공기는 맑아 외국인들에게 좋습니다.

저희 항해는 매우 힘들었습니다. 유럽의 배였다면 리고르에서 방콕까지 사흘 안에 쉽게 항해할 수 있었을 것입니다. 저희 배에는 보통 때보다 선원이 두 배나 탔지만 17일이나 걸렸습니다. 배는 곳곳에 들렀습니다. 마치 지나가는 모든 섬들과 만들을 탐사하는 것 같았다고나 할까요. 선원들은 온갖 핑계로 지체하곤 했습니다. '바람이 분다', '안 분다', '달이 떴다', '파도가 인다', '비가 온다', '급류가 흐른다'라고 했습니다.

불편해도 잠자리만 있다면 여행이 지체되는 일은 참을 수 있었을 것입니다. 불행히도 샴 사람들은 잠자리에 도통 신경을 쓰지 않습니다. 저희 7명은 부엌 같은 곳에서 잤는데, 부엌 상단에 겨우 앉을 수 있었습니다. 오직 쪽문을 통해 부엌에 들어갈 수 있었는데 배를 바닥에 깔아야만 그 쪽문으로 드나들 수 있었습니다. 더욱 흥미로운 것은 부엌 구석에 아궁이가 있었는데 낮에는 노상 불을 때고 밤에도 더러 불을 지피는 것입니다. 부엌에 연기가 꽉 차도 빠져나갈 구멍은 없었습니다. 도마뱀들과 파리 떼가 설쳤습니다. 여행객 대부분이 해충에 물렸습니다. 연옥이 따로 없었지요. 이 모든 불편에다 신선한 공기마저 들어오지 않고, 이 소름끼치는 지하 감옥 같은 곳에 함께 묵는 이들은 너무도 불결했습니다. 이들 가운데 한센병 환자가 한 사람, 다른 병자가 세 사람이나 있었습니다. 이렇게 말씀드려도 총장 신부님께서는 이 부엌이 얼마나 참혹한 곳인지 상상하시기 어려울 것입니다. 몇 시간이라도 있어 봐야만 그 참상을 알 수 있을 것입니다. 저는 가장 높은 신분이라, 아궁이 옆 움푹 팬 곳을 배정받았습니다. 오호통재라, 세상의 지위라는 게 흔히 무거운 부담이 되는 법이지요! 얼마 안 있어 저는 더 이상은 도저히 견딜 수 없을 만큼 고통스러워 제 자리를 떠났습니다. 모두 저를 억지로 떠밀지 않는 한 다시는 제 자리로 돌아가지 않을 작정으로 말입니다. 샴 대사는 저의 처신을 보고 굉장히 언짢아했습니다. 그는 제 교리 교사에게 불평하면서, 제게 빨리 알리라고 간곡히 당부했습니다. 즉, 제가 부엌에서 나가서 온갖 사람들에게 모습을 보이는 것은 수치스런 일이며, 거룩한 교회의 사제가 우상숭배자들의 눈에 띄어 명예를 잃는 것은 치욕스럽다는 것이었습니다. 저는 교리 교사를 시켜, 딱한 선입견에 따른 헛된 명예를 지키기보다는 생명을 더 소중히 여긴다고 대꾸했습니다. 항해 중에 대사는 여러 번 같은 충고를 했지만, 저는 듣지 않고 밖에서 시원한 공기를 마셨습니다. 차라리 햇볕에 그을리거나 몸에 비를 흠뻑 맞는 것이 한증막 같은 부엌에서 숨 막혀 하는 것보다는 나았습니다. 저는 초저녁에 아직 부엌 공기가 시원할 때 거기에 들어갔다가, 밤중에 두세 번 밖으로 나오곤 했습니다. 그 안에 더 있다간 질식할 것만 같았기 때문입니다. 제 교리 교사는 대사의 지시를 따르려고 애쓰다가 그만 심한 열병에 걸렸는데 아직까지 낫지 않고 앓고 있습니다. 여행객 소수만 건강했는데 저도 그중 하나입니다.

저희는 성령 강림 대축일에 방콕항에 도착했습니다. 이튿날 저를 마중 나온 교우들과 함께 저는 초가집 주교관에 도착했습니다. 소조폴리스 주교는 저를 보더니 기뻐 어쩔 줄 몰라 했습니다. 저를 보고 선종한 페코 신부 이야기를 하면서 너무 아깝다고 했습니다. 페코 신부는 지나는 곳마다 열성과 재주로 깊은 인상을 심어주었습니다. 마카오·페낭·리고르와 특히 샴에서 사람들 마음에 많은 추억을 남겼습니다. 방콕 신입 교우들은 저를 보고 서로 다른 반응을 보였습니다. 일부는 페코 신부의 죽음을 떠올리면서 눈물을 쏟았습니다. 나머지 신입 교우들은 후임자인 제가 페코 신부의 열성과 덕성을 이어받겠거니 해서 크게 기대하는 모습이었습니다. 첫 부류의 교우들의 아쉬움이나 둘째 부류의 교우들의 기대가 좋은 결실을 맺도록 하느님께 기도합니다. 주교관에 도착해서 저는 육안으로 볼 때는 볼품없지만 신앙의 눈으로 볼 때면 위안이 되는 현장을 목격했습니다. 주교는 형편없는 초가에 살고 있었습니다. 네 개의 들보 위에 세워서 붕 뜬 초가입니다. 가구라야 침대로 쓰는 판자 하나, 나무 의자 몇 개뿐이었습니다. 주교는 낡은 자색 수단을 입고 맨발로 다니며, 천으로 만든 머리쓰개에 초를 입혀서 모자랍시고 쓰고 있었습니다. 주일이나 평일이나 주교의 차림새는 한결같았습니다. 프랑스나 또는 다른 곳에서 받는, 얼마 안 되는 원조는 사제들과 신학생들과 가난한 사람들을 돕는 데 쓰고 있습니다.

샴은 매우 비옥합니다. 그래서 주교는 샴을 인도의 정원이라고 부릅니다. 여기 물가는 쌉니다. 5프랑이면 소 한 마리를 살 수 있습니다. 작은 조개를 돈으로 사용합니다. 1767년 미얀마인들이 아유타야 왕조를 처부수고 수도 아유타야를 파괴해서 방콕으로 환도했습니다. 아유타야는 공기가 더 맑고 땅은 더 비옥합니다. 방콕의 강 양안에는 집들이 줄지어 있습니다. 방콕의 운송 수단은 크고 작은 배들입니다. 방콕은 저지대라 습지이고, 연중 장마에는 물에 잠깁니다. 중국인들은 광둥이나 타 지역에서처럼 여기서도 선상 가옥에 삽니다. 그들은 강바닥에 말뚝 두 개를 박고 링을 두릅니다. 그리고 대나무 뗏목들을 수면에 띄운 다음 그 말뚝 링에다 밧줄로 묶습니다. 강물이 불어나고 줄 때마다 대나무 뗏목 위에 만든 집도 함께 오르락내리락하므로 가라앉는 법이 없습니다.

 샴 사람들은 대체로 잘생겼습니다. 키는 보통이고 사람에 따라 구릿빛을 띤 이가 있는가 하면 레몬처럼 노란빛을 띤 이도 있습니다. 이들은 온순합니다. 그리고 아시아 타민족들보다는 도둑질을 덜 한다고 합니다. 그러나 마음속 깊이 품은 잔꾀나 위선을 드러내지 않고 교묘히 감춘다고도 합니다. 어린이 같은 면이 있습니다. 만사에 호기심을 보이고 작은 일에도 놀랍니다. 제가 앉고 서고 걸어가는 것을 보고도 놀랍니다. 서양인들의 옷이나 그 모양새, 신발, 옷에 달린 단추를 유심히 살핍니다. 좀 더 자세히 살피려고 어떤 이는 발을 붙잡고 어떤 이는 팔을 붙잡습니다. 그러고선 귀찮고 무례하게 이것저것 달라고 합니다. 아무거나 좋다고 보는지 아무거나 탐냅니다. 용도도 모르는 물건조차 탐냅니다. 언젠가 제 셔츠 소매에 달고 떼는 단을 보고선 이렇게 말했습니다. "신부님은 옷가지를 두 개나 갖고 계시는데 저는 하나도 없어요. 제게 하나를 주시는 게 공평하지 않을까요?" 샴 사람들은 미신에 젖어 있습니다. 미신을 타파하기가 쉽지 않습니다. 부모는 자식을 종으로 팔 권리가 있다고 합니다. 이 사람들의 풍습

가운데서 가장 충격적인 것은 남녀를 가리지 않고 7~8세까지 발가벗고 다니는 것입니다. 이 고약한 풍습은 도무지 변명할 여지가 없을 것입니다. 뒤부아(Dubois) 신부가 자신의 책에서 정확히 밝힌 것처럼, 타락의 주요한 원인들 가운데 하나가 이런 풍습이라는 것은 경험이 증명합니다. 이 사람들은 게으르고 무기력하다고도 합니다. 주로 소꿉놀이, 전쟁놀이, 낚시, 뱃놀이로 소일합니다. 농사는 여자들이 짓습니다. 여기 사람들이 무위도 식하는 것은 기질 때문이 아니고 생산 활동을 할 줄 모르기 때문이라고 생각합니다. 저녁때가 되면 집 주위에 불을 지피는 관습이 있는데 저는 그 동기를 알 수 없습니다. 방 안에서도 무엇을 태웁니다. 제가 2층 비슷한 곳에서 자려고 할 때마다 1층에다 불을 놓습니다. 샴 사람들은 날마다 한두 번 몸을 씻습니다. 온몸에 여러 차례 물을 끼얹습니다. 이렇게 하면 많은 병을 방지한다고 합니다. 자주 걸리는 열병을 고치기 위해서도 이런 목욕법을 씁니다. 샴 사람들은 수염이 적은데, 적게나마 나는 수염을 핀셋으로 뽑습니다.

  샴에서는 음력을 씁니다. 사계절을 구분하지 않습니다. 주간 첫날 일요일은 '태양의 날'이라고 부릅니다. 낮을 3시간 단위로 4등분하고, 밤도 3시간 단위로 4등분합니다. 낮 동안의 시간들과 밤 동안의 시간들은 명칭이 다릅니다. 좋은 날[吉日]과 나쁜 날[凶日]을 구분합니다. 섬기는 신들이 무수합니다. 어떤 우상은 굉장히 크고 도금을 했습니다. 벽돌로 절을 짓는데, 절 마당 복판에는 피라미드 같은 탑이 있습니다. 이 나라에선 단지 절만 웅장한 건축물입니다. 불교의 근본 교리는 '윤회설'입니다. 왕의 시조는 흰 코끼리였다고 합니다. 흰 코끼리를 시조의 직계 후손이라고 여기는 까닭에 왕궁에서 극진히 보살피며 왕의 행차 때 함께 모시고 갑니다. 여러 관리들이 흰 코끼리를 모시는 신하 행세를 합니다. 금으로 만든 통에다 코끼리가 좋아하는 먹이를 담아줍니다. 흰 코끼리를 향하여 성은과 총애를 빕니다. 까마귀를 매우 존경하는 풍습도 있습니다. 까마귀는 신령한 날짐승이라는 것입니다. 샴 사람들은 윤회설을 믿는 까닭에 동물을 죽이지 않습니다. 계란도 깨뜨리지 않습니다. 부주의로 곤충 한 마리를 죽였다면, 죽이려는 마음이 없었더라도 평생 쌓은 공덕을 잃는다는 것입니다. 그렇지만 쇠고기를 먹는데, 다른 사람이 도살한 경우에만 먹습니다. 샴에 사는 중국인들이 소를 잡아줍니다. 동물을 죽인 사람이 내세에 받을 벌은 자신이 죽인 동물의 모습으로 다시 태어난다는 것입니다. 샴 사람들은 내세에 극락과 지옥이 있다고 믿습니다. 또한 이들은 천사나 신령한 존재가 있다고 믿습니다. 그러나 이 믿음의 여러 내용에 관해서 불교 스님들의 견해는 일치하지 않습니다. 스님들은 무척 존경을 받는데 이들은 샴 사제들인 셈입니다. 스님들은 절에서 함께 사니까 가톨릭 수도자들과 닮았습니다. 스님들 사이에는 정해진 서열이 있으니, 가톨릭교회의 주교·사제·부제 등 성직 계급과 비슷합니다. 스님들은 일반인들과는 다른 복장을 하여 신분을 드러냅니다. 스님 각자는 부여받은 소임을 수행할 뿐 다른 일은 하지 않습니다. 저희가 신학생들을 교육시키듯이 스님들도 젊은 시자들을 길러 스님을 만듭니다. 스님들은 독신입니다. 그러나 가사를 입고 있는 동안만 독신으로 살고, 원한다면 가사를 벗고 세속으로 돌아갈 수 있습니다. 스님들의 가사는 짙은 황색입니다. 스님들은 하루에 두 번, 아침 해가 뜨기 전과 저녁 해가 진 다음에 모여서 공동 기도를 바칩니다. 그들의 기도문과 기타 예식서는 모두 '팔리어'[2]로 쓰인 것입니다. 팔리어는 요즘 사용하지 않는 사어(死語)로서 스님들 가운데 매우 유식한 일부만 판독할 수 있는 옛날 말입니다. 스님들은 우상(불상)에게 희생 제물을 바치지 않는 것 같습니다. 그러나 스님들은 백성이 우상을 섬기고 우상에게 제물을 바치는 것을 허용합니다. 불자들은 우상들에게 신명(神名)을 붙이곤 합니다. 그 영향으로 이곳 외교인들은 가톨릭 사제들을 그리스도인들의 신들이라고 하는데, 이는 신성 모독입니다. 스님들은 정오부터 다음 날 새벽 5시까지 아무것도 먹지 않습니다. 나머지 7시간 동안엔 먹을 수 있는데, 이때 한시적 단식을 벌충합니다. 스님들은 이때 과식을 하는 것입니다. 사람들이 하는 말을 다 믿기는 어렵습니다만 이런 이야기가 나돕니다. 한 부아소(약 13리터) 양푼에 담긴 쌀밥과 가마솥에 끓인 녹차를 한꺼번에 몽땅 먹어치운다는 것입니다. 거기에다 쇠고기와 과일과 과일 조림까지 더해서 말입니다. 스님은 새벽에 여러 차례 배를 채웁니다. 식욕이 발동해서 과식하는 게 아니고, 신으로 존경받기 위해서 과식하는 것입니다. 샴 사람들은 스님들이 삼키는 음식 분량을 보고서 신으로 간주하기도 하고 안 하기도 한다는 것입니다. 스님들은 매일 공양을 받으러 나갑니다. 저녁때는 놀거나 조는 일 말고는 하는 게 없습니다. 스님들은 정화수를 축성하고 정화수에 신통한 힘이 있다고 합니다. 그들은 신도들에게 정화수를 뿌리고, 군인들이 전쟁하러 갈 때 갖고 가는 무기에도 정화수를 뿌립니다. 큰일이 있으면 사람들은 스님에게 자문합니다. 스님들은 특히 병자들을 위해서 약을 마련하는데, 그때 미신적 의식을 많이 행합니다. 옛날에는 스님들이 비단옷을 입지 않았고 절 밖에서는 말을 하지 않았습니다. 걸어갈 때면 눈을 내리깔고 걷기 때문

---

[2] 인도·유럽어족의 인도·이란어파에 속한 언어로, 실론·미얀마·샴 등지에 있는 남방 소승 불교 경전에 쓰이던 말.

에 50cm밖에 보지 못했습니다.

그러나 금상폐하(今上陛下)는 이런 고된 규범들을 철폐했습니다. 만일 스님이 관의 규정을 어기면, 신도로 하여금 모질게 매질하도록 했습니다. 신으로 추앙받는 스님들은 신심을 가장해서 악행을 숨기곤 합니다. 그러나 자주 간음·도둑질·살인 등을 범한 중죄인으로 처벌을 받습니다. 스님들은 교리 문제를 두고 싸움을 벌이는데, 서로 거짓말을 한다느니 사기를 친다느니 하면서 다툽니다. 교리 문제로 다투다가 어떤 때는 서로 치고받는 싸움판이 벌어지기도 합니다.

비구니 공동체도 있는데 이들도 비구들의 특권 대부분을 누립니다. 그러나 비구니는 신격(神格) 예우를 받지는 못합니다. 비구니의 가사는 흰색이고 머리카락은 밀지 않습니다. 비구니들은 비구 우두머리의 지도를 받습니다. 흔히 가산이 없는 가난한 여자들이 비구니가 됩니다. 비구니는 서원을 하지 않는 까닭에 원하기만 하면 비구니 신분을 버리고 속세로 돌아갈 수 있습니다.

샴 교우들에 관해서는 드릴 말씀이 없습니다. 그들과 함께 지낸 지가 며칠 되지 않아서 그들의 됨됨이를 잘 모릅니다. 그들이 사제들을 존경하는 모습을 보면 그들을 좋게 보지 않을 수 없습니다. 방콕에는 성당이 네 개 있습니다. 교우들은 제법 예쁜 성당을 하나 지었고, 지금 넓고 편리한 새 성당을 짓고 있습니다. 샴 왕국에서는 공개적으로 신앙생활을 합니다. 품위를 갖추고 엄숙하게 전례를 행하는 것을 보고 저는 놀랐습니다. 화려하고 장중하게 성체 거동 행렬도 했습니다. 외교인들이 존경과 감탄하는 마음으로 그 사실을 말해주었습니다.

샴 주교가 얼마 전에 총장 신부님에게 서한을 보냈다고 말했습니다. 저희에게 선교사들을 보내달라고 간청했다고요. 저희는 지금 당장 선교사가 필요합니다. 저는 교구 내 모든 성당을 방문하고 나서 외교인들을 접촉할 생각입니다. 광활한 교구 안에서, 특히 라오스에서는 할 일이 태산입니다. 방콕에 사는 교우들은 어려서 죽은 외교인 자녀들에게 유아 세례를 많이 주었습니다. 이 일만으로도 선교 성과는 크다고 할 것입니다. 제가 말씀드린 여행 계획을 수행하자면 방콕에는 주교 한 분만 남는 셈입니다. 방콕 신학생들과 교우들을 돌보시는 주교를 제가 도와주어야 하는 처지이므로 저는 제 여행 계획을 말하지 못하고 있습니다. 주교가 허락하지 않을 것 같아서요. 주교는 아직 연로하지 않지만 중책과 여러 가지 희생으로 건강을 잃었으니 오래지 않아 아무런 일도 할 수 없을 것입니다. 제가 성물을 있는 대로 배에 싣고 나면 방콕에는 여분이 없게 될 것입니다. 그러니 묵주·메달·성인들의 상본 등 성물들을 넉넉히 보내주십시오. 특히 묵주가 필요합니다. 총장 신부님과 동료 신부들의 기도와 미사에 마음으로 함께 하겠습니다.

사도좌 선교사 브뤼기에르 드림

10신

발신자 : 브뤼기에르 신부
수신자 : 파리외방전교회 본부 지도 신부들
발신일과 발신지 : 1829년 5월 19일, 방콕
출처 : 달레, 『한국 천주교회사』 '중', 223~231쪽

친애하는 동료 여러분,

포교성성에서 조선을 여러분에게 맡기려고 했다는 것과 여러분은 적어도 지금으로서는 이 제안을 받아들이기를 주저하고 있다는 것을, 모든 선교지에 보낸 회람을 읽고 알았습니다. 돈도 없고, 선교사 숫자는 적으며, 다른 선교지에도 급한 일이 많고, 그 지방에 들어가는 데 거의 극복하지 못할 난관이 있으며, 또 불행한 조선 신입 교우들이 선교사들을 국내로 영입하는 데 사용하겠다는 방법이 가능하지 않다는 사실을 근거로 해서 조선 선교 수락 문제를 미룰 생각을 여러분은 하고 있습니다. 샴 주교는 우리 회가 될 수 있는 대로 빨리 이 선교 지방을 맡아주길 진심으로 원합니다. 그래서 이 사정을 서한으로 여러분에게 알리겠다고 합니다. 그러나 이 일이 성공하기를 원하는 그의 열의가 아무리 크다 하더라도 제 열의를 당하지는 못하리라고 생각합니다. 저 불운한 조선 교우들에게 선익이 되기

를 원하는 간절한 마음이 있기 때문에 그들을 위해 이 편지를 씁니다. 여러분도 그들을 위한 아주 선한 뜻을 가지고 있다는 것과, 다만 달리 할 수가 없기 때문에 아직 몇 해를 더 기다리기로 결정했으리라는 것은 잘 알고 있습니다. 이러한 동기는 찬성할 만하고, 매우 슬기로운 것이며, 포교성성에서도 거기에 동조하는 듯했습니다. 그러나 이것으로 결론을 내리고 다시는 이 문제를 논의하고 재검토할 수 없다는 것입니까? 저는 그렇게 생각하지 않습니다. 위에 열거한 여러 가지 이유를 하나하나 상기하면서 몇 가지 의견을 덧붙이고자 하니, 이것을 제대 아래에서 검토하시고 세심하게 고찰하시기 바랍니다. 감히 이런 말씀을 드리는 것은 잘난 체한다거나 저보다 더 잘 아시는 분들에게 충고하는 것 같은 느낌을 주려고 그러는 것이 아니고, 오직 제 양심에 순종하기 위해서입니다.

1. 우리는 기금이 없다

그러나 (프랑스 리옹) 전교후원회의 도움으로 수지 균형을 맞출 수 있는 문제 아닙니까? 그뿐 아니라 포교성성에서 몇 해 동안은 보조를 하겠다고 합니다. 이런 보조금들은 끊어질 수도 있다고 말하겠지요. 회원이 원하면 언제든지 탈퇴할 수 있는 전교후원회에서는 모든 것이 불안정하니까요. 맞는 말입니다. 그러나 이 사업은 시작한 지 얼마 안 됩니다. 프랑스에서 이 사업을 시작한 교구는 반이 될까 말까 합니다. 선교지에 대한 열의가 지금 막 생겨난 참입니다. 그러니까 몇 해 동안은 이 열의가 식지 않을 것입니다. 좀 더 지나면 이 열의가 식을 수도 있겠지요. 사람이 하는 일이란 원래 그렇고, 더구나 프랑스에서는 다른 어떤 곳에서보다도 더 그러하니까요. 그러나 그때까지는 지혜롭게 절약하여 만일의 경우에 대비할 수 있을 것이고, 또 내일을 너무 걱정하여 섭리를 모욕하지 말라고 제자들에게 말씀하신 하느님께서 새로운 재원을 마련해주실 것입니다. 우리 신학교에서 일찍이 불가능한 일이라고 하며 어떤 일을 거부한 적이 있었습니까? 희망이 전혀 없어 보이는 선교지 가운데 한 군데라도 포기한 일이 있었습니까? 그런 일은 없었지요. 우리는 주님을 바라보면서, 악에서 선을 끌어내실 수 있는 그분께서는 모든 것을 다 하실 수 있음을 믿었습니다. 우리의 희망은 저버려지지 않았습니다. 주님께서는 선교지를 구원하시기 위해 기적을 행하셨던 것입니다. 그런데 이번 경우에 있어서는 하느님의 전능이 작아졌단 말씀입니까, 혹은 우리의 신덕과 망덕이 줄어들었단 말씀입니까?

2. 우리는 선교사가 없다

이것이야말로 우리가 내놓을 수 있는 이유 중에서도 가장 약한 것이라고 생각됩니다. 젊은 신부들이 선교를 지원하는 숫자가 지금보다 더 많았던 때가 언제 있었습니까? 회람에는 한꺼번에 15명 내지 18명까지 지원자가 있었다는 말이 있습니다. 그리고 매일같이 다른 지원자들이 많이 올 것을 기대한다고 했습니다. 하기야 신학교에 들어왔다가 병이 들어 돌아간 사람이 몇 명 있었습니다. 그러나 언제고 다시 올 희망을 포기한 사람은 아무도 없다고 하지 않았습니까? 그뿐 아니라, 지원자가 없다고 우선 가정한다 하더라도 다음과 같이 하면 틀림없이 지원자들이 얼마든지 모여들 것입니다. 『교훈이 되는 새 서한집』[3]에서 '조선'이라는 제목이 붙은 기

---

[3] 인도나 중국 등지에서 활동하던 선교사들이 쓴 서한을 수록하여 간행한 서한집(달레, 『한국 천주교회사』, '중', 225쪽의 각주 32)

사를 모두 인쇄하고 거기에다가 열심한 조선 교우들이 여러 번에 걸쳐 우리 교황님께 올린 편지도 인쇄해 넣으십시오. 그 견본은 쉽게 마련할 수 있을 것입니다. 그리고 그것을 프랑스의 소신학교와 대신학교에 전부 보내고, 성직을 지망하는 그 모든 신학생들의 애덕과 열성에 간절한 호소를 하십시오. 그러면 오래지 않아 선교사들을 얻게 될 것입니다. 저는 프랑스인들의 성격을 잘 압니다. 이 위험한 선교지에서 봉착하게 될 갖가지 어려움은 그들의 열성을 자극하고 그들에게 새로운 용기를 불어넣는 구실을 할 것입니다. 지원자 한 사람을 구하면 10명이 올 것입니다.

3. 다른 선교지에도 급한 일이 많다

급한 일은 물론 많습니다. 그러나 저 불쌍한 조선인들이 당하고 있는 것만큼 급한 일은 없습니다. 도움 없이는 그 불쌍한 삶을 지속할 수밖에 없는 불행한 사람들을 돕기 위해서는 내가 필요한 것까지도 나누어주는 것이 애덕이 요구하는 것이라면, 천주교를 위해 그렇게도 많은 공을 세운 수많은 신입 교우들에게, 더구나 신덕이 아직 약하고 갖가지 유혹에 둘러싸여 있는 수천 명의 교우들에게 구원의 손길을 뻗치는 일이야말로 애덕의 의무가 엄중히 명하는 것 아닙니까? 지구 저 끝에 있는 불쌍한 교우들은 여러 해 전부터 교우들의 공동 아버지이신 교황님께 두 손 모아 구원을 청하고 있습니다. 모든 교회를 맡아 보살피시는 교황님께서는 우리 회를 선택하신다는 영광을 우리에게 내리셨고, 두 차례(1827년 9월 1일과 11월 17일)나 우리의 애덕에 호소하셨습니다. 그런데 여러분은 아직도 기다려야 된다고 생각하시는군요. 조선은 우리 선교지에 속하지 않으니 책임이 없다고 말할지도 모릅니다. 동감입니다. 그러나 자선심이 있는 아버지는 자기

아이들에게 먹일 넉넉지 못한 음식을 조금 떼어서 자기 발아래에서 겨우 숨 쉬는 불쌍한 나그네를 도와주는 것을 의무로 생각할 것이라는 점에는 여러분도 동감할 것입니다. 신부 한두 명쯤 줄어든다 해도 우리 선교지 전체로 볼 때에는 그리 큰 공백 상태를 남기지 않을 것입니다. 그러나 완전히 버림받은 선교지에서 볼 때에는 신부 한두 명도 말할 수 없이 큰 은혜가 될 것입니다. 내가 아무리 샴 선교지에 많은 관심을 가진다 하더라도, 여기에서 선교사 한 명을 빼내어 슬픔에 잠긴 조선에 보내는 것을 조금도 가슴 아파하지 않겠습니다.

4. 그 나라를 뚫고 들어가기가 힘들다

이 점이야말로 여러 반대 이유 중에서 가장 그럴듯하다는 것을 인정합니다. 그러나 결국 어떤 계획이 어렵다고 해서 그것이 불가능한 것은 아니고, 또 세속의 자식들은 그들의 이해관계가 얽혀 있을 때에는 고난 때문에 물러서는 법이 없습니다. 하물며 광명의 자식들이 하느님의 영광과 구령 사업에 겁을 내고 소극적이어서야 되겠습니까? 베이징에서 출발한 한 중국인(주문모) 신부가 조선에 들어가 박해가 극심한 가운데서 여러 해 동안 성직을 행하다가 영광스러운 순교로 선교 사업을 끝맺었습니다(1801년). 그런데 쓰촨이나 산시에 가 있는 서양인 신부는 그렇게 할 수 없단 말입니까? 몇 해 되지 않는 동안에 여러 장의 편지를 로마에까지 보낼 수 있었던 조선인들이 신부 한 명쯤 자기네 나라에 인도해 들이지 못하겠습니까? 저는 여러분이 어떤 대답을 할지 미리 알고 있습니다. 편지는 베이징을 거치게 된다고, 베이징이 유일한 연락점이라고 하시겠지요. 그러면 베이징에 편지를 보내서, 산시나 쓰촨의 이러저러한 읍내에 조선 교우들을 기다리는 선교사가 있다는 것을 그들에게 알리면, 그들이 조선으로 가는 길을 찾는 방법을 강구할 것입니다. 중국인 안내자의 도움을 받아 만리장성을 거쳐가는 방법도 생각해봅니다. 만날 장소와 암호를 정하고, 슬기롭고 약삭빠르게 행동하기 위한 모든 방법을 강구한다면 마침내는 성공을 할 것입니다.

그러나 여기에 넘을 수 없는 난관이 가로놓여 있어, 그 나라에 뚫고 들어가기가 불가능하다고 가정합시다. 그러나 불가능한 것도 시도해보아야 합니다. 사람의 눈에 불가능한 것으로 보이는 것도 하느님께는 불가능하지 않으니까요. 바다를 통해 조선에 들어가는 방법은, 서양인이 조선과 전혀 무역을 하지 않기 때문인지, 조선 연안으로 무역을 하러 가는 중국인들의 성실성을 믿지 못하기 때문인지, 실천에 옮길 수가 없다고 말합니다. 그러나 저는 프란치스코 하비에르 성인이 이런 생각 때문에 중국 해적선을 타지 않았겠느냐고 묻고 싶습니다. 그리고 우리들의 최초의 교구장들이 여러 나라에 흩어져 있는 자기네 교우들을 찾아가야 했을 때에는 중국인들의 성실성을 믿지 않았습니까. 이것이 안전한 방법이 아님은 저도 인정합니다. 중국인들은 자기들이 인도하는 나그네들이 돈을 가졌다고 생각할 때에는 가끔 그들의 목을 베어 죽이는 일이 있으니까요. 그러나 다른 방도가 없으니 어떻게 합니까. 그뿐만 아니라 신중에 신중을 다한 뒤에 오직 하느님의 명령을 준행하겠다는 마음으로, 닥쳐올지도 모르는 위험을 용감히 무릅쓴다면 하느님의 특별한 섭리를 바랄 수 있지 않겠습니까? 하느님의 명령을 준행한다고 했습니다. 이 말은 저도 모르는 사이에 튀어나왔습니다. 그러나 저는 이 말을 취소한다든지 조금이라도 바꿔야 된다고는 생각하지 않습니다. 사실 하느님께서 당신 사도들에게, 가서 만민을 가르치라는 명령을 밝히 내리실 때에 조선을 빼놓으셨겠습니까? 그러니 지금과 같은 환경에 놓여 있는, 저 관심 끄는 조선 교회를 위해서는 이 명령이 특히 엄중해지는 것입니다. 아니, 복음의 빛을 받자마자 신자가 된 한 가련한 조선 사람(이승훈)이 사도가 되어 얼마 안 되는 동안에 수천 명의 동포를 입교시켰는데, 이 훌륭한 사업이 계속될 수가 없는 것이었다면, 하느님께서 그것을 허락하셨겠습니까? 믿음의 빛이 한순간 그들의 눈에 비친 것이 그들을 그전보다도 더 캄캄한 암흑 속에 몰아넣기 위한 것이었겠습니까? 말하자면 자기 힘으로 이루어져서 시초부터 용감한 순교자와 순결한 동정녀들을 그렇게도 많이 예수 그리스도께 바쳐, 사도 시대에 가장 위대하고 가장 훌륭한 것을 바쳤던 것과 비길 만한 일을 한 저 새로운 교회, 귀양살이와 종살이를 하고 재산을 잃어버리고 난 뒤에도 망나니들의 도끼날 밑에서 아직 복음을 전하고 신입 교우의 숫자를 끝없이 불려가는 용감한 증거자들을 아직도 수많이 가지고 있는 저 교회, 그래 저 교회가 버림을 받아야겠습니까? 아니, 지극히 인자하신 하느님께서 당신을 알자마자 공경하고 사랑한 조선인들에게 엄하고 매정하게 하시겠습니까? 넘을 수 없는 장벽으로 둘러싸여 그분의 일꾼들이 아무도 그들에게까지 다다를 수 없게 만들려고 하시겠습니까? 이와 같은 생각이 잠시나마 생겨난다면, 저는 섭리에 대한 모욕이라고 생각할 것입니다.

5. 너무 많은 일을 하면 하나도 제대로 하지 못한다

너무 많은 일을 하면 하나도 제대로 하지 못한다는 마지막 이유가 남아 있습니다. 그러나 옛날 격언이 언제나 옳은 것은 아닙니다. 그뿐만 아니라, 이 격언을 이 경우에 적용시킬 수 있다는 것을 증명할 수 있습니까?

오히려 앞서 말씀드린 것으로 우리 회가 아직도 더 많은 일을 할 수 있고, 또 잘할 수 있다는 것을 증명했다고 생각합니다. 저도 여러 번 들은 일이 있습니다마는, 주교가 선교사 지원자들에게 가장 큰 호의를 보여주는 교구에는 사제직을 지망하는 사람들의 숫자가 늘 많다고 하더군요. 버림받은 교회를 지원하기 위해 용감한 희생을 한 어떤 회에 이와 비슷한 은총이 내려지리라고 바랄 수는 없겠습니까?

어떻든, 여러분이 심사숙고한 뒤에 그래도 미루는 것이 현명한 일이고 천주교회의 이익이 된다고 판단한다면, 아주 간단한 계획을 하나 제안하겠습니다. 이 계획을 실천에 옮기면 조선의 신입 교우들에게는 대단히 유익할 수밖에 없고, 또 우리가 현재 책임지고 있는 선교지의 물질적 이익과 영신적 이익도 위태롭게 하지 않을 것입니다. 장래에 대한 아무런 언질은 주지 말고, 우선 신부 한두 명을 보내겠다고 포교성성에 제의하십시오. 이들은 조선에 들어갈 여러 가지 현명한 방법을 열심히 시험해보면 될 것입니다. 혹시 조선에 들어갈 수 있게 되면, 이들은 자기들 힘으로나 조선 신입 교우들의 도움으로 그들의 뒤를 따를 선교사들을 맞아들일 방법을 찾을 수 있을 것입니다. 이런 방법은 서양에서는 잘 알지도 못하고 생각조차 할 수 없는 것들일 것입니다. 그곳에 이른 신부는 목자가 없기 때문에 영원히 소멸될 위험을 시시각각으로 겪고 있는 저 선교지를 지탱해나갈 것입니다. 그러는 동안, 섭리는 다른 구제책을 마련하실 것입니다. 만일 이 나라에 파견된 신부가 거기에 들어갈 수가 없다든지 사형을 당한다든지 하면 그 당사자에게는 이익이 될 것입니다. 그렇다고 다른 선교지에 크나큰 손해도 끼치지 않을 것입니다. 그뿐 아니라 할 수 있는 것은 모두 해보았다는 만족감을 갖게 될 것이고, 자책하는 일도 전혀 없을 것입니다.

그러나 이런 위험한 사업을 맡을 신부가 누구이겠습니까. 제가 하겠습니다. 샴 주교가 아무리 자신의 교구에 선교사가 많이 있기를 원한다 하더라도 불행한 조선 사람들을 위해 신부 한 명은 기꺼이 내놓을 것입니다. 그는 제 편지를 읽었고, 교황님께서 제 청을 들어주신다면 무엇이든지 할 결심을 하고 있습니다. 사실 제가 이 문제에 대해 로마에 글을 올렸다는 것을 숨기지 않으렵니다. 그러나 그 편지에는 여러분이 내린 듯싶은 결정에 대해서는 아무 말도 하지 않고, 오직 저 자신에 관한 일만 적었습니다.

지금의 제 임무로 인해 저의 제의가 거부되리라고는 생각하지 않습니다. 샴 주교는 교황님으로부터 갑사 명의[4] 보좌 주교를 선택해도 좋다는 편지를 받고, 저를 보좌 주교로 지목한다는 뜻을 암시해주었습니다. 비록 저는 그렇게 되지 않기를 바라지만, 어떤 이유를 말한다 해도, 샴 주교는 제가 수락하기를 바랄 것입니다. 사실 보좌 주교로 임명되는 것이 제 계획에 무슨 방해가 되리라고는 생각하지 않습니다. 주교라고 해서 몸이 덜 튼튼하다거나 성직을 수행하는 데 덜 적합할 리도 없는 것이고, 오히려 좋은 일을 하기 위한 은총을 더 많이 받고, 더 광범한 권한을 갖게 되는 것이니까요. 멀리 떨어진 나라에 파견되는 선교사는 오랫동안 서양과 연락이 끊어질지도 모르는데, 그가 보통 신부에 지나지 않는 경우에는 매우 곤란한 일을 당하는 일이 많을 수도 있습니다. 또한 주교라면 열심한 신입 교우들의 재질과 신심을 확인한 후에 그들을 사제품에 올릴 수도 있습니다. 그리하여 젊은 성직자들을 양성하기 위한 항구적인 시설을 세울 만한 기회를

---

[4] 지금은 사라진 북아프리카 튀니지에 있던 '갑사(Capsa) 교구'의 명의. 브뤼기에르 주교는 1829년 6월 29일 이 갑사 주교직을 물려받는다는 뜻으로 갑사 명의 주교로 성성되었다.

하느님의 섭리가 내리실 때까지, 임시 조치를 취할 수 있을 것입니다. 주교가 이 선교지에서 저 선교지로 전입되는 예는 드문 것이 아닙니다. 그러니까 여러분은 제 제안을 교황청에서 들어주도록 전력을 다해 후원해주길 간절히 빕니다. 샴 주교는 제 뜻을 알고 찬성하면서, 시간만 허락되면 직접 포교성성에 편지를 보내겠다고 합니다.

끝으로 빈첸시오 아 바오로 성인의 말씀을 인용하며 이 글을 끝맺을까 합니다. "자아, 부인들이여, 여러분은 동정심과 박애심으로, 버림받은 어린이들을 아들딸로 맞아들이게 되었습니다. 이 어린이들을 낳은 어머니들은 자식들을 버렸지만 여러분은 은총에 의해 이들의 어머니가 되었습니다. 이제는 여러분도 어린이들을 버리기를 원하는지 생각해보십시오…. 이들의 운명은 여러분의 손에 달려 있으니 여러분이 계속해서 자애롭게 보살펴주면 이들은 살 것이고 그와 반대로 저버리면 틀림없이 죽을 것입니다."

이와 마찬가지로, 베이징 교회가 열심하고 불쌍한 조선 신입 교우들을 버리지 않고 반드시 구원하겠다는 능력을 상실하게 되자, 교황님께서는 우리 회에 그들의 어머니와 의지가 되어달라고 요청하시니, 그들의 운명은 말하자면 여러분의 손에 달려 있다 하겠습니다. 여러분이 포교성성의 제안을 받아들이면 우리의 관심을 끄는 저 교회가 살 것이고, 어쩌면 거기서부터 타타르(Tartar)[5]의 넓은 지역에 신앙이 번져 나갈지도 모를 일입니다. 조선이 일본과 이웃해 있고, 이 두 나라 사이에 행해지는 교류라든지 풍속과 성격이 같다든지 하는 여러 가지 점으로 보아 조선 교우들이 불운한 일본

---

[5] 타타르족은 본래 몽골 초원에 넓게 퍼져 살던 종족이었으며, 청나라 때에 와서는 몽골과 만주 일대에 넓게 퍼져 살았다. 따라서 이 시기에는 청나라에서 북방 오랑캐를 가리키는 넓은 의미로도 사용되었다.

사람들과 홋카이도 기타 지방 사람들의 의지가 되고 새로운 사도가 될 희망이 있을 것 같습니다. 그러나 이와 반대로 여러분이 이런 선교지를 포기하면, 구원도 위로도 받지 못하는 불쌍한 신입 교우들은 실망하고 낙담하여 옛날 미신에 다시 빠지게 될지도 모릅니다. 이렇게 되면 이 먼 나라에 예수 그리스도의 나라를 전파할 희망은 영영 사라져버리고 말 것입니다.

샴에서, 1829년 5월 19일
사도좌 선교사 브뤼기에르 드림

11신

발신자 : 브뤼기에르 신부
수신자 : 라미오 신부
발신일과 발신지 : 1829년 5월 29일, 방콕
출처 : 로마 라자로회 고문서고

✝ 예수 마리아 요셉

존경하올 동료 사제 귀하,

신부님께서 하느님의 영광과 후세의 구원을 얻어내기 위해 한결같이 노력하시는 것을 보고, 저는 우리 교회에 유익한 일에 관해 편지를 쓰게 되었습니다. 제게는 신부님의 지식과 충고가 필요합니다. 이것도 저것도 다 물리치지 않으시리라 믿습니다.

베이징에서 오랜 기간 체류하시는 동안 신부님은 조선 선교의 시작과 발전을 알게 되셨을 것입니다. 필경 조선의 열성적인 신입 교우들 중 몇 명도 만나보셨겠지요. 베이징 교회와 새로 생긴 조선 교회가 서로 연락하고자 취한 온갖 소통을 진행시키기 위해 사용된 모든 방법에 대해서도 알고 계실 것입니다.『교훈이 되는 새 서한집』제5권 조선 관련 내용에 있는,

조선 선교지에 관해 흥미로운 지적을 해주신 분도 신부님이십니다. 조선 교우들의 여러 편지들을 번역하기로 자청하신 분도, 주석을 달아주신 분도 신부님이십니다. 그리고 제가 영광스럽게도 마카오에서 만나 뵈었을 때 조선 신입 교우들에 대해 매우 좋게 이야기해주신 분도 신부님이십니다. 그래서 저는 아래 사항들에 관해 고견을 듣고 싶습니다.

첫째, 베이징으로 편지를 보내 조선 교우들에게, 선교사 한 명이 곧 그들을 만나게 될 것이라고 전할 방법이 있습니까?

둘째, 조선으로 가려는 유럽인 선교사가 매우 조심하면 베이징에 들어갈 수 있을까요?

셋째, 유럽인으로서 황제의 도시에 몰래 잠입하는 것이 전적으로 불가능하다면, 최소한 베이징 외곽의 교우들이 살고 있는 어떤 읍내나 마을에서 조선 교우들을 만날 수는 없을까요?

넷째, 그 방법 역시 실천에 옮길 수 없다면, 산시나 쓰촨으로 가서 거기서 조선 교우들을 기다리는 것은 어떻겠습니까? 베이징으로 미리 편지를 보내 선교사의 주소를 알려주고서 말입니다.

다섯째, 이 두 지방, 그러니까 산시와 쓰촨 중에서 약속 장소로 가장 적당해보이는 곳은 어디인지요?

여섯째, 조선 교우들이 이 두 지방 중 어느 한 곳으로라도 오는 것이 너무 멀거나 너무 어렵다면 만리장성까지 안내할 중국인 안내자를 구할 수는 없는지요? 그래서 만리장성에서 조선 교우들을 만날 수는 없을까요? 저희가 서로 알아보게끔 미리 어떤 신호나 표식을 합의하고서 말입니다.

일곱째, 바다를 통한 여행이 절대 불가능한 것입니까, 아니면 다만 어렵다는 것입니까? 덜 위험하게 항해할 방법이 없을까요? 가령, 아무 짐도 없이 승선해서 약속한 장소에 당도한 뒤 운임비를 지불하면 어떨까요? 제가 보기에는 이것이 바다에서 버림받지 않을 확실한 방법입니다. 이때 짐과 돈은 상인으로 가장한 중국인 혹은 조선 교우에게 맡길 수 있을 것입니다. 그리고 이 짐과 돈을 맡은 사람은 다른 배를 타고 선교사보다 앞질러서 약속 장소로 가는 것이지요.

여덟째, 바다를 통해서 조선으로 간다고 할 때, 마카오에서 혹은 광둥에서 혹은 푸젠에서 출발하여 조선에 상륙하기에 가장 적당한 장소는 어디인가요?

아홉째, 조선에 장사하러 가는 사람은 중국인들밖에 없는지요? 조선 사람들이 무역을 하기 위해 어디가 되었든 중국의 항구로 오는 일은 도무지 없습니까?

열째, 조선 교회 심부름꾼들을 중국 대륙을 거쳐 광둥이나 마카오까지 오게 하려는 계획은 절대 실현 불가능한 것입니까? 저는 '불가능'이라고 했지만, 현재로서는 무엇이든, 불가능한 것까지도 모두 시도해야만 합니다.

열한째, 마지막으로 여기서 제시한 방법 중 어떤 것도 실행에 옮길 수 없다면, 타타르나 러시아를 거쳐 갈 수는 없을까요?

열두째, 위에서 제가 제시한 것보다도 쉬운 다른 방법을 찾을 수 있을지 신부님이 직접 알아봐주십시오.

이상 많은 질문을 드렸습니다. 어떻든 저는 신부님이 이 질문들을 성가시게 여기지 않으실 것이라고 확신합니다. 그리스도교가 줄 수 있는 모든 위로를 여러 해 동안 받지 못하고 있는 조선 교우들에게 구원의 손길을 내미는 문제이기 때문입니다. 선교사가 부족한 교황님께서는 아직도 적절한 선교사를 찾지 못했습니다. 교황청에서는 조선 선교지를 우리 회에 맡기고자 했지만 우리 회는 이 제안을 수락하기 전에 기다려 봐야 한다고 믿었습니다. 우리 회가 이 제안을 거절한 이유가 여러 가지 있으나, 특히 조선으로 들어가는 것이 어렵다는 것과 조선 교우들이 제공하는 조선 잠입 방법이 불충분하다는 것입니다. 그래서 저는 이 문제와 관련된 정보들을 얻고자 이 편지를 쓸 수밖에 없었던 것입니다. 저는 샴 교구장 플로랑 주교와 상의해 주교의 동의를 얻어내지 않고서는 아무것도 할 수 없습니다. 그는 이 계획이 성공하기를 매우 고대하고 있습니다. 주교는 상황을 정확히 알고자 신부님에게 직접 편지를 써서 그 계획을 언급할 것입니다. 그는 신부님이 생 쉴피스 신학교 동창이라는 사실을 잊지 않고 있습니다.

바루델 신부(1830년까지 마카오 주재 파리외방전교회 경리부장)는 조선 선교 임무를 우리 회가 맡아야 한다는 생각이 없음을 일러드립니다. 만일 바루델 신부가 지금 저의 행보들에 대해서 알면 진노할 가능성이 있다고 한 신부님의 판단은 맞습니다. 그러니 이따금 신부님이 바루델 신부가 제시할 수도 있는 모든 난점들을 누그러뜨리시면서 간접적인 방식으로 그에게 조선 선교 임무에 대해 말씀드려주시면 정말 고맙겠습니다. 움피에레스(Umpierres) 신부에 대해서는 뭐라 말씀드려야 할지 모르겠습니다. 그에게 이 일에 대해서 알려주려고 했지만, 그는 거룩한 사제이기는 하지만 동시에 너무 소심한 것 같습니다. 게다가 그가 저를 신뢰하지 않는 것 같아 염려됩니다. 그래서 그가 이 사업을 도와주기보다는 망치지나 않을까 염려됩니다. 어쩌면 제가 잘못 생각했을 수도 있지요. 그러니 신중하시고 현명하신 신부님에게 이 모든 것을 맡깁니다. 저는 현재 이것을 주제로 로마에, 파리의 동료 사제들에게, 파리외방전교회 소속 교구 주교들에게 편지를 쓰고 있습니다. 바루델 신부에게도 이 사업에 대해서 한 말씀 드렸습니다. 제가 쓴 편지들 속에서 제가 바라고 청한 것은 우리 회 사제들이 조선 선교 임무를 수락해주시고, 저를 조선으로 파견해주십사 하는 것입니다. 다시 한 번 말씀드리지만 플로랑 주교는 모든 것을 알고 계십니다. 모든 것을 승인하시며, 또한 제 계획에 힘을 실어주시는 편지를 보내셨습니다. 저는 신부님이 제 뜻에 찬동하는 마음을 가져주시길 바랍니다. 그리고 위의 여러 가지 질문에 하루빨리 답장해주시길 고대하고 있겠습니다. 신부님의 열정을 모두 바쳐주시길 기대합니다. 신부님의 편지를 바루델 신부에게 건네주시면 그가 제게 전달해줄 것입니다.

제 임의대로 바타비아에 전할 편지 한 통을 끼워 보냅니다. 신부님이 전달 방편을 꼭 찾아내실 수 있을 것으로 확신하기 때문입니다. 기도 중에 저를 위한 기도도 조금 넣어주십시오.

신부님, 저는
신부님의 지극히 초라하고
지극히 공손한 종입니다.

1829년 5월 29일 방콕에서
갑사 주교 바르톨로메오 브뤼기에르 드림

12신

발신자 : 그레고리오 16세 교황 칙서
수신자 : 브뤼기에르 주교 외
발신일과 발신지 : 1831년 9월 9일, 로마
출처 : 달레, 『한국 천주교회사』 '중', 234~236쪽

이 일을 길이 기억하기 위하여.

1. 하느님의 높으신 섭리로 저의 어깨에 짊어진 사도직의 의무로 주님의 모든 양 떼의 책임을 맡고 있는 저는, 보편 교회의 중심인 이 사도좌에서 멀리 떨어진 지역에 살고 있는 양들을 특별히 더 부지런히 보살펴, 영원한 목자께서 재림하실 때에 당연히 그렇게 되어야 할 것처럼, 사도적 보살핌으로 그 양들이 참우리 안에 들어 천상 양식을 먹으러 오라고 불리고, 거기까지 복되이 인도되어야 한다고 생각합니다.

2. 특히 사도좌 선교사들이 언젠가는 마침내 조선에 들어가서 그곳에 사는 교우들의 딱한 사정을 도와주고 주님 포도밭의 그쪽 부분을 선교와 성사 집행으로 가꾸게 될 수 있으리라는 희망이 적지 아니 비치고, 위에서 말한 지역의 주민들이 중국의 다른 지방들과 연락을 취하기가 아주 드물고 또한 지극히 어려운 일이므로, 저는 선교 사업을 주관하는 로마 성교회

의 공경하올 추기경 형제들의 권고로 지금 당장 조선 나라를 새로운 교구로 설정하고, 거기에 베이징 주교로부터 완전히 독립한 교구장을 세우는 것이 마땅하다고 생각합니다.

3. 그러므로 저는 자진하여, 그리고 확실한 지식과 깊은 고려 끝에 교황의 충만한 직권을 가지고 이 교황 칙서로서 조선 왕국을 지금 당장 새 교구로 설정하는 바이며, 이 교구에 베이징 주교로부터 완전히 독립한 교구장을 세울 것을 선언하는 바입니다. 그리고 중국 각 지방이나 중국에 인접한 지역에 있는 교구장들에게 관례적으로 부여해온 특권을 모두 또한 일일이 교황청에서 간택할 이런 교구장에게 저의 권한으로 부여하는 바입니다.

4. 이 칙서가 현재와 미래에 있어서 결정적이요 유효하고 효과적인 것이 되고, 그 전적인 효력을 유지할 것을 결정하며, 누구든 어떤 권위로나, 알고 혹은 모르고 이 칙서와 다르게 행하려고 하는 일이 있으면 그것은 무효하고 쓸데없는 것이 될 것임을 결정하는 바입니다.

5. 이 칙서의 효력은 교황의 규정과 교회법으로, 이 칙서가 정한 바와 반대되는 것의 제약을 받지 않으며, 그 밖에 특별하고 명백하게 언급되고 제한되어 마땅한 다른 규정과 벌칙으로도 제약을 받지 않습니다.

로마, 마리아 대성전에서
어부의 지환을 찍어
1831년 본 교황 재위 제1년 9월 9일 반포함

13신

발신자 : 그레고리오 16세 교황 칙서
수신자 : 브뤼기에르 주교
발신일과 발신지 : 1831년 9월 9일, 로마
출처 : 달레, 『한국 천주교회사』 '중', 236~238쪽

공경하올 형제 갑사 주교 바르톨로메오 브뤼기에르 주교께,
교황 그레고리오 16세가 보냄.

경애하올 형제여, 인사와 교황 축복을 받으시오.
하늘에서 저에게 맡긴 목자의 직분은 저로 하여금 무엇보다도 그리스도교 신자들이 하느님 계명의 길로 인도되고, 또 자기들 영혼의 영원한 구원을 얻는 데 있어 적당한 도움을 받도록, 천국의 도우심으로 할 수 있는 모든 연구를 하여 돌보도록 밀어줍니다. 그러므로 샴 교구장인 소조폴리스 주교의 보좌 주교이며 공경하올 형제인 그대가 조선에 들어가 조선의 신입 교우들의 일을 맡아볼 수 있도록 해달라고 청했을 때, 저는 조선 교우들의 궁핍한 사정을 고려하고 또한 샴 교구장은 자기 보좌 주교로 삼을 만한 적당한 신부를 따로 구하기가 쉬울 것이라는 이유를 생각한 끝에, 추기

경들의 의견에 따라 그대의 청을 너그러이 들어, 아무 지장이 없는 한 새 선교지로 떠나기를 허락하며, 이 일을 다행히 또한 복되게 끝내도록 저의 이 칙서로써 지금 그대를 저와 교황청의 자의로 조선 교구장으로 선택하고 임명하고 정하여 중국 지방과 중국에 인접한 지역에 관례적으로 부여되는 모든 특권을 부여하는 바입니다. 다만 이 문제에 관한 포교성성 추기경들의 권위는 언제나 존중되어야 할 것입니다. 그러므로 현재와 미래에 있어서 관련이 있거나 관련이 있을 모든 이들에게 개별적으로 명하여, 이 일에 있어서 그대에게 기쁘게 순종하라 했고, 또한 그대가 주는 유익한 교훈과 명령을 겸손되이 받아들이고 효과적으로 이행하도록 힘쓰라고 했습니다. 그렇지 않은 경우에는 불복하는 자들에 대하여 그대가 정당하게 내릴 선고나 벌을 재가할 것이며, 주님의 도우심으로 만족할 만큼 어김없이 지켜지도록 했습니다. 이 칙서의 효력은 제한을 받지 않으며….

로마, 마리아 대성전에서
어부의 지환을 찍어
1831년 본 교황 재위 제1년 9월 9일 반포함

14신

발신자 : 교황청 포교성성
수신자 : 브뤼기에르 주교
발신일과 발신지 : 1831년 10월 1일, 로마
출처 : AME, v. 579, f. 90

지극히 공경하올 주교님,

조선인 교우들을 위해 대단히 큰 난관을 극복하기 위해 준비하시는 모습을 역력히 알아볼 수 있는 주교님의 편지를 읽었습니다. 그 난관은 조선에 있는 새 영세자들에게 복음의 빛이 비치고, 성사가 거행되게 하기 위해 반드시 넘어야 할 것입니다. 포교성성은 겸손되이 이 모든 일을 이루신 하느님께 감사드립니다. 나폴리 신학교의 중국인 신학생 두 명이 조선으로 들어가기를 원하고 있으며, 또한 주교의 인호(印號)를 지니고 그들의 일을 지도하고 주교 직무를 수행할 수 있는 유럽인 선교사도 확실히 선발될 것입니다.

포교성성의 판단은 조선을 다른 어떤 주교든지 그의 예속으로부터 독립시켜 조선에 새로운 대목구를 설립하자는 것이고, 이 새로운 감목 직분을 주교님께 맡기시는 것은 모두가 하느님의 섭리로 우리 교황이신 그레고리오 16세 성하께 달려 있습니다. 교황님께서는 소칙서(小勅書) 형태로 사도 서한을 인준하시며 발송할 것을 명하셨습니다. 그 칙서에는 사도적 권한으로 새로운 교황 대리 감목구가 설립되어 귀하께 그 임무가 맡겨지며, 귀하께는 중국의 교황 대리 감목과 동일한 권한이 부여된다는 구절도 들어 있습니다. 이에 대한 책임은 마카오의 경리(經理, procurator)인 라파엘 움피에레스 신부에게 맡겨집니다. 포교성성은 필요한 것을 준비하도록 할 것입니다. 이 모든 것은 복음의 찬미가가 조선에서 울려 퍼지게 하기 위함입니다.

모든 것을 베풀어주시는 하느님 덕분으로 주교님과 함께 떠날 중국인 신학생들 가운데 한 명은 유 파치피코로, 지난달인 1월에 나폴리 신학교에서 떠났고, 다른 한 명은 같은 신학교 학생인 주 요셉으로, 산시(山西) 대목구 소속입니다. 이에 대해서는 주교님께서 포교성성의 담당자와 함께 일을 논의하실 수 있습니다. 적절한 때 주교님께 맡겨져 시작된 사업을 하느님의 도움으로 마치실 수 있기를 바랍니다.

주교님께서 건강하시고 복되시기를 하느님께 계속 기도하겠습니다.

로마 포교성성에서, 1831년 10월 1일
부재중이신 장관 추기경을 대신하여
지극히 성실한 당신의 형제인
비서 드림

15신

발신자 : 브뤼기에르 주교
수신자 : 움피에레스 신부
발신일과 발신지 : 1832년 4월 28일, 페낭
출처 : Procura: Macao-Hongkong, v. 20, f. 148

† 예수 마리아 요셉

존경하올 신부님,

조선 선교를 위해 저에 대해 (포교)성성에 편지를 띄워주신 귀하께 깊은 감사를 올립니다. 언제나 저를 기억해주시기를 바랍니다.

샴 대리 감목은, 조선에 들어갈 희망이 있다면 자신의 허락을 기다리지 말고 제가 즉시 마카오를 떠나는 데 관대하게 동의하시고 허락을 내려주셨습니다.

그러나 제가 만일 조선으로 파견되어야 한다면, 되도록 속히 파견되길 바랍니다. 제가 기억력이 쇠잔해 배우기가 어렵기 때문입니다. 이제 저는 올해로 꽉 찬 마흔 살이 되었습니다. 교황님께서 잘 판단하시어 성성에 새로운 문서를 내려주시길 바랍니다.

이 사업이 하느님의 뜻에 따라 이루어지도록, 가끔씩이라도 저를 위해 기도해주십시오.

> 1832년 4월 28일 페낭 섬에서
> 귀하의 충실한 종
> † 바르톨로메오 주교 드림

16신

발신자 : 브뤼기에르 주교
수신자 : 움피에레스 신부
발신일과 발신지 : 1832년 7월 3일, 페낭
출처 : Procura: Macao-Hongkong, v. 20, ff. 145~146

✝ 예수 마리아 요셉

존경하올 신부님,

 귀하께 이 편지들을 보냅니다. 포교성성에 이 편지들을 꼭 전달해주시기 바랍니다. 콘포르티(Conforti) 신부가 이 편지들 안에 포함될 내용을 따로 적은 서한도 신부님께 보냅니다.

 싱가포르에 있는 마이아(Maia) 신부는 샴 대리 감목의 재치권에 적절한 방식으로 따르라는 포교성성의 훈령에 반항해 우리를 거슬러 성성에 제소하여 왕의 보호를 요청하려 하고 있습니다. 그동안, 랑글라다 신부로부터 고아로 파견되었던 안셀모 신부는 고아 주교좌가 공석인 동안 고아 참사회로부터 권한을 부여받아, 저와 아무런 상의도 하지 않고 싱가포르로 돌아갔습니다. 그는 포교성성의 훈령에 별로 개의치 않고 싱가포르 섬의 선교사로 자처합니다. 마이아 신부는 고아 참사회에 의해 모든 성직에서 정지되었습니다.

지금 저는 신부님께서 성성에 문서를 보내시어 저희에게 호의를 베풀어 주시길 바라며 신부님께 글을 올립니다. 포르투갈인들이나 사제들이 지금처럼 어떤 중국인도 신자로 만들지 못한다면 이 선교 사업이 천주교 선교가 밑바닥까지 침체되리라는 것은 명확합니다.

신부님께서 신속히 답변해주시길 바랍니다.

조선에 대해 무슨 말씀을 해주실 수 있습니까? 저는 여전히 파견될 수 없습니까?

1832년 7월 3일 페낭에서
귀하의 지극히 비천한 종
† 바르톨로메오 주교 드림

17신

발신자 : 브뤼기에르 주교
수신자 : 움피에레스 신부
발신일과 발신지 : 1832년 8월 22일, 싱가포르
출처 : Procura: Macao-Hongkong, v. 20, f. 143

1832년 8월 22일, 싱가포르

존경하올 신부님께,

7월 25일에 저는, 교황님께서 저를 조선의 교황 대리 감목으로 임명하신 것이 확실하다는 편지를 뒤보아(Dubois) 신부에게서 한 통, 랑글루아(Langlois) 신부에게서 또 한 통을 받았습니다. 칙서는 이미 마카오로 발송되었습니다. 이제 대단히 지혜롭게 행동해야만 하니 특히 프랑스 선교사들의 영원한 적수인 포르투갈 선교사들을 조심해야겠습니다. 저는 난징(南京)의 주교를 특히 주의해야만 할 것 같습니다.

먼저 일을 보기 위해 싱가포르에 잠시 머물렀다가 가능한 한 빨리 출발할 것입니다. 하지만 바라는 목적을 순탄하게 달성할 수 있다는 어떤 희망도 가지고 있지 못한 상황입니다.

포르투갈 사람들은 포교성성의 훈령을 수령하지 않으려 할 뿐만 아니라, 더 나아가 공개적으로 확실하게 반발하고 있습니다. 이는 포교성성이 선교사들을 동양에 파견하면서 그들에게 보장한 권리를 거스르는 것입니다. 선한 그리스도인들은 저희에게 호의를 가지고 있습니다. 저는 클레망소(Clemenceau) 신부를 싱가포르의 선교사로 임명했으나, 뷔쇼(Bucho) 신부를 이곳으로 부르고 싶습니다. 교우들도 점차 합법적인 권위에 순종할 것입니다.

 신부님께 이 일에 대해 드려야 할 말씀이 많습니다만 이에 대해서는 마카오에서 더 길게 말씀드리기로 하겠습니다. 신부님께서 제 편지를 르그레즈와 신부에게 보여주시면서 안부 전해주십시오.

신부님의 지극히 비천한 종
† 바르톨로메오 주교 드림

18신

발신자 : 브뤼기에르 주교
수신자 : 마닐라 대교구장 세기 대주교
발신일과 발신지 : 1832년 10월 25일, 마카오
출처 : APF, v. 6(Lyon, 1833), ff. 544~545

1832년 10월 25일 마카오에서

(10월 18일 마카오에 도착한 다음) 처음으로 기회가 생겨 대주교님께 제 소식을 알려드립니다. 대주교님께서 제게 베푸신 모든 호의와 큰 도움을 평생 기억하면서 감사드립니다. 말이 아닌 행동으로 감사의 마음을 보여드리고 싶지만, 위험천만한 길을 가야 하는 몸이라 도무지 그럴 기회가 오지 않을까 염려됩니다. 마닐라에서 마카오까지 항해하는 데 닷새가 걸렸습니다. 선장과 선원들은 저에게 온갖 배려와 주의를 기울이면서 저를 극진히 섬겼습니다. 저는 이제나 저제나 푸젠으로 타고 갈 배를 기다리고 있습니다. 저는 조선을 향해 한 걸음 한 걸음 나아가겠습니다. 저는 조선에 잠입하는 게 불가능하다고 생각하지 않습니다. 잠입을 시도하는 게 어렵기는 하겠지만 성공할 수도 있을 것 같습니다. 하느님의 은총과 대주교님의 기도 덕분에 계획의 성공을 방해하는 난관들을 극복할 수 있으리라고 확신합니다.

감사 주교 바르톨로메오 드림

19신

발신자 : 브뤼기에르 주교
수신자 : 포교성성 장관 추기경
발신일과 발신지 : 1832년 11월 9일, 마카오
출처 : APF. SOCP, v. 76, f. 23

✝ 예수 마리아 요셉

지극히 공경하올 추기경님,

저는 10월 18일에 마카오에 도착했습니다. 그런데 같은 달 21일에, 포교성성의 차관께서 제게 보내신 칙서 두 통을 받았습니다. 한 칙서는 교황님께서 조선을 다른 어떤 주교의 관할권에서도 독립된 대목구(교황 대리 감목구)로 설정한다는 것이고, 또 한 통은 교황님께서 당신의 종(브뤼기에르 주교)을 이 지역의 대목구장(교황 대리 감목)으로 임명하신다는 것이었습니다. 저의 청원을 이루어주신 교황님께 깊이 감사드립니다.

만일 교황님께서 저를 단순한 선교사로나 혹은 다른 대목구장의 관할권에 속하면서 그 후계자가 될 부주교로 보내셨더라면 저에게 가장 좋았을 것입니다. 그러나 저는 두려워하면서도 부적합한 어깨에 지워진 짐을 받아들입니다. 아울러 제가 능력과 업적이 부족하여 진심으로 교황님께 요청하는 충만한 혜택을, 저를 파견하시는 목자들의 목자이신 그리스도께서 당신의 은총으로 풍성히 채워주시기를 바랍니다. 저는 애정과 인정으로 고마운 추억을 간직하고 있고, 더구나 법적으로 단단히 매어 있는 프랑스(파리)외방전교회의 회원으로 언제까지나 머물러 있기를 원합니다.

  성하께서 당신의 종을 조선으로 파견하시면서 이 선교지를 앞으로도 계속 우리 회에 맡겨주실 것으로 여겼습니다. 그런데 교황님께서 이 일에 관하여 아무 결정도 하시지 않았다는 것을 제가 마카오에서 알게 되었을 때 참으로 비통한 심정이었습니다. 그러므로 추기경님께서 당신 종의 간곡한 청원을 교황님께 상신하여주시기를 바랍니다. 우리 신학교의 담당자들이 어느 프랑스인 사제들이라도 적합하다고 판단하면 그들을 이 선교지의 영적 선익(善益)에 이바지하도록 조선에 파견할 수 있는 권한을 갖게 되기를 진정으로 갈망합니다. 교구 소속 선교사들과 수도회 소속 선교사들, 더구나 각기 다른 나라 출신의 사제들은 결코 서로 화목하게 지내지 못한다는 사실은 오랜 경험에서 볼 때 확실합니다. 그들 모두가 비록 신심 깊고 품행이 거룩하더라도, 비록 동일한 단 한 가지 목적, 즉 하느님의 영광과 영혼들의 구원을 추구하려고 노력하더라도, 각기 다른 방법을 사용할 뿐 아니라 경험과 풍속, 때로는 마음과 의지까지도 갈라져서 공동 작업을 할 수가 없기 때문에 아직 미성숙한 신입 교우들이 추문을 듣게 됩니다. 또한 비신자들에게는 그리스도교를 비웃게 하고 결국 그들의 공동 결의로 그리스도교와 그 신봉자들을 추방하게 되는 빌미를 제공합니다. 그리하여 애초에는 큰 성과를 기대할 만했던 선교지가 불행하게도 다시는 소생될 수 없게 쓰러지고 맙니다.

우리 회의 주교들과 사제들이 담당하고 있는 선교지들의 사정을 잘 아는 우리 신학교의 담당자들은 거의 만장일치로 조선을 우리 선교지로 수락할 준비가 되어 있습니다. 만일 교황님께서 그들에게 그 선교지의 사목을 맡기실 의향이 있으시면(제가 그들의 편지들을 보고 알게 된 바로는) 이 선교지의 수락을 지연시킬 만한 다른 움직임은 이미 존재하지 않습니다. 우리 신학교의 신학생 수는, 우리 프랑스 전역을 비참하게 뒤흔들었던 소요와 새로운 사태의 변화에도 불구하고, 줄기는커녕 오히려 더 늘어났습니다. 이제 조선으로 들어가는 것이 상당히 쉬워졌음이 분명합니다. 중국에 거주하고 있는 모든 대목구장들과 성 빈첸시오 아 바오로회(라자로회)의 사제들뿐 아니라, 자기들끼리 여러 차례 질투했던 포르투갈인들까지도, 누가 조선의 선교사로 파견되더라도 그를 온갖 수단과 방법으로 도와줄 준비가 되어 있다는 것을 알게 되었습니다.

유럽인들이 조선인들과 교역하기 시작했습니다. 1년 전부터 여러 선박들이 그 지역으로 출항했습니다. 그중 한두 척의 선박이 벌써 조선으로부터 귀항했습니다. 믿을 만한 사람이 우리에게 큰 희망을 주는 말을 많이 들려주었습니다. 후일에 그곳 해변에서 그리스도교 신자들을 만날 수 있게 되면 그 지방에 들어가기가 더 쉬워질 거라는 것입니다.

기회가 오는 즉시 저는 푸젠이나 난징으로 출발할 것입니다. 기회를 기다리는 동안에 저는 조선 선교지가 조속히 우리 회에 위탁되기를 큰 신뢰를 가지고 희망합니다. 이제 저는 교황님 앞에 엎드려 교황님 축복을 간곡히 청합니다. 또한 당신의 종과 조선의 새 신자들을 추기경님의 기도에 맡겨드립니다.

지금까지 업무가 잘 처리되었습니다만, 사도좌가 프랑스 대목구장들과 선교사들에게 수여해오셨던 모든 특전과 특별 권한을, 특히 패(牌), 십자가, 상본, 묵주, 원형 기도 촛대(corona precatoria), 작은 성상 등을 합법적 조건을 지키면서 축복할 특별 권한을 저도 받게 되기를 청합니다.

저에게 수여된 특별 권한이 포함되어 있는 답서는 1831년 7월 17일 날짜로 되어 있는데, 대목구 설정 칙서는 1831년 9월 9일자로 되어 있습니다. 이처럼 날짜가 다르게 쓰여 있기는 하지만 답서의 유효성에는 아무런 영향이 없을 것이라 여깁니다.

또 그 답서에 보면 저에게 "라틴어를 잘 모르는 베트남 사제들에 대한 관면권"도 수여되어 있습니다. 그런데 조선에는 베트남 사람이 결코 없을 것이니 이것은 서기의 실수라고 여겨집니다.

지극히 비천하고 지극히 순종하는 종
† 갑사 주교이며 조선 교황 대리 감목 바르톨로메오 드림

1831년 7월 17일 교황 성하 알현 때 브뤼기에르 주교에게 베푸신 권한

출처 : AME, v. 579, ff. 81~83
옮긴이 : 정진석 추기경

하느님의 섭리로 교황이 된 그레고리오 16세께서는 (이 문서 말미에 서명하는) 포교성성의 차관인 본인을 통하여 갑사의 주교이며 조선 왕국의 대목구장인 바르톨로메오 브뤼기에르 주교에게 아래와 같은 특별 권한을 기꺼이 수여하셨다. 즉,

1. (서품권에 관한 7년 기한부의 특별 권한)

대목구장은 수품 후보자가 비록 라틴어 문법을 이해하지 못하더라도 읽을 줄 안다면, 그를 자기 소속 성직자로 서품할 7년 기한부의 특별 권한. 즉, 소속 신자들을, (생활비 명목의) 세습 재산을 받을 자격 없이, 사제품을 포함한 모든 성품의 성직자로 서품할 7년 기한부의 특별 권한.

다만 대목구장에게는 이미 성품에 서품된 자이거나 서품될 자이거나 모든 성직자들이 라틴어를 익히도록 보살펴야 하는 의무가 결부되어 있다.

2. (혼인 장애 관면에 관한 15년 기한부의 특별 권한)

그리스도교 신자들보다 비신자들이 더 많은 곳에서 거행되는 혼인에서 그 당사자들이 관면되어야 할 중대한 이유가 있는 개별적인 경우마다, 비신자 혼인 장애에 대하여 관면할 15년 기한부의 특별 권한.

그리하여 혼인 당사자들이 결혼 후(창조주에 대한 모욕 없이) 자유롭고 적법하게 결혼 생활을 유지할 수 있도록 하고, 또한 그 결혼에서 태어난 자녀들이 합법적인 자녀로 선언되도록 비신자 혼인 장애에 대하여 관면할 수 있다.

3. (혼인 장애 관면에 관한 특별 권한)

위에 언급한 대목구에서 1친등(親等)의 직계 인척과 결혼한 가톨릭 신자에 대하여 이 은전의 통보를 받은 날까지 관면할 특별 권한.

다만 불법한 결합에서 또한 부부일 수 없고, 당사자 중 상대편에서 출생한 자녀임이 확증되는 경우에만 가능하다. 그러나 방계(傍系)인 경우에는 그 결합이 적법하다.

4. (혼인 장애 관면에 관한 15년 기한부의 특별 권한)

2친등 겸 1친등의 방계 혈족이나 인척과 혼인하는 가톨릭 신자에게 그 혼인 장애에 대하여 (지극히 중대한 이유가 있는 20건에 한하여) 관면할 수 있는 15년 기한부의 특별 권한.

5. (혼인 장애 관면에 관한 15년 기한부의 특별 권한)

2친등의 혈족이나 인척과 혼인하는 가톨릭 신자에게 그 혼인 장애에 대하여 (관면해야 할 필요성이 있는 30건에 한하여) 관면할 수 있는 15년 기한부의 특별 권한.

다만 이미 결혼했거나 결혼할 배우자들이 1친등의 혈족이나 인척이 될 리가 결코 없어야 한다.

6. (혼인 장애 관면에 관한 15년 기한부의 특별 권한)

가톨릭 신자는 비가톨릭 신자와 적법하게 결혼할 수 있지만, 다만 결혼식을 선언하거나 성대한 예식으로 거행하지 말고, 성당 밖에서 사사로이 그리고 혼인 축복도 없이 거행하도록 (10건에 한하여) 관용할 수 있는 15년 기한부의 특별 권한.

다만 그러한 혼인이 신앙의 선익에 기여한다고 현명하게 판단되는 경우라야 한다.

또한 이 혼인으로 인하여 가톨릭 편 배우자가 신앙을 배반할 위협이 없다는 것, 또 비가톨릭 배우자가 장차 태어날 자녀들이 남자거나 여자거나 모두 세례성사를 받고 가톨릭 신앙을 선언하며, 교회의 계명과 규율을 지키도록 교육받아야 한다는 데 대해 아무런 방해도 하지 않겠다고 약속하는 한편, 가톨릭 편 배우자는 비가톨릭 편 배우자의 개종을 힘껏 노력하고 모든 (남녀) 자녀들을 가톨릭 신앙에 따라 교육받게 할 의무에 대하여 맹세를 해야 한다.

7. (일부다처 해소에 관한 특별 권한)

위에 언급한 대목구의 신입 교우들 중에 여러 번 결혼한 신자가 있는 경우에 그 새 교우가 세례 받지 않은 전 배우자에게 창조주에 대한 모욕 없이 동거하기를 원하느냐고 질문하기가 불가능하게 보이는 경우, 즉 그 배우자가 소재 불명이어서 재판 밖의 약식으로라도 합법적으로 질문할 수 없거나 또는 질문을 받고 나서 규정된 답변 기한 내에 자기의 의사 표시를 태만히 했음이 확증되는 경우, (비신자로 머물고 있는 배우자에게 해야 할) 법정 질문(interpellatio)을 (6건에 한하여) 관면할 수 있는 특별 권한을 그의 대목구장에게 수여한다.

8. (십자가의 길 : 성로선공 聖路善功 설치권의 위임)

(성 프란치스코 수도회의 성당에서 '십자가의 길' 기도를 행하는 자들에게 교황님께서 부여하신 모든 은사를 받을 수 있는) '십자가의 길' 14처를 집(신심 장소)에 설치할 수 있는 특별 권한을 대목구장은 자기 소속 선교사들에게 위임할 수 있다.

또한 '십자가의 길' 기도를 걸어가면서 바칠 수 없는 (환자) 가톨릭 신자들이 십자고상 앞에서 대목구장이 자유재량으로 정한 기도를 경건하게 바치면 위와 같은 은사를 받을 수 있도록 십자고상을 축복할 특별 권한도 위임할 수 있다.

9. (성의회 입회와 성의 축복 권한)

신자들을 '가르멜산의 복되신 마리아의 성의회'에 입회시킬 수 있고, 또한 그 '복되신 동정 마리아의 성의'를 축복할 수 있는 특별 권한.

그들은 역대 교황님께서 성의회(聖衣會)와 성의에 부여하신 모든 은사를 받을 수 있다.

다만 가르멜회 신부가 없는 곳에서만 그러할 수 있다.

10. (서원 미사 관면에 관한 15년 기한부의 특별 권한)

위에 언급한 대목구장은 현명한 자유재량으로 판단하여 라틴어가 능숙하지 않은 대목구 소속 베트남인 사제들이 삼위일체나 복되신 동정 마리아에 대한 서원 미사를 매일 거행할 수 있도록 관면하는 15년 기한부의 특별 권한. 또한 주일과 의무 축일에 그 서원 미사를 드릴 때에는 대영광송(大榮光頌, Gloria in Excelsis)과 신경(信經, Credo in unum Deum)을 봉송하도록 관면할 특별 권한. 다만 신자들이 당황하지 않도록 주님 안에서 그것이 유익하다고 판단될 때, 전례력에 규정된 경우에만 그리할 수 있다.

11. (어른 세례 집전 때에 어린이 세례 예식서를 사용할 수 있도록 허가하는 10년 기한부 특별 권한)

본토인(本土人) 사제들이 라틴어 관용어로 편찬된 예식서를 너무 느리게 읽을 수 있고, 그 때문에 어른 세례를 거행하는 데 많은 시간이 소요되어, 자기의 직무들 중 다른 임무 수행에 지장이 되고, 또한 세례를 받는 이들이 싫증을 느끼게 되는 경우에 대목구장은 주님 안에서 유익하다고 판단되는 대로 그러한 본토인 사제들에게 어른 세례의 긴 예식서를 생략하고, 어린이 세례 때 사용되는 짧은 예식서를 어른이 세례를 받는 때에도 사용할 수 있도록 관면할 수 있는 특별 권한을 10년 기한부로 수여한다.

12. (견진성사 집전권을 위임할 특별 권한)

한 명의 선교 사제에게 신자들의 견진성사 집전권을 위임할 수 있는 특별 권한.

다만 1774년 5월 4일에 성성에서 반포한 훈령의 규정에 따라 가톨릭 고

위 성직자가 (주교품이 없더라도) 축성한 크리스마 성유를 사용해야 한다.

13. (1년 기한부로 10건에 한해서만 특별 권한)

위에 언급한 대목구의 경계 안에서 자기가 거주하는 집 안에서 개인 경당을 설치할 수 있는 특전을 수여한다. 가정의 일이나 세속적 용도와는 구별되는 장소에 품위 있고 격식에 맞게 세우고 꾸몄거나 또는 세우고 꾸며야 하고, 사전에 대목구장이 방문하고 그곳에서 교구 소속이거나 수도 회원이거나 인정받은 사제가 매일 한 대의 미사를 집전할 수 있도록 승인해야 한다.

이 미사는 특전자들이거나 그들의 혈족과 인척 및 그 집에 살고 있는 이들과 가족을 위하여 축일에(연중 대축일은 제외하고) 미사 참례 의무를 수행한 것이 된다.

다만 혈족과 인척들은 위에 언급한 미사 한 대만 참석한 특전자들을 위하여 참석할 수 있으나 집전할 수는 없다. 가족들은 위에 언급한 미사에 참석한 그들의 하인들에게는 의무 축일에 성당에서 미사에 참여할 의무를 결코 채운 것이 아니라고 간주된다. 본당의 권리가 존중된다.

14. (15년 기한부 특별 권한)

육체 노동을 금하는 파공(罷工) 축일에 그 의무를 관면할 수 있는 특별 권한. 자기 양심상 주님 안에서 유익하다고 판단되는 경우.

다만 주일과 연중 대축일은 제외하고, 또한 미사에 참여할 의무는 존속된다.

15. (대목구장 유고 시 대목구장직 위임에 관한 특별 권한)

혹시 대목구장 자신이 죽는 경우에 선교사들이 없을 위험이 있는데도, 자기의 특별 권한을 위임할 수 있는 유럽인 사제가 한 명도 없을 때, 선배 선교사들 중 또는 인접한 타 대목구에서 근무하는 유럽인 사제들 중 한 사제에게 위임할 수 있다.

그리하여 이렇게 위임받은 그 사제가 특별 권한을 행사할 수 있고, 위에 언급한 대목구장으로부터 위임받은 것을 전반적으로나 부분적으로 행사할 수 있다. 그리하여 사도좌가 (가장 신속하게 통고하여야 될) 통고를 받고 달리 조처할 때까지 그 위임자가 임시로 보충할 수 있다.

16. 이상의 특별 권한들은 전적으로 무상으로 수여되고, 어떠한 대가 없이 집행되어야 한다. 이에 대하여 대목구장은 양심상 엄격한 책임을 진다.

위에 기록한 연월일에 로마의 포교성성에서 발표함.

어떤 명목으로도 지불된 대가 없이 무상으로 부여됨.

1832년 10월 21일 부기(附記) :

선교사들의 특별 권한은 선교지에 도착한 날부터 행사할 수 있다. 그러나 특별 권한의 기한은 이 특별 권한을 받은 날부터 계산되어야 한다. 그러나 특별 권한의 기한이 만료된 다음에도 새로 연장 신청이 허가될 때까지 유효하다. 다만 선교사는 기한이 만료되기 전에 기한 연장을 신청함으로써 연장 허가 답서가 올 때까지 그 특별 권한을 행사할 수 있다.

20신

발신자 : 브뤼기에르 주교
수신자 : 파리외방전교회 본부 신부들
발신일과 발신지 : 1832년 11월 10일, 마카오
출처 : AME, v. 577, ff. 241~246

✝ 예수 마리아 요셉

지극히 친애하는 동료 사제 여러분,

　최근에 저는 여러분께 편지를 보내 제가 마닐라로 떠난다고 알렸지요. 세기(Ségui) 대주교(마닐라 대교구장)는 저를 반가이 맞아주었습니다. 저는 이 도시에서 얼마 머물지 않았습니다. 저는 마카오로 출발하여 10월 18일에 도착했습니다. 21일에는 르그레즈와 신부가 칙서들을 건네주었고, 1832년 3월 12일자로 된 파리발 공한 내용에 대해서도 알려주었습니다. 이 공한에는 수정할 필요가 있다고 생각되는 사항들이 있는데, 제가 수정하더라도 여러분은 나쁘게 여기지 않을 것이라고 생각합니다.

　1. 여러분은 이 편지에서, "포교성성이 저와 함께 조선에 가게 될 2명의

중국인 사제를 선발했으니, 포교성성으로서는 조선 선교 임무를 프랑스인들에게 맡길 의도가 없는 것"이라고 썼습니다. 그럴 수 있겠지요. 하지만 이 두 사제를 택했다고 해서 포교성성의 의도가 확실히 드러난 것은 아닙니다. 오래전부터 포교성성은 조선에 선교사를 몇 명 보내려고 했습니다. 이때 마침 중국인 2명이 스스로 지원했고, 포교성성이 이 제안을 받아들였던 것입니다. 여기 포교성성 비서가 제게 보낸 편지 내용을 보십시오. "포교성성은 하느님의 은총으로 나폴리 신학교 출신 중국인 사제 2명이 조선에 들어가기를 원하고 있고, 주교직에 있는 유럽 선교사 1명도 대기 중에 있으니 하느님께 겸손되이 감사드립니다." 조선인들의 간청이 잇달았고, 그들이 전적으로 버려져 있음을 알게 된 포교성성은 스스로 지원하고 나서는 중국인 사제들을 덥석 붙잡지 않을 수 없었던 것입니다. 이런 이유로 해서 포교성성이 조선 선교지를 직영하겠다는 것은 아닙니다. 여러분의 결정을 기다리다가 포교성성은 나름대로 불쌍한 조선 교우들의 구원에 나선 것뿐입니다. 이 두 사람의 선발이 동시에 이뤄졌던 것은 아닙니다. 둘 중 한 사람인 주 요셉은 1826년 말부터, 아니면 늦어도 1827년 중에 지원했고(그는 나중에 자신의 계획을 포기했습니다), 유 파치피코(유방제)라는 이름의 다른 한 사람은 1830년에 장관 추기경에게 지원하자마자 곧 마카오로 출발했던 것입니다. 아마 그는 지금 베이징 쪽에 있을 것입니다. 그가 행로를 끝까지 고집할지는 모르겠습니다. 제 입장에서 보면 제 선교 임무는 1831년 9월 9일(조선 교구장 임명일)에 가동되었을 뿐입니다.

2. "포교성성은 이렇게 포교성성의 직할 선교지가 된 조선에 들어가는 비용을 마카오 주재 포교성성 경리부장 신부가 관리하도록 하고 있습니다"라고 공한에서는 말씀하셨습니다. 그러나 제가 볼 때, 이러한 결론은

옳지 않은 듯싶습니다. 여러분이 조선 선교 임무를 거절하거나 그렇지 않으면 적어도 뒤로 미뤄야 할 것이라고 판단하면서 여러분이 내세운 이유 중 하나는 그런 선교지에 들어갈 어마어마한 비용을 감당할 수 없다는 것이었습니다. 그러자 포교성성은 그 비용을 부담하겠다는 답장을 여러분에게 보냈습니다. 포교성성 측은 다만 사제들을 요구할 뿐이었습니다. 그러므로 포교성성에서 조선 선교 비용을 부담하는 한편, 더 이상 파리외방전교회를 염두에 두지 않는다고 하는 것은 어설픈 결론입니다. 포교성성에서는 어쩌면 여러분의 최후 결정을 기다리고 있을 것입니다. 당시 여러분은 좀 더 두고 보자는 식의 답장을 보냈었지요. 여러분으로 인해 조선 선교는 다시금 늦어지고 있는 것입니다.

3. "갑사 주교(브뤼기에르)는 우리 선교지들의 주교들과 다른 장상들의 생각도 모르는 상태에서 답장을 해서는 안 되는 것이었습니다"라고 공한에서 말씀하셨지요. 제가 로마에 편지를 쓴 것은 사실입니다. 하지만 동시에 저는 선교지의 주교들과 장상들에게도 편지를 보냈습니다. 아울러 그들에게 여러 선교지에서 일하고 있는 우리 동료들 모두에게 제 편지를 전해줄 것을 간청했고, 고르티느 주교(통킹, 즉 지금의 북부 베트남 교구장)를 제외한 모두로부터 긍정적인 답변을 받았습니다. 시니트 주교(쓰촨 교구장)는 아직 답장을 주지 않았으나 그가 조선 선교에 우호적이라는 것은 제가 잘 알고 있습니다. 저는 제 생각을 랑글루아 신부에게 알렸고 우리 회 지도자들에게도 편지를 썼습니다. 그들 중 한 사람은 오랜 시간이 지난 후에 답장을 주었습니다. 어쨌든 저는 저의 샴 대목구장인 플로랑 주교의 충고를 듣고 나서야 비로소 포교성성 장관 추기경에게 편지를 썼습니다. 저는 플로랑 주교에게 제 편지를 읽어주면서 뜻대로 적절하다고 판단되는 것을

덧붙이거나 삭제해달라고 했습니다. 마지막으로 저는 제가 포교성성에 편지를 썼다는 사실을 여러분에게 알리는 데 소홀히 하지 않았습니다. 그리고 저의 공개적인 편지를 동료 여러분 앞으로 보냈습니다. 그것을 읽어달라는 간청도 했습니다. 아직도 더 유리한 상황을 기다려야 한다는 것이 여러분의 생각이라면 제 편지에서 말한 내용의 채택 여부는 여러분의 자유입니다.

4. "우리가 우리 관할 다섯 곳의 선교지 장상들의 견해를 알기 전에는 조선 선교 책임을 수락하지 말아야 한다고 생각한 것은 관례에 맞추려는 것입니다"라고 공한에서 말씀하셨습니다. 솔직히 제가 잘못 생각했었다고 고백해야겠군요. 하지만 그것이 제 탓이라고는 생각지 않습니다. 제가 잘못 생각하게 된 것은 바로 여러분의 편지 때문입니다. 여러분의 편지를 보고 저보다 더 총명한 많은 사람들도 오해했습니다. 여러분의 편지를 읽고 저는 다른 여러 선교사들의 동의는 기다릴 필요가 없으며, 이 사업은 오직 파리 본부 여러분의 소관이라고 생각했습니다. 바로 그런 연유로 저는 이 선교 임무를 수락해주거나 안 되면 적어도 최종 결정을 기다리는 동안에 단 1명의 선교사만이라도 조선으로 보내는 희생을 치러달라고 간청하기 위해 여러분에게 직접 호소했던 것입니다. 동료 사제 여러분에게 제가 호소한 것은, 여러 가지 사유를 의논하려는 것입니다. 그리하여 제 소견과 여러분의 견해를 일치시키려는 것이었습니다. 저는 이 사업의 결정이 오직 여러분에게 달려 있다고 믿었던 까닭에 그렇게 했던 것입니다. 그런데 여러분이 최근에 보낸 편지에서 여러분이 우리 선교지 장상들의 동의 여부를 물었다는 내용을 읽고 정말 놀랐습니다. 제가 1828년 1월 6일자 편지의 의미를 잘 파악하지 못한 것이라는 생각이 들었습니다. 다행히 그 편지는 마카오 경리부 고문서고에서 다시 찾을 수 있었습니다. 저는 그것을 다시

한 번 주의 깊게 읽었으나 저뿐 아니라 다른 선교사들의 눈에도 여러분이 그 누구의 의견을 청취한다는 말이 분명하게 드러나지 않았습니다. 여러분은 어떤 한 가지 사실에 대해, 여러분이 취한 결정에 대해 말하고 있었습니다. 여러분이 어쩌면 나중에 하게 될지도 모를 그런 것에 대해 언급하고 있었습니다. 그게 전부입니다. 그중에서도 특히 여러분은 포교성성에 보낸 첫 번째 답장에서 "우리 선교지들의 대목구장들과 나머지 장상들이 이 새로운 임무에 대해서 동의를 하게 될까요?"라고 묻기는 했지만 이것은 그저 지나가면서 하는 말이었습니다. 사실상 그것이 두 번째 답장에서는 더 이상 문제시되지 않고 있는 것을 보면 말입니다. 여러분은 선교사들이 조선에 잠입하기 위해서 제안된 모든 계획들이 실현 가능성이 없어 보인다고 포교성성에 보고하고 있습니다. 여러분은 조선 사람들이 끝내 목자들을 맞아들이게 되기를 기원하고 있습니다. 바루델 신부에게 마카오에서 이 사업에 대한 정보를 수집하는 임무를 맡기고 있습니다. 그러나 여러분은 조선 잠입 계획들을 알리는 단 한마디 언급도 하지 않았습니다. 다른 사람들이 그 계획이 적합하다고 생각할 수 있을 텐데도 여러분은 이에 대해 전혀 알리지 않았습니다. (우리 선교지의 누구도 그것들에 대해 아는 바가 없었습니다.) 여러분은 선교지 장상들의 의견을 참고하라는 언급도 하지 않고 있습니다. 다만 여러분은 이 사업을 연기시켰다는 사실만 통고했을 뿐 그 이상 어떤 언급도 없습니다. 그리고 즉각 다른 문제를 다루기 시작했습니다.

5. "우리로서는 그토록 현명하게 행동한 것이 질책을 살 만한 것이었다니 놀랍습니다. 우리가 제시한 이유들에 대해서 그가 반박하는 것으로 끝냈다면 우리로서는 더 할 말이 없습니다. 그러나 우리의 결정 유보를 책망한 것은 필요치도 합당치도 않은 것이었습니다. 브뤼기에르 주교는 우리

가 수락하지 않은 것을 잘못된 것으로 여겼습니다"라고 하셨지요. 이에 따르면 제가 조선 선교 사업에서 가장 큰 죄인인 것처럼 보입니다. 이제 보니 제가 여러분을 모함한 것이 되는군요. 정말 유감입니다. 진심으로 사과드립니다. 저는 무례했거나 도를 넘은 모든 말을 진심으로 취소합니다. 그러나 그것이 의도적이지 않았다는 것은 확실히 말씀드리고 싶습니다. 여러분은 제가 따지고 논박하는 것에만 신경을 곤두세운다고 하시겠지요. 불행히도 저는 바로 그렇게 하려고 했습니다. 그래도 조선 사람들에게 목자로 파견된 이 사람의 실수 때문에 조선 교우들이 손해보는 일이 없도록 해주십시오. 그들은 이미 더없이 불행한 상황인 만큼, 그들의 불행이 더욱 깊어지게 해서는 안 됩니다.

6. "코친차이나(베트남 남부 지역)에서 조선에 우호적인 편지를 우리에게 쓴 사람은 오직 레즈로 신부뿐입니다"라고 하셨지요. 영광스럽게도 샴 주교는 조선과 관련하여 제가 편지로 말씀드린 취지에 지지한다는 답장을 주었습니다. 저는 랑글루아 신부에게 그 사실을 알렸습니다. 지난달 말 샴에 주교품을 주러 왔을 때 샴 주교는 조선 선교지에 마침내 목자가 생겨나기를 바란다고 하셨습니다. 그리고 이런 소망을 재확인시켜주는 내용의 편지를 제게 보내주기도 했습니다.

7. "고르티느 주교(통킹, 즉 지금의 베트남 북부 대목구장)와 그의 부주교의 경우도 마찬가지입니다"라고 공한에서 말씀하셨군요. 저는 랑글루아 신부에게 편지를 써서, 제 생각이 틀린 게 아니라면 통킹 대목구장은 우리가 조선 선교 임무를 맡는 것에 지지하지 않는다고 말했습니다. 아직 주교품을 받지 않은 상태의 카스토리 부주교가 자신의 의견을 표명하지 않은 것은 놀라운 일이 아닙니다. 그는 선교지 장상으로서도 단순한 선교사로서

도 소견을 요청받은 일이 없었습니다.

8. "막술라 주교(쓰촨 교구 보좌 주교)는 다른 조건들 중에서도 첫째, 조선 선교 임무를 맡기 전에 프랑스 정치 상황이 안정되기를 기다렸으면 합니다. 둘째, 포르투갈인들 스스로 이 선교 임무를 우리에게 제공해주길 기대하고 있습니다. 포르투갈인들은 임무 성공에 적합한 방법을 생각해내야 하며, 이 사업에서 우리를 도와줘야 한다는 것입니다. 나머지 세 개의 조건은 대충 채워진 상태입니다"라고 공한에 적혀 있습니다. 저는 이 경애하울 주교를 존경하며 그가 지혜롭다고 생각하고 있지만, 저는 이 두 가지 점에 있어서는 생각을 같이하지 못하겠습니다. 사실 프랑스가 완전히 평정되기를 기다렸다가 이 불쌍한 신입 교우들을 구한다고 한다면, 이들은 앞으로도 오랜 세월을 고통스럽게 보내야 합니다. 굶주림에 꺼져 가는 한 불쌍한 생명에게 빵 한 조각을 건네주려고 하면서, 그전에 자기가 하고 있는 모든 사업이 끝나거나 또 자기가 완전히 평온한 상태에 들기를 기다려서는 안 됩니다. 제가 볼 때 비록 프랑스가 혼란스런 상황이기는 하지만 그 가운데서도 선교를 지원하는 사람들의 숫자가 유지되고 있는지의 여부를 파악하는 것이 더 중요하다고 생각합니다. 그런데 엄청난 혼란이 우리 불쌍한 조국을 뒤흔들고 있음에도 하느님 섭리의 기적이 일어나서, 그 어느 때보다 더 많은 이가 선교 임무를 부여받고 있고, 선교사 숫자도 증가하고 있으며, 더욱이 이 혼란스러운 상황이 언젠가는 끝날 것이라는 기대가 있습니다. 이것을 소망해야 합니다. 또한 저는 포르투갈인들이 우리에게 스스로 나서서 조선 선교 임무를 맡길 때를 기다려야 한다고 보지 않습니다. 그들이 다른 회들을 놔두고 우리에게 조선을 맡길 이유가 어디 있습니까? 저는 그들이 도움을 필요로 한다면 모든 교회의 관심을 받는 이, 신

자들의 공통된 아버지이신 교황님께 직접 말하는 것이 합당하다고 봅니다. 최근에 그렇게 했지요. 그들은 베이징 선교지에 사제들을 보내줄 것을 요청했습니다. 움피에레스 신부가 사제 1명을 그들에게 보내려던 참에 그들은 1~2명의 라자로회 선교사들을 받았습니다. 교황청 기구인 포교성성은 여러 선교지를 도우려 할 때면 특정한 수도회들에 의뢰합니다. 그래서 포교성성은 이렇게 우리에게 조선 선교를 의뢰했던 것입니다. 포르투갈인들은 이 점에 대해 아무런 할 말이 없을 것입니다. 이들은 조선 선교지의 관리인들일 뿐이며, 이들은 사실 조선에 아무도 파견할 수 없습니다. 포교성성이 조선 선교를 파리외방전교회에 맡기려는 것에 대해 포르투갈인들이 분노하고 있다고는 생각하지 않습니다. 저는 심지어 그들이 막술라 주교가 기원하는 바들을 실현시킬 것이라고 믿습니다. 제가 모르는 사이에 포교성성 경리부장 움피에레스 신부가 베이징 교구장 서리인 난징 주교에게, 한 프랑스인 주교가 조선에 가기를 소망한다는 내용의 편지를 보냈습니다. 난징 주교는 이런 제안에 즉시 동의했고 여행에 드는 모든 경비를 담당하겠다는 약속을 했으며, 조선 교우 심부름꾼들과 함께 이에 대한 조치들을 취했습니다. 사실 그는 이 지역이 대목구로 설정됐다는 것을 전혀 모르고 있었던 것입니다.

9. "마카오 주재 라자로회 성 요셉 신학교 신부들은 조선인 젊은이들과 유럽인 선교사 한 사람을 기다리고 있노라고 바루델 신부에게 말했습니다"라고 공한에서 말씀하셨습니다. 성 요셉 신학교 신부들이 전에는 이런 희망을 가졌지만 지금은 더 이상 그런 희망을 갖고 있지 않은 것이 확실합니다. 이들은 조선 사람들이나 조선으로 갈 선교사를 맞이한 적이 없으며, 앞으로도 그런 일은 없을 것입니다. 그들은 이 방면에서 모든 희망을 거두

었다는 것을 인정했습니다.

10. "포교성성은 한 조선 젊은이를 교육시키는 임무를 마카오 주재 포교성성 경리부장 신부에게 맡겼다고 편지를 썼습니다"라고 공한에서 말씀하셨습니다. 포교성성은 속임수에 넘어갔던 것입니다. 르그레즈와 신부와 움피에레스 신부는 여러분의 잘못을 깨우쳐주기 위해 여러분에게 편지를 썼습니다. (랑글루아 신부에게 말이지요) 저는 모든 관련 정보를 막 접한 참입니다. 마카오에서 조선 사람을 본 사람은 아무도 없습니다. 몇몇 사람이 어떤 중국인을 조선 사람으로 착각한 적은 있는 것 같습니다.

랑글루아 신부는 포교성성이 파리외방전교회에 조선을 맡겼다는 편지를 제게 보냈지만, 마카오 주재 포교성성 경리부장 움피에레스 신부는 저에게 그것이 오해였다고 말했습니다. 그래서 저는 이 선교 임무가 우리 회에 맡겨진 경우에만 비로소 제가 조선으로 파견될 수 있을 것이라는 확신에서 이 문제를 다시 제기하려고 애썼습니다. 저는 오직 그에게만 편지를 썼는데, 그는 저에게는 상의 한마디 없이 나머지를 처리했습니다.

11. "그러나 우리 주교들 중의 한 사람이 조선 대목구장으로 발령받은 것을 포르투갈 사제들이 못마땅해할 수 있습니다"라고 공한에서 적었더군요. 그럴 수 있습니다. 하지만 제가 보는 관점과 다른 사람들이 제게 확언한 바에 따라서 사실을 판단한다면, 포르투갈인들은 이 사실을 두고 무척 흡족해하고 있습니다. 저는 이곳에서 조선 대목구장으로 알려져 있고 모든 사람이 이 사실에 무척 만족해하고 있는 것 같습니다. 총독과 참사회 총대리, 성 요셉 신학교 신부들, 미래의 마카오와 베이징 주교(추측입니다) 등 모두가 예외 없이 더없는 만족감을 나타내고 있습니다. 이들이 어떤 저의를 따로 품고 있는 것일까요? 그건 모르겠습니다. 시니트(Sinite 쓰촨 교구장)

주교는 조선 선교지에 임시로 사제들을 보내주겠다고 합니다. 베이징의 사제들, 난징 주교와 그의 총대리, 푸젠 대목구장과 산시 대목구장, 프랑스와 포르투갈의 라자로회 신부들 등 모두가 앞 다투어 조선에 파견될 선교사들을 온힘을 다해 도와줄 것을 약속하고 있습니다.

이미 5척의 영국과 미국 군함이 조선에 연이어 간 적이 있습니다. 그중 1척 혹은 2척이 조선으로 되돌아가고 있습니다. 조선 사람들은 그들을 매우 환대해주었습니다. 조선인들이 단순하며 가난한 자들이라는 것은 입을 모아 하는 소리입니다. 이들은 그리스도교에 대해 질문들을 해댔습니다. 이들은 해주는 이야기를 듣고 놀라워하는 기색이었습니다. 불행히도 성직자로서는 개신교 목사 1명만 동행했습니다. 이렇듯 중국인들과 개신교 신자들과 상인들은 가톨릭(선교사들)을 앞질러 갔습니다. 조선에 들어가는 것이 정말 불가능할까요?

12. "하느님의 섭리대로 둡시다. 차후에 포교성성이 우리에게 조선 선교를 제안하면 그것을 수락하는 데 있어 어려움이 덜할 것입니다"라고 공한에서 적었습니다. 보통 상황들이 돌아가는 것을 보면 하느님의 섭리는 홀로 작용하지 않습니다. 하느님의 섭리를 따라야 하며, 어떤 의미에서는 하느님의 섭리를 돕고 하느님의 섭리와 함께 행동해야 합니다. 설령 포교성성에서 여러분이 이 임무를 맡아줄 것을 바란다 하더라도, 여러분이 요구하지 않는다면 포교성성이 여러분에게 조선 선교를 제안하는 일은 가능하지도 않거니와 적절하지도 않다고 덧붙이겠습니다. 포교성성은 여러분에게 그런 소망을 충분히 보여주었습니다. 포교성성은 파리외방전교회 회원인 저를 조선 주교로 임명함으로써, 그리고 그 칙서들을 여러분에게 보냄으로써 결정권을 여러분 손에 쥐어주었습니다. 그런데 여러분은 쉽사리

이번 임명에 대해 좋다고도 싫다고도 뜻을 표명하지 않음으로써 이 칙서들을 받기는 하지만 그 내용을 수락하는 것은 삼가야 하는 것으로 생각했습니다. 여러분이 이런 식으로 결정을 유보하는 데는 분명 매우 합당한 이유들이 있었을 것입니다. 하지만 포교성성에서는 여러분이 이번 선교 임무를 맡는 것이 적절하지 않다고 생각하여 포교성성의 선택을 탐탁지 않게 여긴다고 판단했을 것입니다. 여러분이 이 공한 말미에 언급하는 내용이 이것을 증명하는 것 같습니다. "(포교성성이 또다시 조선 선교를 우리 회에 맡긴다면) 우리가 그것을 수락하는 데 어려움이 덜할 것입니다. 오히려 포교성성이 세 번째로 거절을 당하지나 않을까 두려워할 것입니다." 그러나 우리 회의 명예와 권리를 손상시키지 않고도 모든 이해관계를 조정할 매우 간단한 방법이 있습니다. 상기해보십시오. 약 5~6년 전에, 여러분은 만일 선교사 숫자가 줄어들지 않고, 선교지 장상들이 동의만 하면 여러분이 조선 선교를 담당하겠노라고 포교성성에 약속한 바 있습니다. 이제 여러분이 그 약속을 취소할 것인가 이행할 것인가를 결정할 차례입니다. 여러분이 답장을 보낸 이후 지난 10년 사이에 선교사 숫자가 꾸준히 증가했다는 내용의 편지를 로마에 보내기만 하면 되는 것입니다. 선교지들의 모든, 아니면 거의 모든 장상들은 이 점에서 의견 일치를 보입니다. 그러니까 여러분은 조선을 받아들일 준비가 되어 있음을 보여주십시오. 포교성성에서 이를 적합하다고 여길 경우, 협상의 결과가 어떻게 되든 여러분은 전혀 손해보는 일이 없을 것입니다. 저는 제 쪽에서 포교성성에 편지를 썼습니다. 제 편지를 동봉합니다. 그것을 보내기 전에 읽어봐주시길 바랍니다. 여러분에게 제안할 방안이 한 가지 더 있습니다마는 지금은 시기가 적절하지 않다고 봅니다. 조선에 도착하면 말씀드리겠습니다. 그곳에 곧 가게 되기를 바랍니다.

여기서 저의 고찰을 그칠까 합니다. 제가 불쌍한 조선 사람들의 운명을 어여뻐 여겨주십사고 따로 덧붙일 필요는 없겠지요. 여러분의 자비가 저의 말보다 더 많은 것을 말할 테니까요. 저는 여러분이 그들을 위해 할 수 있는 모든 것을 할 것이며 또한 모든 것을 할 수 있다고 믿습니다. 선교지에 수도회 소속 사제들과 재속 사제들, 또는 여러 나라의 선교사들을 분별없이 마구 들여보낸다면, 그것은 그 선교지를 망치는 가장 빠른 방법입니다. 저는 프랑스인 사제들이 필요합니다. 제게 이들을 제공할 수 있는 곳은 우리 신학교뿐이라고 봅니다. 그 어떤 프랑스 성직자도 조선에 가기 위해 로마로 가서 신학을 공부하지 않을 것입니다. 제가 쓸 수 있는 다른 방법들은 모두 너무 복잡해서 결과적으로 아무런 좋은 결과를 가져올 수 없습니다. 그래서 저는 조선 사람들의 운명을 여러분에게 쥐어주는 것입니다. 저는 조선인들의 운명이 아주 좋은 손에 놓여 있다고 확신합니다. 여러분에게 마지막 작별 인사를 고하지는 않겠습니다. 저는 이 선교 임무를 수락함으로써 우리 회에서 탈퇴하는 것을 원한 적이 결코 없었습니다. 조선에 가는 문제가 제기되었을 당시 제가 움피에레스 신부에게 쓴 2통의 편지를 여러분에게 보냅니다. 이 편지들을 읽으시면 여러분은 제가 여러분의 동료이기를 포기한 적이 없었다는 것을 알게 될 것입니다. 하지만 포교 성성이 모든 비용을 지불하기 때문에, 조선이 설령 우리 회에 맡겨진다 하더라도 조선으로 가게 될 선교사들이 그 어떤 식으로라도 우리 공동체에 금전적 부담을 지우지는 않을 것입니다. 저는 저의 주교 서품식 때 교우들이 제게 주었던 모든 것을 페낭에 두고 오면서 샴으로 돌려보내라고 했습니다. 파리에서 여러분이 제게 준 소품들과 내의류(요즘에는 정말 얼마 나가지 않습니다마는)의 값은 움피에레스 신부와 르그레즈와 신부에게 산정해달라고 부탁했습니다. 그 값만큼 우리 공동체에 반환될 것입니다. 저는 이미 페낭에서 마카오까지의 여행 경비 모두를 갚도록 르그레즈와 신부에게 부탁해놓았습니다. 주교 예전서와 전례서, 그리고 여러분이 사적으로 제게 보내주신 2개의 주교관(主教冠)을 경리부에 맡겨둡니다. 여러분이 경리부장 신부에게 연락해서, 제게 이것들을 팔아도 좋다는 허가를 내려주시면 제게는 큰 기쁨이 되겠습니다. 그런데 저로서는 이 물건들을 어떻게 팔아야 할지 잘 모르겠습니다. 제가 프랑스에서 가지고 왔던 성작과 제의는 샴에 두고 왔습니다. 혹시 제가 아직도 파리외방전교회에 빚진 게 있다면 탕감하셔서 제 마음의 짐을 덜어주시길 간청합니다. 모든 것을 자세히 검토한 결과, 제가 볼 때 더는 빚이 없습니다. 카르카손을 출발하기 전에 제가 유서를 쓴 사실을 랑글루아 신부에게 알렸습니다. 저는 법정 대리인을 한 사람 지명하여, 적은 액수지만 여러분이 기꺼이 제게 빌려준 돈을 갚도록 그에게 명했습니다. 그렇지만 저희 부모님이 돌아가시기 전에는 이런 액수를 만드는 것이 저로서는 불가능합니다. 그런 의미에서 부모님이 많이 연로하시기는 했어도 아직 살아계심(아버님은 90세가 다 되셨습니다)을 알려드립니다. 제가 그분들보다 먼저 죽을 수도 있습니다. 제 앞으로 도착하는 편지들과 제가 여러분 앞으로 보내게 될 편지들을 계속하여 잘 받아주시기를 부탁드립니다. 이런 일을 제게 해줄 수 있는 사람은 여러분들뿐입니다. 발송비는 마카오 주재 포교성성 경리부장 움피에레스 신부가 르그레즈와 신부에게 거르지 않고 갚아줄 것입니다. 그렇다고 해서 제가 공동체에서 떨어져나가고자 하는 것은 아닙니다. 다만 불의를 범하지 않으려는 것뿐입니다. 여러분이 조선 선교 임무를 맡게 되더라도 여러분에게는 비용 부담이 없을 것입니다. 믿을 수 있는 보고에 따르면 베라르 신부(수마트라 서해안 파당 선교사)와 발롱 신부(수마트라 서해안 니아스 섬 선교사)의 선교는 성공을 거두었다고 합니다. 한 사람은 수마트라 파당에서, 다른 한 사람은 니아스 섬에서 말이지요. 그런데 지난 8월 카리칼에서 보낸 2통의 편지를 보면, 발롱 신부는 선종했고(1832년), 베라르 신부는 파당에서 심하게 앓고 있음이 확실합니다(1832년 선종).

포교성성으로부터 아직도 싱가포르에 대한 언급이 없다면 여러분은 클레망소 신부(싱가포르 선교사)가 제게 쓴 편지들을 검토해보십시오. 어쩌면 그 내용에 대해서 포교성성에 알리는 것이 바람직할 것 같습니다. 교황님께서 인준하신 포교성성의 교령에 따르면 싱가포르는 샴 대목구장의 재치권 아래에 있습니다. 그래서 한 선교사가 이 식민지에 파견되었습니다. 이 선교지를 닦는 데 벌써 많은 비용이 들었습니다. 이것이 이 섬의 선교를 더욱 강화해야 하는 또 하나의 이유입니다. 게다가 얼마 후면 프랑스인 신부를 철수시키는 것이 위험하게 될 것이라고 확신합니다. 몇몇 신자들이 미사 참례를 더 이상 하고자 하지 않을 것입니다. 어쨌거나 저로서는 염려가 되는 일입니다. 싱가포르가 말라카 교구(지금의 말레이시아 말라카) 소속이라는 주장이 있습니다. 교구 설정 교서를 참조해보아야 합니다. 이것이 이 이견을 종식시킬 유일한 방법입니다. 여러분은 제 생각을 현명하게 잘 활용하시기 바랍니다.

포교성성이 그 첫 번째 교령을 견지함으로써 포르투갈인들과의 관계가 악화되는 것을 꺼려 한다면, 우리는 이 식민지의 유익을 도모하는 뜻에서 타협할 수 있을 것입니다. 말하자면 이 섬을 포르투갈인들에게 양도하는 대신, 고아 대주교가 샴 대목구장을 싱가포르 섬의 대목구장 서리로 삼으면 좋을 것이라는 말입니다. 그러면 샴 대목구장만이 싱가포르에 선교사들을 파견하고 승인하는 권리를 행사할 것입니다.

제 편지를 다 끝냈다고 여기던 차에 르그레즈와 신부가 저에게 다섯 가지 고소 조항을 답변 요구서와 함께 보내왔습니다. 롤리비에 신부(페낭 신학교 교장, 1833년 선종)가 저를 고소하는 이유로는 첫째, 제가 신학교에서 가장 훌륭한 학생(왕 요셉)을 꼬여냈으면서도, 그가 쫓겨났기 때문에 받아들였다고 말한다는 것입니다. 답변을 드리건대, 저는 직접적이든 간접적이든 이 젊은이를 꼬여낸 적이 없습니다. 저는 그를 알지도 못했습니다. 제가 그를 받아들인 것은 그가 학교를 떠난 후였습니다. 롤리비에 신부는 일단 신학교를 떠나면 다시는 신학교에 돌아갈 수 없다고 제게 확인해주었습니다. 그것이 규칙이고요.

둘째, 제가 퐁소 신부(쓰촨 선교사, 1843년~1880년 옌안 주교 역임)를 제 고유 권한으로 중국 쓰촨에 파견했다는 것입니다. 답변 드립니다. 롤리비에 신부와 콘포르티 신부(이탈리아 선교사, 페낭 신학교 교수)가 퐁소 신부를 중국에 보내고 그 자리에 알브랑 신부를 대체해줄 것을 요청해왔습니다. 저는 이 일이 약간 어렵다고 판단했지만 퐁소 신부와 면담한 결과 이 선교지에 가고 싶어 하는 것을 알았고, 그래서 쓰촨으로 가게 했던 것입니다. 그는 이렇게 떠나는 기회를 잡았고 그 어떤 것도 그를 막지 못했습니다.

셋째, "브뤼기에르 주교가 자신의 선교지에 알브랑 신부를 붙잡아두고자 했다. 그러나 그럴 수 없게 되자 서면을 통해서 그를 싱가포르에 파견해도 무방하다고 했다. 그런데 그는 중국을 횡단할 만큼 중국인을 닮지 않았다. 얼굴도 눈도 중국인 같지 않다. 그래서 그는 박해를 당하게 될 것이다. 이게 전부다." 이상은 롤리비에 신부의 말입니다. 저는 이 존경스런 성직자에 대한 예의를 갖추고 말하건대, 그의 말에 진실이라곤 없다고 답변

드리는 바입니다. 저는 그가 어떻게 그와 같은 일들을 상상할 수 있을까 가늠이 되지 않습니다. 제가 싱가포르에 있을 때 제가 부쇼 신부를 싱가포르에 불러들여 적어도 석 달은 머무르게 하고 거기서 질서를 바로잡도록 한 것은 사실입니다. 저는 샤스탕 신부에게 페낭 읍내로 가라고 했습니다. 롤리비에 신부에게는, 알브랑 신부가 이제 학교 과정도 마쳤으니 풀로티쿠의 교우들 곁에 봉사하러 가는 것을 나쁘게 생각하지 말아달라는 등의 부탁을 하기도 했습니다. 알브랑 신부는 조선에 가고 싶어 하는 마음이 있는 것 같았습니다. 그의 동료들 중 한 사람을 통해서 이것을 알 수 있게 되겠지요.

저를 고소하는 이유가 또 있습니다. 첫째, 제가 베라르 신부를 수마트라에 파견한 것은 부당하다는 것입니다. 하지만 이것은 사실이 아닙니다. 베라르 신부는 인도 퐁디세리에 가려고 하지 않았고, 기어코 수마트라 선교사 발롱 신부의 뒤를 따르고자 했습니다. 우리 동료들 중 다수가 저를 압박하기도 하고 구슬리기도 했지만 저는 다시 부르면 되돌아와야 한다는 조건으로 그가 원하는 대로 해주기로 약속했습니다. 이는 여러분이 이미 다 알고 있는 사실입니다.

둘째, 제가 싱가포르에 있는 2명의 사제를 총독 앞에 출두시켰다는 것입니다. 이것은 사실이 아닙니다. 선하신 하느님께서는 아직은 제가 그런 미친 짓을 하지 않을 만큼 제게 충분한 이성을 남겨두셨습니다. 싱가포르 교회에 대한 여러분의 권리를 수호하기 위해 제가 애쓴 노력의 대가가 이 모양이군요. 사제들이 한 주교의 처신을 심판대에 올리려고 할 때는, 고소 내용들이 사실인지 아닌지 여부를 확인하는 것이 최소한의 예의일 것입니다.

지극히 친애하올 동료 사제 여러분,

저는 여러분의 기도에 동참하며 여러분 미사성제에 마음으로 함께합니다.

1832년 11월 10일, 마카오에서

여러분의 지극히 비천하며 여러분께 지극히 순종하는 종
갑사 주교이며 조선 대목구장
바르톨로메오 드림

21신

발신자 : 브뤼기에르 주교
수신자 : 조선 교우들
발신일과 발신지 : 1832년 11월 18일, 마카오
출처 : AME, v. 579, ff. 91~93

사랑하는 자녀들이여,

여러분의 소원이 이미 이루어졌습니다. 왜냐하면 교황님께서, 여러분이 서한을 통해 청한 유럽인 주교를 어떤 중국인과 함께 파견하셨기 때문입니다. 조선에 있는 양들에게 목자들이 없다는 소식이 여러분들로부터 우리에게 전해졌을 때, 우리는 조국을 떠나 다른 대리 감목구를 맡고 있었으나, 교황님께 서한을 통해, 빵을 청하는 이들에게 그것을 쪼개어 나누어줄 사명을 지닌 주교들과 사제들을 파견해주십사고 줄곧 청해왔습니다.

그러니 빨리 우리에게로 오기 바랍니다. 우리는 이미 출발했고, 여행길에서 여러분이 우리를 쉽게 알아볼 수 있도록 여러분에게 확실한 신호를 보냅니다. 두려워하지 말고 하느님의 도움을 믿고 복되신 동정녀와 성 요셉의 전구와, 성 미카엘 대천사의 보호를 청하십시오. 그러나 길에서 원수들에게 간파당하지 않도록 거듭 주의하십시오.

조선 왕국에 도착하면, 그곳에서 우리는 죽음에 이르기까지 온 삶을 바칠 것입니다. 그리고 여러분의 위로를 위하여 성사를 거행하고 성교회의 경계를 넓혀 나갈 조선인들을 사제로 서품할 것입니다.

이제 우리는 매일 기도 중에 복되신 동정녀와 모든 천사들의 보호에 여러분을 맡깁니다. 하느님께서 여러분에게 축복하시기를.

구원의 해 1832년 윤 6월 26일
조선의 교황 대리 감목
바르톨로메오 주교 드림

22신

발신자 : 브뤼기에르 주교
수신자 : 르그레즈와 신부
발신일과 발신지 : 1832년 11월 19일, 마카오
출처 : AME, v. 577, f. 247

하느님의 자비와 사도좌의 은덕으로 감사 주교이며 조선의 교황 대리 감목인 바르톨로메오 브뤼기에르는 스승이신 그리스도 안에서 우리가 사랑하는 사도좌 파견 선교사 바이외 교구 출신 베드로 루도비코 르그레즈와 신부에게 주님 안에서 인사를 전합니다.

우리가 당신의 열성으로 넓고 충만한 길을 열기 위하여, 사도좌로부터 1831년 7월 17일자로 부여받은 모든 권한들을 조선 대목구 전역에서 허용합니다(19신 참조). 우리는 당신께 견진성사 집전권만 제외하고는 허용되어야 할 권한을 허락하는 바입니다.

또한 당신에게 부분적으로나 전체적으로나 공문에서 언급된 권한을 넘어선 권능을 허락합니다. 당신에게는 조선 선교지 전역에서 합당한 사제들에게 교리 교사들을 세우고, 하느님의 영광과 영혼들의 구원에 속하는 모든 것을 진작시키고, 성장시키고, 교정하고 개혁할 권한이 있는 것으로

간주될 것입니다. 마찬가지로 새로운 사제들이 칙서 「엑스 쿠오」(Ex quo)[6]
에 대고 하는 선서를 인준할(권한도 있는 것으로 간주될 것입니다.)

1832년 포교성성 마카오 경리부에서
우리의 서명과 봉인으로
그리고 우리 서기관의 공동 서명으로

† 갑사 주교이며 조선 교황 대리 감목 바르톨로메오 드림

---

[6] 7세기 초 중국에서 일어난 의례논쟁(儀禮論爭)의 결과, 1742년 7월 11일 교황 베네딕토 14세가 반포한 칙서인 「Ex quo singulari」. 이 칙서에서는 중국의 의례, 즉 공자와 조상에 대한 숭배뿐만 아니라 천주 이외의 용어 사용도 금지했다.

23신

발신자 : 브뤼기에르 주교
수신자 : 세기 대주교
발신일과 발신지 : 1832년 12월 11일, 마카오
출처 : SC cina, v. 7, f. 447

✝ 예수 마리아 요셉

대주교님 귀하,

  대주교님께 편지를 쓰려고 준비하고 있던 차에 9월 25일자 대주교님의 편지를 받았습니다. 대주교님께서 제가 맡은 새로운 선교 임무가 성공하기를 기도해주셔서 끝없이 감사드립니다. 저를 위해 기도해주시는 것이 제게는 매우 필요합니다. 대주교님께서 주님 앞에서 저를 기억해주시기를 바랍니다. 그것이 제가 바라는 전부입니다. 교황 성하께서는 제게 어려운 임무를 맡기셨습니다. 저는 그것을 맡아야겠지요. 그리고 조선에 들어가는 것이 정상적으로 불가능하다 해도 저는 예수 그리스도의 대리자이신 교황님께서 내리신 명령에 복종하기 위해 시도해보겠습니다. 그래서 제 계획이 성공하든 못하든 저는 언제나 만족할 것입니다. 대주교님께서 너그러운 마음으로 제게 빌려주신 액수를 저는 안글라다 신부에게 주었습니다. 대주교님께서 제게 주신 도움은 결코 잊지 못할 것입니다. 안셀름 예그로 신부는 프랑스 선교사와 손을 잡았습니다. 이들은 가지고 있는 모든 권한들을 로마의 결정이 있기까지 서로 주고받았습니다.

대주교님께 가없이 깊은 존경심을 담아드립니다.
저는 주교님의 지극히 비천하고 주교님께 지극히 순종하는 종입니다.

1832년 12월 11일, 마카오에서
† 바르톨로메오 브뤼기에르 주교 드림

추신: 3일 후 저는 저의 새로운 선교지 조선을 향해 출발합니다.

24신

발신자 : 브뤼기에르 주교
수신자 : 프랑스 리옹『전교후원회 연보』편집자와 전교후원회원들
발신일과 발신지 : 1832년 12월 14일, 마카오
출처 : APF, v. 6(Lyon, 1833), ff. 543~551, 552~587

편집자님,

　저는 편집자님을 뵙는 영광을 누리지 못했지만, 선교사인 샤리에 신부의 소개로 전교후원회원들에게 이 편지를 드립니다. (전교후원회 발상지인) 리옹 시의 열심한 교우들이 저에게 관심을 갖도록 애써주시기를 간청합니다. 푸르비에르 언덕에 모신 성모님께서 조선 교우들과, 하느님의 섭리로 (1831년 9월 9일) 조선 교구장으로 임명된 저를 극진히 보호해주시도록 리옹 교우들이 지성으로 기도해주시기 바랍니다. 편집자님께서도 리옹 교우들과 함께 기도해주시리라고 믿습니다. 저는 내일 새로운 선교지 조선을 향해서 떠날 예정입니다.

　전교후원회원 여러분, 전교후원회 이사회에서 5,600프랑을 제게 지원키로 했다는 소식을 파리외방전교회 총장 신부로부터 방금 받았습니다. 저는 여러분의 너그러운 사랑에 매우 감동했습니다. 제가 도움을 청하지도 않았

는데 미리 저의 처지를 알고서 베풀어주신 넓은 마음에 매우 감격했습니다. 전교후원회 이사진과 회원 모두에게 진심으로 감사드립니다. 여러분의 후원금은 제가 조선으로 들어가는 방법을 찾는 데 필요한 경비에 보태 쓰겠습니다. 앞으로도 여러분은 불행한 조선 교우들을 위해 필요하다고 여기시는 일을 정감어린 염려와 예지로 알아서 해주실 줄 믿습니다. 저는 단지 여러분의 기도를 간청합니다. 하느님께서 제게 맡기신 고결하고도 어려운 임무를 제대로 완수하려면 하느님의 도우심이 절실히 필요합니다. 하느님께서 도와주지 않으신다면 그 임무는 제게 힘겨울 것입니다. 그러나 하느님께서 제게 힘을 실어주신다면 저는 무슨 일이든 기획하고 수행할 수 있습니다.

일본과 더불어 조선은 가장 흥미로우면서 가장 어려운 선교지입니다. 어려움은 많습니다. 우선 조선은 멀고 숨겨진 나라입니다. 입국이 거의 불가능합니다. 말과 풍습을 모릅니다. 그 밖에도 여러 가지 난관과 위험이 있습니다. 그러니 조선 선교는 어려울 수밖에 없습니다. 조선으로 가는 길은 육로와 해로가 있지만 둘 다 위험합니다. 육로로는 넓은 중국 대륙을 주파하고 몽골 일부를 통과한 다음에 발해만 주변 광활한 지역을 지나서 마침내 조선 북부 지역으로 잠입할 수 있습니다. 굉장히 의심이 많고 귀찮게 구는 백성이 사는 광활한 지역을 여행해야 하는 것입니다. 자칫하면 유럽 선교사라는 것이 탄로 날 수도 있습니다. 생김새, 서툰 발음, 이상한 행동 등 모든 것으로, 하다못해 침묵으로도 선교사의 정체가 탄로 날 수 있습니다. 유럽인이라는 것을 암시할 만한 물건은 하나도 지녀선 안 됩니다. 책이나 성물이 발각되어도 전국에 걸쳐 박해가 일어날 수 있습니다. 조선은 국경을 단단히 지킵니다. 외국인들은 입국할 수 없고 몰래 잠입하다가 발각되면 사형을 당합니다. 중국인들조차도 마찬가지입니다. 조선인들은 동양식 과장법으로 말하기를, 중국과 조선 사이 국경에는 감시원들이 숲 속의 나무들만큼이나 많다고 합니다. 다만 요즘에는 감시원 숫자가 줄었다고 합니다.

황해를 건너는 해로는 육로보다 짧기는 하지만 실현할 방도가 없습니다. 조선과 통상을 하는 나라가 없습니다. 조선은 가난하고 조선인들의 생산품은 형편없으므로 외국인들이 조선에 관심을 기울이지 않습니다. 조선인들은 바다를 몹시 무서워하는 나머지 조선 반도를 벗어나는 일이 좀체 없습니다. 어쩌다 조선으로 항해하는 배를 만나더라도 승선하는 것은 현명치 못합니다. 왜냐하면 조선 해변에 닿자마자 외교인들 처분에 맡겨질 것이기 때문입니다. 조선 교우들은 내륙 지방에 삽니다. 조선 교우들이 어디에 사는지 모른다는 말이 옳습니다.

조선 법에서는 조난자를 모두 포로로 간주합니다. 만일 조난자가 도망치려 한다면 사형을 당합니다. 그렇지만 해로의 어려움은 한시적입니다. 선교사가 일단 조선에 잠입해 선교에 성공하고 몇 년 동안 발각되지 않는다면 상륙 지점을 잘 파악할 수 있을 것입니다. 교우들 숫자가 불어나면 바닷길이 열릴 것입니다. 해로를 통해서 연락하기가 좀 더 쉽고 확실하게 될 것입니다. 상상도 못할 정도로 조선 정부가 (외국과 이방인을) 두려워하는 게 선교에 장애가 됩니다. 지나친 두려움 때문에 조선 정부는 의심하고 불신하다 못해 잔인하게 됩니다. 조선의 국방 정책은 치밀하다 못해 우스꽝스럽습니다. 외국 군주가 조선에 사신을 보내면 사신을 국경에 머무르게 한 다음, 사신이 지나갈 길 양쪽에다 울타리나 방책을 쳐서 사신이 무엇을 보거나 관찰하지 못하게 합니다. 그렇게 함으로써 사신이 아름다운 금수강산을 탐내는 일을 미연에 방지한다는 것입니다. 유럽인이 잠입했으리라는 의심만 나돌아도 온 나라가 경악한 나머지 아마도 그리스도인들을 모조리 학살할 것입니다. 그런 연유로 1800년(실은 1801년)에 그처럼 혹독한 박해가 일어났던 것입니다. 100척 함대가 조선을 점령하고자 조선으로 오는 중이라는 소문이 나돌았습니다. 조선 조정에선 중국 황제에게 원군을 청했으나, 다행히 중국 황제는 조선인들의 까닭 모를 공포를 가소롭게 여겼습니다.

가톨릭교회의 확장을 바라는 이들에게 조선 선교가 중요시되는 이유가 또 있습니다. 하느님의 섭리로 신앙의 뿌리가 조선에 깊이 내린다면, 조선의 지정학적 위치로 보아 거기서부터 복음의 빛이 북쪽 몽골과 조선 인근 여러 섬으로 전파될 것이기 때문입니다. 복음의 빛은 예소 섬(오키나와)과 일본에 두 번째로 비칠 것입니다. 사실 복음의 빛은 여기에 환히 비친 적이 있었지만, 빛났던 만큼이나 빨리 사라졌습니다. 조선 남동쪽 끝에서 일본까지는 불과 300리밖에 되지 않습니다. 조선에 속하는 동쪽 섬(대마도)에서 일본으로 항해한다면 양자 간의 거리는 더 짧습니다. 양자 간의 해협은 120여 리밖에 되지 않습니다. 선교사가 이 짧은 해협을 건너는 것을 하느님께선 아직 허락하지 않으셨습니다. 만일 선교사가 이 섬들의 정상에 오른다면 젖과 꿀의 강물이 넘쳐흘렀던 약속의 땅을 바라볼 수는 있겠지만 그 땅으로 들어갈 수는 없을 것입니다. 죽음의 칼을 지닌 어둠의 천사가 입국을 막을 테니까요. 110만 명 순교자들의 피가 고인 이 섬들을 선교사가 찾아갈 수 있는 길이 200년째 가로막혀 있습니다. 교회사상 유명한 이 지방에서 그리스도교를 금지한 법령은 여전히 존재하며 엄격히 준수되고 있습니다. 일본의 잔인한 쇼군(將軍)[7]들이 참하느님을 섬기던 교우들을

---

[7] 17세기 초부터 19세기의 메이지(明治) 유신 전까지 일본을 실질적으로 통치해온 무인 정권인 바쿠후(幕府)의 최고 통치자들을 말함.

집단적으로 목 졸라 죽인 시절의 금교령이 여전히 유효합니다. 영혼을 구하는 열정에 사로잡힌 용감한 사제들이 잔인한 죽음을 각오하고, 네로나 디오클레티아누스 같은 로마 황제들조차도 가할 줄 몰랐던 지독한 고통을 당할 각오를 하고 불쌍한 일본 교우들에게 영적 도움을 주고자 애썼지만 성공하지 못했습니다. 하느님께서는 선교사들의 고귀한 헌신에 만족하시고 단지 순교의 영광만 베푸셨습니다. 하느님의 심오하신 판단은 헤아릴 길이 없습니다. 축복받은 일본 열도는 몇 년 동안에, 전 세계가 1,800년 동안 배출한 순교자들보다 더 많은 순교자들을 배출하여 천상의 예루살렘을 부유케 했습니다. 이런 일본 열도가 영원히 저주받는 벌을 받을까요? 의로우신 하느님, 무한히 자비로우신 하느님, 저 무수한 순교자들의 울부짖음에 언제까지 귀를 막으시렵니까? 하느님을 위해 흘린 순교자들의 피가 아벨의 피인 양 울부짖고 있사옵니다. 피를 흘리게 한 살인자들에 대한 보복이 아니라 자비를 구하는 울부짖음을 굽어 살피시옵소서!

  전교후원회원 여러분, 그처럼 큰 희망을 안겼던 일본 선교가 아무런 기약 없이 실패했다고 생각하지 맙시다. 하느님께서는 죄인들의 죽음을 원치 않으시고 그들이 회개하여 구원받기를 바라십니다. 하느님 나라의 사절들이 들어가려는 성문을 영원히 닫아버린 것만 같은 장벽들이 언젠가는 거룩한 계약의 궤 앞에서 여지없이 무너질 것입니다(여호 6장 참조). 우리의 열렬한 기도로 그 좋은 날이 빨리 오도록 재촉합시다. 여러분이 이 기적을 이룰 수 있습니다. 의인의 항구한 기도는 위력을 발휘한다고 성령께서는 말씀하셨습니다. 하느님께서는 왕들의 마음과 백성들의 운명을 당신 손에 쥐고 계십니다. 의인은 열렬한 기도로 하느님의 엄한 심판을 누그러뜨리고, 간절하고 열절한 원의로 하느님의 자비를 재촉할 수 있습니다. 전교후원회원 여러분, 이 거룩한 일본 열도에 사는 사람들이 자기네 조상들이 믿었던 신앙을 다시 받아들여 온갖 덕행을 쌓음으로써 하느님을 영광스럽게 하는 기쁜 날이 밝아오도록 성스러운 탄식의 기도를 열심히 바치십시오. 저는 저의 간절한 소원이 성취되는 날을 볼 수 없을 것입니다. 그러나 저보다 유능한 선교사들이 이 아름다운 일을 이룩할 것입니다. 장차 일본에 갈 새로운 선교사에게 그 고귀한 일에 대해 영감만이라도 줄 수 있다면 저는 그것으로 만족합니다.

그렇지만 신앙의 가족인 조선 교우들을 돌보는 게 우선입니다. 여러 해 전부터 우리의 도움을 간청하는 조선 신입 교우들을 우선 돌보아야 합니다. 저는 이 일을 성사시키기 위해 모든 조치를 취했습니다. 이 일이 성공하려면 제가 조선으로 가면서 만나볼 주교들과 선교사 신부들의 도움이 절실히 필요합니다. 그래서 도움을 준 이들에게 감사하는 뜻으로 이 말씀을 드립니다. 특히 스페인과 포르투갈 성직자들은 자기네 선교지가 곤경에 처하는 위험까지 감수하면서 열성적으로 저를 도와주었습니다. 중국 교우들은 자기네 방식으로 저를 돕습니다. 여러 중국 교우들이 위험한 줄 알면서도 저를 안내하겠다고 자원했습니다. 중국 교우 청년(왕 요셉)은 아무런 대가 없이 순수한 신심으로, 매년 베이징에 오는 조선 사절단에 섞여 있는 조선 교우들을 만나기 위해서 방금 베이징으로 떠났습니다. 그는 중국인 젊은 사제(유방제)를 따라서 조선에 밀입국하겠다고 합니다. 죽을 각오를 하면서까지 제가 조선으로 밀입국하는 길을 마련하겠다는 것입니다.

이 방법을 지혜롭게 숙고해야 하는데, 성공할 가망이 보이는 것도 같습니다. 반신반의합니다. 저는 오직 주님께 저의 희망을 겁니다. 여러분이 기도로 저를 도와주신다면 저는 주님의 계획을 실현할 수 있을 것입니다.

솔직히 말씀드립니다. 하느님 다음으로 여러분이 저의 희망입니다. 프랑스에는 좋은 단체들이 많이 있었지만 오늘날의 전교후원회야말로 프랑스가 자랑할 수 있는 가장 고상한 단체들 가운데 하나입니다. 전교후원회는 고난을 겪고 있는 프랑스가 그것을 극복하는 방책이 될 것입니다. 미신을 믿는 백성들에게 그리스도교 신앙을 전하기 위해 온갖 고귀한 노력을 기울이고 엄청난 희생을 감수한 프랑스 국민에게 신앙의 횃불이 꺼지는 일을 하느님께서는 허락하시지 않을 것입니다. 전교후원회는 그리스도교 사랑 실천의 극치요, 외방 선교가 성공하리라는 희망의 가장 큰 보루입니다. 광활한 프랑스 제국의 가장 존경스럽고 거룩한 교우들이 늘 하느님을 향해 순결한 손을 치켜들고, 선교사를 불쌍히 여기시어 선교에 성공하도록 도와주십사고 기도한다는 생각을 할 때면 선교사는 항구한 마음을 가다듬고 다시금 용기를 얻게 됩니다. 여러분은 저희의 기대에 어긋나지 않을 것입니다. 여러분이 기도할 때 그 지향을 분명히 정할 수 있도록 돕기 위해서 저는 솔직하게 조선 선교의 위험과 희망을 말씀드렸습니다. 여러분이 저희를 위해서 하느님께 기도해주신다면 저는 아무것도 두렵지 않을 것입니다. 제가 성인들의 사랑과 사도들의 열정을 지니도록 하느님께 간청해주십시오. 천주 성부께서 당신의 거룩한 뜻에 따라 이 동방 백성들에게 선교사들을 보내주시기를 기도해주십시오. 선교사들이 어떤 어려움을 당하더라도 낙담하지 않고, 어떤 장애물을 만나도 멈추지 않으며, 어떤 위험에 처해도 겁먹지 않고, 어떤 유혹을 겪어도 넘어가지 않도록 기도해주십시오. 이 가련한 동방 백성들이 무감각한 돌멩이 같은 처지에서 아브라함의 자녀들이 되는 기적을 체험할 수 있는 강력한 은총을 청해주십시오. 하느님께서 여러분의 소원을 들어주시어 동방 백성들의 눈을 가리고 있는 눈가림 천을 벗겨주시고, 그들의 마음에 깃든 사악함을 없애주시어 정의의 태양을 보게 하시고, 선의의 사람들에게 평화를 주러 오신 분의 목소리를 귀담아듣게 하시기를 빕니다.

우리는 하느님의 이끄심과 헤아릴 길 없는 섭리를 알 수 없으므로 너무 따지지 말고 경배해야 합니다. 하느님께서는 당신 친히 영감을 불러일으키신 원의를 이루어주지 않으실 때도 있고, 당신 친히 마음속에 심어주신 소원을 충족시켜주지 않으실 때도 있습니다. 하느님께서는 단지 우리의 선의와 노력을 요구하실 따름입니다. 성공 여부는 하느님의 몫입니다. 그러니 하느님께서 선교사들을 통해서 당신 기획을 이루도록 간구하는 분수를 지킵시다. 하느님 기획의 내용은 언제나 '평화'와 '자비'입니다. 조선 선교 결과가 어찌되든지, 저는 언제나 자족하면서 하느님께 영광을 드리겠습니다. 저는 어떤 경우에도 자족하렵니다. 제가 일생일대 목표에 도달한다면 하느님 자비의 도구가 되는 혜택을 누린 셈이 될 것입니다. 제가 목표에 도달하지 못하고 도중에 쓰러진다면 비록 제가 쟁취하지는 못했더라도 (다른 선교사들이 쟁취할) 승리의 열매를 미리 맛보며 즐길 것입니다.

(마카오에서 푸젠으로) 떠나기 전날 밤에 이 편지를 올립니다. 오로지 하느님 섭리의 도우심에 의탁하면서 새로운 선교지 조선을 향해 가겠습니다.

갑사 주교 및 조선 대목구장 바르톨로메오 드림

추신: 조선 천주교회 현황을 알리는 정확하고 자세한 보고서를 접하고, 그중에서 흥미진진한 사건들을 간추려 요약했습니다. 그 요약문을 이 편지에 동봉합니다. 『전교후원회 연보』 편집장님께서 이를 좋게 보신다면 연보에 게재하시길 부탁드립니다. 조선 교회 초창기의 그처럼 건설적이고 감동적인 사건들을 전교후원회 회원들이 즐겨 읽으실 줄로 확신합니다.

조선 천주교회 약사

출처 : APF, v. 6(Lyon, 1833), ff. 552~587

1. 조선 개관

조선은 중국 북동쪽에 위치한 반도인데, 길이로는 북위 24~43도 사이에, 너비로는 동경 122~149도에 자리 잡고 있다. 조선 북쪽은 만주와 인접해 있는데 국경에는 장책이 있다. 동쪽은 동해이고 서쪽은 황해 또는 발해만이다. 남쪽은 황해와 통하는 해협이다. 남쪽 해협과 일본 사이의 거리는 불과 250~300리밖에 되지 않는다. 조선에 속하는 동쪽의 맨끝 섬(대마도)에서 일본까지의 거리는 120리가 넘지 않는다. 조선인들은 몽골족에서 유래했다고 한다. 그러나 조선인들의 품행과 관습, 조선인들의 예술과 학문은 중국인들과 같다. 종교도 같고, 글자와 언어도 같은데 다만 발음을 달리할 뿐이다. 조선인들은 명나라 때 중국인들이 입었던 옷을 입는다. 만주족이 청대에 중국에 도입한 개혁을 조선인들은 받아들이지 않는다. 그들은 코친차이나(베트남 남부 지역)사람들처럼 머리카락을 땋는다.

조선은 상업도 기업도 없는 가난한 나라다. 땅은 상당히 비옥한 편이고 농사가 잘된다. 온대 지방의 농작물과 과일을 재배한다. 여러 종류의 밀을 생산하지만, 주식은 쌀이다. 포도는 생산되지만 포도주는 만들 줄 모른다고 한다. 조선인들은 중국인들처럼 곡주를 마신다. 조선은 프랑스보다 위도가 낮지만 겨울이면 프랑스보다 훨씬 춥다.

조선인들은 모습이 매력적이고 매우 온순하다. 대체로 조선인들은 싸움을 좋아하지 않는다. 조선 북부에 사는 이들은 상대적으로 용감해서 훈련만 시키면 훌륭한 군인이 될 수 있다. 조선 여자들은 중국이나 일본 여자들보다 더 많은 자유를 누린다. 조선 임금은 중국 황제에게 예속된 봉신이다. 중국 황제가 책봉하지 않으면 조선 임금은 왕으로 행세할 수 없다. 조선 임금은 매년 베이징으로 사절단을 보내어 황제에게 경의를 표하고 관행에 따라 예물을 상납한다. 마찬가지로 조선 임금은 자기 신하와 백성에게 절대적 권력을 행사하며, 권력 행사에 대해 어느 누구의 간섭도 받지 않는다. 조선은 완전한 독립 국가인 적이 없다. 조선은 중국인들과 일본인들과 타타르인들의 침략과 지배를 차례차례 받았다. 그렇다고 해서 조선이 이들 지배자들로부터 큰 고난을 겪은 것은 아니다. 조선인의 숫자를 정확히 알 방도는 없다. 1,200만에서 2,000만 명쯤 되리라고 추산한다.

2. 임진왜란과 천주교

16세기 말에 복음이 처음으로 조선에 전해졌다. 일본의 통치자 도요토미 히데요시(豊臣秀吉)[8]가 조선을 침범했을 때 일본군 장수 중 상당수가 가톨릭 신자였다. 이들 신입 교우 장수들은 무력으로 조선인들을 제압한 다음에 조선인들에게 교리를 가르쳐 복음의 멍에를 씌우려고 했다. 일본 가톨

---

[8] 원문에는 '다이코사마'(太閤)로 되어 있으나, 알기 쉽게 '도요토미 히데요시'로 바꾸어 적었다.

릭 장수들의 애덕과 순결하고 모범적인 삶은 조선인들에게 큰 감동을 주었고 일본군과 동행한 사제들의 말에 힘을 실어주었다. 그래서 상당수의 조선인들이 개종했지만, 복음의 빛은 조선에 잠깐 비치다가 그만 꺼지고 말았다. 히데요시의 뒤를 이어 통치한 악독한 도쿠가와(德川) 막부의 군주들[9]은 200만 그리스도인들에 대해서 전국적으로 학살을 자행했다. 그리스도교를 믿는 조선인들도 이 금교령으로 희생되었을 것이다. 교회사를 보면 이 무시무시한 박해 때 순교한 조선인들의 이름이 몇몇 적혀 있다. 이 박해로 말미암아 일본의 그리스도교는 남김없이 무너졌다.

① 가이오 수사

당시 기록에 따르면 조선인 청년 신입 교우에 대한 말이 있다. 외교인이 자기 양심에 따라 살면서 바르고 순수한 마음으로 진리를 찾는다면, 하느님께서 그런 외교인을 버리느니 차라리 기적을 행하시리라는 것을 생생히 보여준 이 조선인 청년의 모범적 삶은 다음과 같다. 그는 일본인들이 조선을 침략하기 얼마 전에 태어났다. 젊어서부터 그는 영원한 복락을 찾고 싶은 열망에 사로잡혔다. 그는 자신이 갈망하는 영복(永福)을 깊이 묵상하고자 외진 곳으로 가서 살았다. 호랑이 굴에서 호랑이와 함께 살았는데, 그 사나운 짐승은 청년을 해치지 않았다. 얼마 후 호랑이는 그 굴을 양보하고 다른 곳으로 가버렸다. 젊은 은수자는 순결을 지킬 목적으로 여러 가지 고행을 일삼았다. 목숨을 부지하는 데 꼭 필요한 것 말고는 모든 것을 멀리했다. 어느 날 밤 그는 알 수 없는 영복을 얻는 방법에 대해 골똘히 생각하고 있는데

---

[9] 원문에는 Xogun-Sama 및 To-Xogun-Sama로 되어 있다.

신령한 분이 나타나 "용기를 내거라. 일 년 안에 바다를 건너가서, 많은 사건과 고난을 겪은 다음에 원하는 것을 얻을 것이다"라고 말했다. 그해가 가기 전에 빙고(備後, 지금의 히로시마)의 천주교 신자 영주 고니시 유키나가(小西行長)[10]가 이끈 일본군이 조선을 공략했다. 젊은이는 포로로 붙잡혔다. 그를 태운 배는 대마도 근처에서 파선했는데, 그는 해안에 상륙했지만 그를 태우고 가던 사람들은 수장된 것 같다. 어쨌거나 그는 자유의 몸이 되었다.

일본 중들의 엄격한 생활을 눈여겨보고, 그는 여러 해 동안 찾아 헤매던 것을 마침내 찾아냈다고 믿었다. 그는 메아코(Meaco)의 유명한 절들 가운데 하나를 택해서 조용히 지냈는데 얼마 지나지 않아서 실수라는 것을 깨달았다. 우상을 숭배하는 중들은 진인(眞人)이 아니었던 것이다. 중들의 비리를 안 그는 너무도 슬프고 괴로운 나머지 병들어 눕게 되었다. 병중에 그는 절간이 온통 불에 타버리는 환영을 보았다. 얼마 후에 매우 예쁜 아기가 나타나서 그를 위로하면서 말하기를 "겁내지 마세요. 곧 그토록 바라던 영복을 얻을 거예요"라고 말했다. 청년은 병이 채 낫지도 않았지만, 슬픈 추억들을 상기시키는 그 절을 떠났다. 바로 그날 그리스도인을 만나서 자신의 고뇌와 모험을 이야기했더니, 교우는 즉시 그를 예수회 사제관으로 데리고 갔다. 청년은 천주교 교리를 배워 익혔다. 그의 마음은 하느님의 씨앗을 받아들일 준비가 되어 있었던 까닭에 조금도 망설이지 않고 믿었으며, 아무런 어려움도 겪지 않고 복음의 진리를 맛 들였다. 그는 즉각 세례 받기를 원했다. 예수회 신부들은 그가 세례 받을 준비가 되었다고 느꼈다. 세례성사는 이처럼 잘 준비된 영혼에게 신통한 효과를 내었다. 예수회 신부가

---

[10] 원문에는 Tsucamidono로 되어 있다.

그에게 교리를 가르치면서 예수님 상본을 보여주었더니, "신부님, 제가 전에 굴 속에 살았을 적에 나타나서 저의 미래를 예언한 분이십니다!" 하고 큰소리로 말했다. 청년은 예수회 신부들을 따라 (가이오 수사)가 되었다. 그는 한센병 환자들을 비롯해서 병자들을 헌신적으로 돌보았다. 이 선택된 영혼이 실천한 온갖 덕행은 참으로 모범적이라 하겠다. 지나칠 정도로 엄격한 고행, 불행한 이들을 돌보는 애덕, 선교사들과 함께 일하고 함께 위험을 겪으면서 그들을 섬기는 정성, 영혼 구원을 위해서 힘쓰는 열성 등의 덕행을 그는 남은 생애 동안 줄곧 실천했다. 그는 있는 힘을 다해서 기회가 있을 때마다 하느님께 감사드렸다. 그가 하느님의 선물을 미처 알아채기도 전에 그처럼 많은 은총을 베푸신 하느님께 늘 감사드렸다.

그 청년은 1614년 신앙 때문에 필리핀으로 탈출한 일본 제후 다카야마 우콘(高山右近)[11]을 따라 필리핀으로 갔다. 다카야마 우콘 사후에 그는 일본으로 돌아와 전에 하던 일들을 하고 교리 교사로서 예수회 신부들을 도왔다. 박해가 나날이 더 기승을 부리자 그는 신심을 배가하여 고행과 기도를 강화했다. 하느님께서는 그의 큰 덕행을 보시고 순교의 영광을 안겨주셨다. 여느 때처럼, 감옥에 갇힌 교우들을 방문하던 어느 날 자신도 그리스도인이요 교리 교사라고 고백했다. 그러자 막부는 즉각 그를 붙잡아 나가사키 감옥에 처넣었다. 그는 감옥에서 많은 고통을 겪었으면서도 배교하지 않았기 때문에 (1627년) 화형을 언도받고 순교했다. 그는 놀라울 만큼 의연하게 그 지독한 화형을 받아들였다.

---

[11] 원문은 Ukandono로 되어 있다. 도요토미 히데요시의 신하로, 히데요시의 아들 히데요리를 일본 통치자로 추대하려는 제후 집단인 서군(西軍)의 제후 중 한 명이었다. 훗날 도쿠가와 이에야스가 이끄는 동군(東軍)에 패한 뒤 필리핀으로 망명했다.

② 권 빈첸시오 가베에(嘉兵衛) 수사

많은 예수회 회원들과 함께 순교한 권 빈첸시오 가베에 예수회 수사 역시 조선인이었다. 그는 조선 궁정 고관의 아들이었다. 그의 아버지는 일본인들을 물리치려고 출정하면서, 아들의 신상을 염려하여 지인에게 부탁해서 가족과 함께 아들을 난공불락의 성채로 데려가도록 조치했다. 그러나 하느님께서 그를 그리스도인으로 부르셨고 순교하도록 예정하셨기 때문에 그는 길을 잃고 말았다. 안내자와 헤어져 그는 우연히 일본군 진영 근처로 가게 되었다. 이제 겨우 13세 된 소년은 일본군을 두려워하기는 고사하고 그 나이에 걸맞게 호기심이 발동해서 일본군을 자세히 보고 싶어 했다. 그는 무슨 짓을 저지르는지도 모르고 빙고 지방 제후(고니시 유키나가) 총사령관 막사로 다가갔다. 그리스도교 신자인 제후는 준수한 고아 소년을 보고 연민의 정이 발동해서 자애로이 그를 거두어 친척에게 맡기면서 전쟁이 끝날 때까지 돌보게 했다. 제후는 소년의 교육을 예수회 회원들에게 맡겼다. 예수회 회원들은 그에게 교리를 가르치고 세례를 베풀었다. 권 빈첸시오는 예수회 회원들에게 정이 가기도 하고 고맙기도 해서 그리스도교 신앙으로 자신을 재생케 한 예수회 회원들과의 인연을 계속해서 가꾸려고 했다. 그는 예수회 회원들의 사도직 수행에 늘 동행했다. 그러다 그는 예수회 회원들과 함께 붙잡혀 시마바라 감옥에 갇혔다. 옥고만 해도 견디기 어려운데, 이 신앙의 증인들은 더 큰 고통을 자초했다. 이들은 옥고의 어려움을 가중시키고자 가장 포악한 간수들을 원했던 것이다. 그러나 이들의 천사 같은 삶과 인내와 성덕은 드러나게 마련인지라, 간수들의 포악성마저 누그러뜨렸다. 간수들은 인간을 드높이 고양시키는 그리스도교에 감탄하기 시작하다가 마침내 그리스도교를 받아들이는 경우도 자주 생겼다. 그래서 죄수들을 너무 인간적으로 대한다는 이유로 다른 간수들로 대치했지만, 새 간수들도 이들에게 감화되었다. 결국 관장은 동정심이라곤 전혀 없는 무자비한 간수를 찾지 못해서 분개한 나머지 죄수들의 처리를 친척 관리에게 맡겼는데, 이 관리로 말할 것 같으면 사람이기보다는 사나운 짐승에 가까운 작자였다. 그는 그리스도교를 극도로 증오했다. 그러나 이 사람도 죄수들을 대한 지 8일 만에 자기도 그리스도인이 되겠다고 선언했다. 관장은 친척의 개종에 분개하기도 하고 놀라기도 한 나머지 이 신입 교우를 우상숭배로 되돌리려고 꾸짖기도 하고 위협하기도 했다. 그러나 신입 교우는 한결같이 대꾸했다. "관장님께서는 직업과 재산을 박탈하고 제 목숨까지 빼앗을 수 있습니다. 그러나 제 정신을 바꿀 수는 없습니다. 저는 그리스도인으로 살고 그리스도인으로 죽겠습니다."

관장은 신앙의 증인들을 감옥에 가두어봐야 그들의 믿음을 바꿀 수 없다는 사실을 간파하고 한 사람씩 따로 형벌을 가하기로 했다. 집단적으로 형을 가하면 서로 격려할 테니까. 그래서 제일 먼저 권 빈첸시오에게 형벌을 가했다. 그가 외국인이므로 쉽게 항복할 줄로 생각했던 것이다. 관장은 그를 불러 온갖 감언이설로 달랬다. 배교하면 이렇게 저렇게 해주겠노라고 매혹적인 약속을 했다. 아울러 즉각 배교하지 않으면 무시무시한 형벌을 가하겠다고도 위협했다. 그러나 권 빈첸시오가 관장에게 한 답변은 간결했다. "저는 그리스도인입니다. 저는 절대로 그리스도교를 버리지 않겠습니다." 그 순간 관장은 그를 발가벗겨 살을 에는 찬바람을 맞게 했다. 그리고 관장은 자신이 판관 신분이라는 것도 잊고 형리 노릇을 했다. 관장이 손수 불에 달군 집게로 고문했으나, 권 빈첸시오는 그 모진 형벌을 받고도 웃기만 했다. 그러자 관장은 독약을 마시게 했고, 그는 엄청난 양의 피를 토하고 실신했다. 그러나 즉시 의식과 기운을 회복했다. 그리고 이때부터 발과 손이 약간 마비된 것 말고는 아무런 고통도 느끼지 않았다. 형리가 계속해서 며칠 동안 괴롭혔지만 권 빈첸시오의 믿음을 꺾을 수는 없었다. 그러고는 그를 벽도 없이 탁 트인 오막살이 감옥에 처넣었다. 권 빈첸시오는 굶주린 채 모진 바람을 맞으면서 24일간이나 견뎠다. 함께 갇혀 고통을 받던 예수회 회원들과 더불어 그를 나가사키로 압송해 화형에 처하라고 군주가 명했을 때 그는 겨우 숨만 붙어 있는 상태였다. 그는 숨을 거두기 전에 예수회 관구장 파체코 신부에게, 자신을 예수회에 받아주십사고 간청했다. 관구장 신부는 쾌히 승락하고, 둘이 함께 화형을 받아 목숨을 바치는 현장에서 권 빈첸시오의 서원 서약을 받았다. 권 빈첸시오는 1626년[12]에 순교했다.

③ 오타 줄리아 동정녀

거의 같은 시기에 조선 처녀 오타 줄리아도 비슷한 용기를 보여주었다. 도요토미 히데요시 후임 군주인 도쿠가와 이에야스가 전국에 박해를 일으켰는데 이 박해는 그리스도교가 일본에서 소멸될 때까지 계속되었다. 그는 그리스도교를 신봉하는 제국의 모든 고관들과 궁중의 모든 부인이 배교하기를 바랐다. 그러나 그는 이들 모두의 항구한 신앙심을 이길 도리가 없음을 깨닫게 되었다. 고귀한 피를 타고난 줄리아는 도쿠가와 이에야스 군주의 궁에서 자랐다. 도쿠가와 이에야스는 줄리아를 매우 사랑해서 그녀와 결혼할 생각까지 했다. 그러자면 줄리아가 개종해야만 했다. 그러나 줄리아는 독재자 군주의 청을 단호히 거절하고 즉석에서 동정 서원을 했다. 그

---

[12] 원문에는 '도쿠가와 히데타다 2대 쇼군 때'로 되어 있다.

녀는 자신이 그리스도인이라는 표시를 공공연히 드러냈을 뿐 아니라, 그리스도인들이 모이는 여러 집에 드나들곤 했는데, 이는 일본에선 파격적인 처신이었다. 일본 여자들은 여럿이서 함께 외출하고, 그것도 아주 드물게 집을 나선다. 줄리아는 일부러 파격적 처신을 일삼아서 어떻게 하든지 군주로부터 순교의 영예를 얻고자 했던 것이다. 박해 시대에 그렇게 처신하는 것은 화형 또는 그보다 더 지독한 형벌을 자초하는 일이었다. 군주는 외국인 처녀 하나를 제압하지 못하는 것을 수치로 여긴 나머지 온갖 방법으로 그녀를 공략했다. 그러나 줄리아를 이길 도리가 없게 되자 그녀를 궁정의 다른 두 여자와 함께 심복 부하에게 넘겼다. 줄리아는 심복에 의해 이 섬 저 섬으로 유배되었다. 마침내 줄리아는 동료들과 떨어져서 가난한 어부들이 오두막집에 기거하는 고도(고즈시마 神津島)에 홀로 유배되어 40년을 보냈으니, 거의 한평생 유배 생활을 한 셈이었다. 인간적으로는 위로를 받을 길이 없었지만, 그녀는 하느님의 풍성한 은총을 받았다. 한 가지 아쉬운 점이 있었다면 예수 그리스도를 위해서 피를 쏟아 순교할 수 없었다는 것이었다. 줄리아는 예수회 선교사에게 쓴 편지에서 순교하지 못해서 슬프다는 말을 한 적이 있다. 선교사는 줄리아에게 보낸 답서에서, 교회는 순교자 못지않게 신앙 때문에 유배된 이들을 공경한다고 하면서 순교의 기회를 놓쳤다고 해서 아쉬워할 필요가 없다고 위로했다. 이 말을 들은 줄리아는 매우 기뻐하면서 모든 불안을 극복했다. 일본 교회사 기록을 보면 또 한 명의 조선인이 유명한 예수회 회원 샤를르 스피놀라와 함께 화형을 받아 순교했다고 한다.

3. 이승훈의 영세(1784년)와 김범우의 유배(1785년)

대략 160년의 세월이 흘러 정말 경이로운 방법으로 그리스도교가 다시 조선에 전파되었다. 1784년 조선의 젊은 선비 이(승훈)은 동지사(서장관)인 아버지를 따라서 베이징에 왔다. 그는 수학을 익히고 싶은 생각이 간절해서 (베이징 북당에 있는) 유럽 선교사들을 찾아가 수학 서적들을 요청했다. 선교사들은 이 기회를 이용해 그에게 신앙 서적들도 주었다. 젊은 조선 선비는 천주교의 고상한 교리와 순정한 도덕에 감동을 받아 천주교를 깊이 알고자 했다. 하느님의 은총이 젊은 선비의 마음에 작용해서, 책을 읽고 깨닫기 시작한 교리를 선교사들의 가르침으로 더욱 깊이 깨닫자 그는 그리스도인이 되고자 했다. 천주교 신자는 부인을 하나만 둘 수 있다고 하자 젊은 선비는, 자기는 부인이 하나밖에 없지만 만일 부인이 여럿 있었다 해도 그들을 내보내고 그리스도인이 되기로 마음먹었을 것이라고 했다. 그래서 그는 베드로라는 세례명으로 세례를 받았다. 이 신입 교우는 곧 사도로 변했다. 그는 귀국해서 자신이 받은 은총을 친지들에게도 베풀고자 천주교 (교리)를 가르쳤다. 그의 친척과 친구들이 처음으로 입교하고, 이들이 또 천주교를 다른 이들에게 전했다. 남자들 못지않게 여자들도 열심히 믿었다. 5년도 안 되어 서울과 지방에 천주교 신자가 4,000명이나 되었다.

천주교는 궁정과 여러 지방에 공공연히 전파되었다. 특히 양반들 사이에 참되신 하느님을 믿는 이들이 많았다. 1788년(실은 1785년) 형조 판서[13]는 김(범우) 토마스를 외국 종교를 전파했다는 죄목으로 체포했다. 동아시아 모든 지역에선 천주교를 좋은 종교라고 인정하면서도 외국 종교이기

---

[13] 원문에는 '한성 부윤'으로 되어 있다.

때문에 배척한다고 한다. 김 토마스가 체포되었다는 소식을 듣고 여러 신입 교우들이 스스로 관장에게 가서, 자신들도 천주교 신자로서 천주교를 전파했노라고 자수했다. 관장은 천주교 신자 숫자에 놀라서 모두 집으로 돌려보내고 김 토마스만 유배 보냈는데, 그는 1788년(1785년~1786년의 잘못) 유배지에서 죽었다. 이것이 조선 교회 박해의 시초인데 천주교 신자들은 이에 겁을 먹기는 고사하고 더욱 용감하게 되었다. 천주교는 나날이 퍼져 나갔다. 그러나 조선 교우들 스스로는 해결할 수 없는 몇 가지 의문점이 있었다. 분명하게 알아들을 수 없는 사항들도 있었고 실천할 수 없다고 여겨지는 조항들도 있었다. 그래서 베이징으로 교우 대표를 보내어 (구베아) 베이징 주교의 지시를 받기로 했다.

4. 성직자 영입 실패와 신해박해(1791년)

(예비 신자 윤유일) 바오로가 이 심부름을 맡았다. 그는 베이징에 있는 동안 (1790년 2월 5일 영세한 다음) 견진성사와 성체성사를 받았다. 그는 감시의 눈을 피하려고 명주 조각에 쓴 베이징 주교의 사목 서한을 가지고 왔다. 그는 귀국해서 베이징에서 본 것을 동포 교우들에게 이야기했다. 베이징에서 방문한 여러 성당의 아름다움, 그가 참례한 장중한 전례와 장엄한 성무일도, 자신이 받은 세 가지 성사, 멀리 유럽에서 온 선교사들을 만난 일 등을 조선 교우들에게 이야기했다. 조선 교우들은 바오로의 이야기를 듣고 열망이 치솟아, 어떤 대가를 치르더라도 베이징에서 사제들을 모셔 와서 성사를 받고 싶어 했다. 그래서 조선 교우들은 다시금 윤 바오로와 예비 신자 오(吳)를 베이징 주교에게 보내 사제를 보내달라고 간청했다. 베이징 주교는 조선 교우들의 청을 들어주기로 약속했다. 그는 미사 거행에 필요

한 성물들을 주면서 미사용 포도주를 만드는 법도 가르쳐주었다. 사제를 보낼 테니 조선 교우들이 국경의 약속한 장소에서 그를 맞이하라고 지시했다(달레, 『한국 천주교회사』 '상', 326~329쪽 참조).

1791년 정초에 (요한 도스 레메디오스) 신부가 베이징을 떠나 전에 조선 교우들과 약속했던 곳(중국과 조선 국경인 펭후앙성)으로 갔지만 조선 교우들이 나타나지 않았다. 조선 교우들이 약속을 지키지 않은 까닭을 알 수 없던 차에, 지난번 (김범우 토마스) 박해 때보다 더 심한 박해가 조선에서 일어났다는 비보가 베이징에 날아들었다. 박해가 새로 일어난 연유는 다음과 같다.

윤지충(尹持忠)[14] 바오로의 어머니는 임종을 맞아 자식들에게, 자기 장례 때 미신적 행위를 일체 하지 말라고 유언했다. 자식들은 그러겠다고 약속하고, 그 약속을 지켰다. 친족들과 친지들은 장례를 치르려고 모여서 조상 위패를 모시려 했다. 바오로는 자신의 조상 위패를 태워버렸다고 주저하지 않고 말했다. 이에 친족들은 분개하며 그리스도교에 저주를 퍼부었다. 그러나 바오로와 야고보(권상연)는 친족의 비난에 조금도 굴하지 않고 단호히 대답했다. "저희는 천주교 신자이고 (윤 바오로의) 어머니도 천주교 신자였습니다. 천주교에서는 조상들에게 미신 행위를 하는 것을 금합니다. 그래서 저희는 조상 위패를 없앴고, 그것을 다시 모실 생각이 없습니다. 저희 생각을 바꾸느니 차라리 죽을 각오가 되어 있습니다." 친척들은 감정을 억제하지 못하고 즉시 관장에게 끌고 가서 불효죄로 고발했다. 바오로는 친족들이 고발한 죄를 시인했다. 그는 천주교의 진리를 설명하고 조상 제사의 오류를 설명했다. 바오로의 가문과 사이가 나빴던 관장이 자신의 적개심을

---

[14] 원문에는 '윤 바오로와 권 야고보'로 되어 있다.

충족시킬 수 있는 절호의 기회를 놓칠 리 없었다. 그는 이들의 죄상을 적은 문서를 작성하여 임금에게 올렸다(달레,『한국 천주교회사』'상', 333~353쪽 참조).

(정조) 임금은 선하면서도 소심했기에 (감사의 보고를 받고) 놀랐다. 왕은 조사관을 임명하여 천주교 신자들을 모두 조사해 보고하라고 지시했다. 그 결과 신입 교우들 대부분이 체포되었다. 바오로와 야고보 형제(내외종 간) 는 새 관장에게 압송되어 불효죄로 심문을 받았는데, 첫 번째 심문에서와 마찬가지로 이렇게 대답했다. "어머니가 유언하신 대로 저희는 조상 위패 를 불태워버렸습니다. 위패를 모시고 제사 지내는 것은 미신입니다. 저희 는 천주교 신자로 살고 천주교 신자로 죽고 싶습니다. 하느님의 법에 어긋 나지 않는 한 저희는 임금님과 국법에 언제나 순종하려고 마음먹고 있습 니다." 관장은 이런 답변에 만족하지 않고 질문을 계속했다. 형벌과 회유 로도 이 용감한 신앙 증인들의 굳은 믿음을 꺾을 도리가 없자, 이들이 외래 종교를 믿었다는 죄목으로 관장은 사형을 언도했다. 관장은 관례에 따라 사형 언도문에 임금의 재가를 받고자 했는데, 임금은 주저했다. 임금은 훌 륭한 성품을 지닌 바오로를 아꼈고 바오로의 가문도 조정에서 크게 신임 을 얻고 있었기 때문이었다. 그래서 임금은 관리들을 감옥으로 보내어, 두 형제가 위패를 다시 만들도록 왕명으로 종용했다. 형제들이 왕명을 거절 하자 임금은 자기에게 도전하는 것으로 보고 사형 언도문에 서명하고 즉 시 사형 절차를 밟게 했다. 권 야고보는 이제까지 겪은 형벌로 말미암아 극 도로 쇠약해진 까닭에 겨우 예수 마리아 등 거룩한 이름들만 불렀다. 바오 로는 사형장으로 가면서 이 신기한 사건을 구경하려고 모여든 많은 외교 인들에게 계속 천주교 신앙을 설명했다. 형장에 도착하여 형리가 형제에 게, 조상에게 제사를 바칠 것과 외래 종교를 포기할 것을 다시금 종용했지

만, 그들은 단호히 거절했다. 이에 형리는 바오로에게 사형 판결문을 읽으라고 명했다. 바오로는 기쁜 마음으로 사형 판결문을 받아들고 크고 힘찬 목소리로 읽은 다음 머리를 통나무 위에 누이고 예수 마리아 등 거룩한 이름을 여러 번 불렀다. 그러고는 형리에게 사형을 집행하라는 신호를 보냈다. 형리가 바오로의 목을 자른 다음에, 역시 예수 마리아 이름을 읊조리고 있는 야고보를 처형했으니, 때는 1791년 12월 7일(12월 8일의 잘못)이었다.

(정조) 임금은 사형 언도문에 서명한 것을 후회하여 사형 집행을 유예하라고 명령했지만 사형 유예 명령이 도착했을 때는 이미 사형이 집행된 뒤였다. 두 순교자의 시신은 9일 동안 방치하고 간수들이 지켰다. 이 슬픈 광경으로 그리스도인들에게 겁을 주려고 했던 것이다. 9일 후에 친족에게 시신들을 내어주고 장례를 치르게 했다. 사람들은 시신이 굳지도 않고 썩지도 않은 것을 보고 매우 놀랐다. 얼굴 모습도 변하지 않았고 피도 진홍색을 띤 액체 그대로였다. 때는 10월 중순이었고, 이때쯤이면 조선의 날씨는 몹시 추워 집에 있는 물조차 얼어붙는 지경이었으니, 시신과 피가 얼어 굳어지지 않은 것은 예삿일이 아니었다. 외교인들은 이 기적을 보고 감탄했다. 외교인들은 '무죄한 사람들이 처단되었다'고 외쳤고, 몇몇이 개종하는 일까지 있었다. 그래서 포도대장은 신앙의 증거자들을 다스릴 엄두를 내지 못했다. 그는 이렇게 말했다. "내가 천주교 신자들의 책을 읽어보니 이들을 죽이면 죽일수록 더욱 많은 외교인들이 천주교를 믿게 된다. 천주교 신자들은 죽음을 두려워하지 않는다. 그들이 교회를 위해 피를 쏟아 순교하면 초자연적 인물로 공경을 받는다." 그래서 그는 회유와 위협을 하는 정도로 만족했다. 그러나 형벌 못지않게 회유와 위협도 성공하지 못하자 왕은 그 이듬해에 이르러 천주교 신자들을 모조리 체포하라고 명했다.

5. 주문모 신부 밀입국(1794년), 을묘박해(1795년)와 신유박해(1801년)

베이징 주교(구베아 주교)는 조선에 선교사 한 사람을 보내려고 했다. 그가 보낸 첫 번째 선교사(요한 도스 레메디오스)는 조선에서 발생한 신해박해 때문에 조선에 밀입국할 수 없었고 얼마 후 그는 죽었다. 베이징 주교는 그 대신 24세쯤(42세의 잘못) 되는 젊은 신부를 보냈다. 공덕과 신심이 출중한 사제인데, 프랑스 식 이름은 자크 벨로(Jacques Velloz), 중국 이름은 주문모(周文謨, 야고보)였으며, 조선으로 밀입국하면서 이 씨로 바꾸었다. 1794년 (2월) 베이징을 떠나 조선 국경에 도착했으나 (압록강의 얼음이 녹아 조선으로 건너갈 수 없는) 난관에 봉착, 이듬해에야 목적지에 도착할 수 있었다.[15] 조선 교우들은 주 신부를 맞아 기뻐 어쩔 줄을 몰랐다. 그는 (세례)성사를 집전하고 필담으로 고해를 들었으며 예수 부활 대축일을 맞아 처음으로 미사를 드리고 교우들에게 성체를 나누어주었다. 이것이 예수 그리스도께서 교회를 세운 이래 조선에서 맨 처음으로 봉헌된 미사성제였다. 주 신부는 즉각 조선말을 배우기 시작했다. 조선 조정은 주 신부의 밀입국을 알아챘다. 1795년 6월 신입 교우 배교자(한영익 진사)가 주 신부의 은신처를 알아내어 조정에 밀고했던 것이다. 밀고 현장에는 군관도 있었는데 자신도 배교자이기는 하지만 밀고자의 소행을 괘씸하게 여긴 나머지 즉시 주 신부에게 달려가서, 체포될 위험에 처했으니 피신하도록 종용했다. 골룸바(姜完淑)라는 부인이 죽을 위험을 무릅쓰고 주 신부를 자기 집에 숨겼다. 이 때문에 골룸바는 장차 순교하게 된다. 조정에서는 주 신부를 찾아낼 길이 없자, 주 신부를 (계동) 자기 집에 처음으로 모셨던 최 마티아(崔仁吉), 그리고 주

---

[15] 주문모 신부는 1795년 1월 4일 서울에 도착했다.

신부를 조선으로 밀입국시켰던 지 사바(池璜)와 윤 바오로(尹有一)를 체포했다. 주 신부와 관련하여 심문했지만 모두 입을 열지 않았다. 매질하고 정강이를 부수었지만 한마디도 발설하지 않았다. 재판관은 화가 치밀어, 이들의 침묵을 모욕으로 간주하고 실토할 때까지 형벌을 가하도록 명령했다. 이 명령을 엄격히 따랐건만 거룩한 순교자들은 전혀 실토하지 않고 (1795년 6월 28일) 죽음을 맞았다.

임금은 성품이 온화한 분이라 전국적으로 박해령을 내릴 생각을 하지 않고 단지 관리들의 경우 삭탈관직하는 것으로 만족했다. 무관들의 경우에는 천주교를 믿으면 강등 조치를 내렸다. 조선의 첫 교우 이(승훈) 베드로는 유배되었다. 임금은 이처럼 절제된 행동을 취했지만, 기분에 좌우되고 천주교에 대해 적개심을 품은 지방 관헌들은 천주교 신자들을 괴롭히곤 했다. 이들 포악한 관리들의 노여움을 벗어나고자 많은 신입 교우들이 집과 가산을 버리고 인적이 드문 산골로 피신했다. 배교자들이 생겼지만 그 숫자는 많지 않았다. 어떤 교우들은 드러나게 배교하지는 않고 자기네 신앙생활을 숨겼다. 그러나 교우들 대다수는 신앙을 확고히 견지하고 신앙을 위해서 모든 것을 희생했다.

1800년에는 복음이 나날이 전파되어 진정으로 개종한 교우들 숫자가 1만 명이 넘었다. 주 신부가 어느 산골에서 선교하던 중 임금(정조)이 죽었다. 후계자 아들(순조)은 아직 어렸기 때문에 그 어머니(실제는 대왕대비 정순왕후)가 수렴청정을 했다. 천주교를 반대하던 고관들은 온갖 술수로 대왕대비에게 압력을 가해 전국으로 천주교를 박해토록 했다. 모든 계층에, 심지어 최고위층에까지 천주교 신자들이 많다고 경종을 울렸던 것이다. 하느님께서는 이들의 음흉한 박해 계획이 성공하도록 허락하셨다. 어전 회의를 열었는데, 한 고위 참석자는 용감히 천주교를 변호하다가 교수형을 당했다. 이 사람은 천주교 신자라고 한다. 어전 회의에서 박해를 결의했고 박해는 끔찍했다. 천주교 신자 고관 여럿이 체포되었다. 이(승훈) 베드로는 유배에서 방면되었다가 이때 다시 체포되었다. 그리스도인들은 발각되기만 하면 모조리 감옥에 처넣었다. 천주교의 가르침을 익혀 신자가 되지 않았을지라도 그 가르침을 들었을 것이라는 짐작만 가도 붙잡아 넣었다. 밤낮을 가리지 않고 천주교 신자들을 심문했다. 조선 교우들의 이야기를 옮겨 적는다.

"일 년 내내 박해가 계속되는 동안 조정에선 교우들의 항구한 신앙심을 꺾으려고 가공할 형벌을 가했다. 그때까지 듣도 보도 못한 형벌들을, 이름도 붙일 수 없는 형벌들을 새로 고안해냈다. 알렉시오(황사영)는 유럽 선교사를 조선에 모시고자 애쓴 분인데, 대역부도죄로 붙잡혀 능지처참으로 순교했다. 그가 순교한 다음에, 감옥에 갇힌 교우들을 모조리 끌어내어 참수했다. 이때 이(승훈) 베드로도 순교한 것으로 보인다. 얼마나 많은 교우들을 형벌에 처하고 죽였던지, 조선 왕국 개국 이래 이런 참상은 처음으로 겪는다는 게 조선인들의 생각이었다. 고관들, 궁인들과 궁녀들, 선비들, 양반들, 부자들, 장인들, 노동자들, 장사꾼들, 잡화상들, 여자들, 어린이들을 가릴 것 없이 각계각층의 사람들이 천주교를 믿었다는 죄목으로 형벌과 죽임을 당했다. 모든 백성이 수군거렸고 모두 고통을 겪었으며 끝이 안 보이는 무자비한 폭거를 비난했다.

위험은 나날이 더해갔다. 주 신부는 자신을 붙잡으려고 혈안이 된 포졸들의 눈을 피하기가 점점 어려워졌다. 외교인 고관이 천주교 교리를 배우려는 척하면서 신부의 은신처를 알아냈다. 주 신부는 그동안 여러 차례 거처를 옮기곤 했다. 주 신부는 자수하기로 결심하고 1801년 4월 말경에 스스로 감옥행을 택했다. 주 신부는 심문에 성실히 답했는데 다른 사람에게 해가 될 말은 하지 않았다. 그는 호교론을 전개해 천주교 교리를 설명하는 글을 썼다. 자기가 조선에 온 목적은 오직 하느님께 영광을 드리고 조선 백성의 구령을 위해서라고 단언했다. 주 신부의 글은 조정 서고에 보관되어 있다. 주 신부의 신상을 두고 조정에서는 여러 가지 견해가 있었다. 그를 중국으로 돌려보내야 한다는 견해가 있었는가 하면, 좀 더 자세히 알아봐야 한다는 견해도 있었다. 그러나 대다수는 사형을 요구했는데, 결국 이 견해가 채택되었다. 1801년 5월 21일(5월 31일의 잘못) 군인들은 신부를 수레에 태우고 사형장(새남터)으로 끌고 갔다. 군인들은 형장에서 병영을 세 번 돌게 했는데, 이는 백성에게 경각심을 불어넣으려는 것이었다. 거룩한 증거자는 만나는 사람들 모두에게 예수 그리스도를 알렸다. 알리면서 그는 이렇게 말했다. '저는 하느님의 진리를 위해서 죽습니다. 십 년 안에 여러분은 엄청난 재앙을 겪을 것입니다. 그때 여러분은 저를 떠올릴 것입니다.' 외교인들은 이 말을 듣고 큰 충격을 받았다. 주 신부는 무릎을 꿇은 다음 두 손을 합장하고 아주 의연하게 죽음을 맞이했다.

주 신부가 처형되기 직전, 그때까지 맑고 청명했던 하늘이 갑자기 먹구름으로 뒤덮였다. 그리고 세찬 바람이 일어 모래가 날리고 돌이 구르면서 장대비가 내렸다. 세상이 어찌나 어두운지 아주 가까이 있는 물건도 분간할 수 없을 지경이었다. 그러다가 거룩한 순교자의 영혼이 하늘에 오르자 다시 시야가 밝아지고 비바람이 멈추었으며 햇빛이 어느 때보다도 쨍쨍 비쳤다. 그런가 하면 멀리 무지개가 겹겹이 나타났다. 또한 흰 구름이 뭉게뭉게 피어올랐다가 북서쪽 지평선으로 내려가서 사라졌다. 사람들은 이런 현상들을 목격하고 큰 감동을 받았다. 무죄한 의인을 죽였다는 말이 공공연히 나돌았다. 주 신부의 시신은 형장에 사흘 동안 방치되었다가 그 후에 군인들이 은밀히 어디론가 가져갔다. 교우들은 군인들이 무슨 짓을 했는지 알 수 없었다."

현장을 목격한 교우들이 쓴 글을 읽어보면 조선 교우들은 주 신부를 매우 칭송했다. 주 신부는 재주와 덕성이 뛰어났다. 매우 지혜로운데다 지칠 줄 모르고 사목했다. (조선 말을) 공부하고 영혼 구원에 시간을 쏟기 위해서 밤잠을 줄였다고 한다. 그는 계속해서 단식과 고행을 실천했다. 그의 공덕이 출중했다는 가장 분명한 증거는 24세(42세의 잘못)밖에 안 되는 그를 중요한 조선 선교의 유일한 책임자로 구베아 베이징 주교가 선발했다는 사실이다. 주 신부를 여러 해 동안 모신 강(완숙) 골룸바는 주 신부의 생애와 사목 활동을 글로 썼다고 하는데 나는 그 글을 받아보지 못했다.

주 신부가 순교했건만 조선 신입 교우들의 열성은 줄어들지 않았다. 박해가 계속되던 중이었는데도 조선 교우들은 베이징 주교에게 교우 대표를 보내어 또 사제를 보내달라고 간청했다. 그런데 그 교우가 국경에서 붙잡혀 여러 편지가 발각되는 바람에 베이징 주교와 조선 교우들 간의 관계가 드러나고 말았다. 그 교우와 그와 동행한 신입 교우 둘은 즉각 조정으로 압송되었다. 이들은 신앙을 견지하면서 참수형을 받았다. 조정은 놀라서 온 유럽이 조선을 침공할 준비를 하고 있다고 믿었다. 그래서 중국 황제에게 편지를 써서, 유럽 군함 100척이 곧 조선을 침공할 것이니 청나라군을 파견해달라고 간청했다. 다행히 중국 황제는 그 말을 대수롭지 않게 여기고 이 소동을 비웃었다. 황제는 조선 임금에게 말하기를, 유럽 선교사들은 어떤 시련을 겪어도 국가에 반기를 들지 않을 성실한 사람들이라고 했다. 선교사들이 중국에서 200년 동안 활동하고 있지만 그 행동이 나무랄 데 없다는 말도 덧붙였다. 그러나 조선 임금이 그처럼 겁이 난다면 국경을 잘 지키라고 충고했다. 박해는 조금씩 누그러졌다. 감옥에 갇힌 평민 교우들은 석방되었다. 앞서 두 박해 때 순교한 이들을 빼고 신유박해 때 순교한 이들만도 140명이 넘었다. 더러는 능지처참으로 순교했고, 더러는 고문으로 순교했다. 대부분은 목이 졸려 순교했거나 참수당했다. 400명이 넘는 교우들이 신앙 때문에 유배형을 받았다. 고문을 당하고 풀려난 교우들과 오랫동안 옥고를 치르고 풀려난 교우들의 숫자는 알 길이 없다. 신유박해 이후에도 여러 박해가 있었다고 하지만 확실한 정보는 없는 것 같다.

조선 교우들은 30년도 넘게 성직자를 모시지 못하고 살았는데, 그동안 로마 교황과 베이징 주교에게 계속 편지를 보내 사제를 보내달라고 간청했다. 조선 교우들은 여러 차례 대표를 뽑아 베이징 주교 또는 난징 주교에게 파견했다. 이 주교들은 선의를 품었지만 불쌍한 조선 교우들을 돕겠다는 뜻만 표명했을 뿐이다. 나는 조선 교우들의 염원이 실현되기를 간절히 바란다. 거룩한 성직자들이 많은 프랑스 교회에 조선에 파견할 성직자가 한 명도 없단 말인가? 다른 여러 선교지에는 말씀의 빵을 풍부하게 나누어준다. 그런데 그처럼 많은 공덕을 쌓은 조선의 신입 교우들에게는 빵 부스러기조차 거절하려는 것인가? 조선 교회는 역사가 짧지만, 가장 위대한 여러 교회들의 영광을 이미 압도했다. 신자 1만 명의 조선 교회가 한 해 동안에 배출한 순교자들과 증거자들의 숫자는 여러 나라 교회가 한 세기 동안 배출한 숫자보다도 많다. 이처럼 칭송할 만한 열성으로 말미암아, 발로 진주를 짓밟곤 하는 외교인 무리가, 진주처럼 귀한 복음을 전하는 선교사를 죽이는 이들 외교인 무리가, 하느님의 선물을 받아들이는 신앙인들로 변했다. 하느님의 섭리로 사랑스런 자녀가 된 조선 교우들, 기적적으로 살아남은 조선 신입 교우들이 언제까지 말씀의 빵을 받아먹지 못하고 있어야 한단 말인가? 신앙의 가족들인 이들이 언제까지 신성불가침의 권리인 성사를 받지 못하고 있어야 한단 말인가? 이야기를 하다 보니 주제에서 벗어났다. 우리 자신이 조선 교우들을 위해서 더 할 수 있는 일이 없다면, 저들을 도와주십사고 하느님께 기도를 드려야겠다.

조선 교우들 스스로 동족의 순교에 관해서 여러 가지 기록을 남겼는데, 그중 몇 가지를 뽑아서 간추려보겠다. 1811년 조선 교우들은 교황님께 올린 편지에서 조선 순교자들에 관해 다음과 같이 썼는데, 그 무렵 (비오 7세) 교황은 (나폴레옹에 의해 이탈리아 사보아, 그리고 프랑스 퐁텐블로에) 유폐된 상태였다. "저희는 순교자들의 행적을 여러 권에 걸쳐 기록했습니다. 저희는 교황님께 올리는 이 편지를 비단에 적었는데, 심부름꾼 교우가 그것을 옷 속에 숨겨 갖고 가기에 편리하기 때문입니다. 이 경우에 편지가 발각되어 목숨을 잃을 확률은 1만 분의 일입니다. 저희가 순교자들에 대한 방대한 기록을 교황 성하께 보내는 것은 불가능합니다. 그래서 단지 주 야고보 신부와 교리 교사 강 골룸바와 기타 10명의 행적만 보내고 거기에다 가장 돋보이는 순교자 45명의 명단을 덧붙입니다. 이들 모두의 행적을 적은 책은 여러 권이나 됩니다. 앞으로 기회가 주어지면 겸손되이 교황님께 이 책들을 보여드리겠습니다. 그리고 순교의 은총을 청하다가 실제로 순교한 이들이 140명이 넘는데 그들 한 명 한 명의 행적을 적었습니다. 그것들을 보관할 적임자들을 구하자면 시간이 걸릴 듯합니다. 선교사가 다시 조선에 오면 그것들을 인쇄할 생각입니다. 이들은 가난한 조선 왕국의 순교자들이나, 거룩한 교회의 품에 안기는 복락을 누렸습니다. 이들의 이름은 생명의 책에 적혀 있으며, 이들의 공덕은 정의를 위해서 죽은 이들의 공덕과 함께 적혀 있습니다. 진실로 이들은 하느님께 의합하고 성모님과 천사들에게 사랑을 받습니다. 이들은 교황 성하께도 의합할 것입니다. 저희 순교자들의 공덕에 힘입어, 저희는 천만 번 피눈물을 쏟으면서 저희가 기도하는 영적 도움을 하루빨리 얻어 누리길 갈망합니다."

① 최필공 토마스의 행적

첫 박해와 마지막 박해 때 토마스는 무수한 형벌을 겪었지만, 그는 언제나 강인하고 항구했다. 그는 17세에 교우가 되었다. 이(승훈) 베드로가 개종시킨 초창기 교우 중 한 명이었다. 그는 포도청에서 엄청난 고난을 겪고 사형 언도를 받았다. 사형을 집행하는 형리가 서툴러 단칼로 목을 자르지 못하자, 토마스는 조금도 동요하지 않고 손으로 피를 훔치고 바라보면서 "귀한 피로구나!"라고 했다. 그러고 나서 곧 숨을 거두었다.

② 정약종 아우구스티노의 행적

아우구스티노는 초창기 교우들 중 한 명이었다. 그의 아버지는 아들의 개종에 분개해서 아들을 괴롭히고 온갖 처벌을 가했다. 그러나 아우구스티노는 끝까지 버텼다. 그는 신심 서적들을 직접 써서 가르쳤다. 한글 교리서 『주교요지』를 저술했는데 이는 초보자들에게 많은 도움이 되었다. 박해가 일어나면서 붙잡힌 그는 왕실 재판정에서 신앙을 증거했다. 그는 많은 고통을 겪은 후 결국 사형 언도를 받았다. 그러나 형장에 이르러 사형 도구들 앞에서 웃으면서 태연히 앉았다가 구경꾼들에게 이렇게 말했다. "지존 지대하신 천주께서 하늘과 땅과 모든 조물들을 만드시고 보존하십니다. 그러니 여러분은 근본으로 돌아가야 합니다(報本追遠). 여러분은 제가 겪는 고통을 치욕적이라고 여기겠지만 그것은 잘못된 생각입니다. 이 치욕이 영광으로 바뀌는 것을 볼 날이 올 것입니다." 형리가 그에게 머리를 나무토막 위에 대라고 하자, 하늘을 쳐다보는 모습으로 머리를 눕혔다. 그러면서 "땅을 보는 것보다 하늘을 쳐다보면서 죽는 게 좋습니다"라고 했다. 한동안 형리는 벌벌 떨면서 칼을 내리칠 엄두를 내지 못했지만 결국 아우구스티노는 순교했다. 그의 아들 정철상 가롤로도 재판관들 앞에서 용감히 예수 그리스도를 고백했다. 그는 아버지와 같은 용기와 항구한 믿음을 보였다. 그는 아버지보다 한 달 뒤에 순교했다.

③ 황사영 알렉시오의 행적

알렉시오는 명문대가의 후손으로 어려서부터 재주가 비상해서 16세 때 (1790년 9월 12일 진사시에) 장원 급제했다. 이때 (정조) 임금은 이처럼 출중한 그를 보고 각별한 관심을 쏟았다. 임금은 그의 손을 잡고 "네가 스무 살이 되면 벼슬을 주겠다"라고 했다. 그러나 그는 20세가 되기 전에 천주교를 믿었다. 그때부터 그는 출세를 포기하고 구령에만 힘썼다. 그는 신심에 큰 발전을 거두면서 인문 서적들을 버리고 학문을 멀리했다. 그는 대과 시험에서 백지를 냈다. 임금은 이 돌출 행동에 놀라서 공부를 계속하라고 자애롭게 타일렀다. 임금은 다음 대과 시험에 응시토록 명하고 그의 스승들에게 그를 추천했다. 마침내 임금은 그가 천주교 신자라, 출세를 멸시한다는 사실을 알게 되었다. 임금은 이 사실을 전해 듣고 슬퍼했지만 그를 괴롭히지는 않았다. 알렉시오는 신심 서적들을 편찬하고 교리를 가르치는 데 시간을 보냈다. 부모와 친구들은 격분해서 그를 모욕하고 저주를 퍼부었지만 그는 개의치 않았다. 그는 주(문모) 신부를 많이 도왔고 주 신부도 그를 매우 아꼈다.

1801년 초, 알렉시오를 체포하라는 명령이 떨어졌으나, 그는 기적적으로 포졸들의 추적을 벗어날 수 있었다. 그는 친구들 집에서 오랫동안 숨어 지내다가 (상주로) 변장해서 서울을 빠져나간 다음 서울에서 400리 떨어진 산골(배론)에 은신했다. 여기서 그는 옹기 가마 같은 토굴에 숨어 살았다. 그가 산골에 은신하고 있는 사실을 아는 사람은 그의 친구 황심 토마스뿐이었다. 알렉시오는 토굴 속에서 오직 기도에, 그리고 조선에 성직자를 영입하는 방편 연구에만 전념했다. 그는 성직자 영입 계획을 비단 조각에 적었다. 그는 이 '백서'를 베이징 주교에게 보낼 예정이었다. 그가 구상한 성직자 영입 계획은 다음과 같다. '베이징 주교가 포르투갈 국왕과 조선 임금에게 사절을 보내어 교섭한다. 선교사들에게 수학자라는 직함을 주어서 과학자들과 함께 조선 조정에 들여보내면, 그들은 임금의 보호를 받아 천주교를 공개적으로 알릴 수 있을 것이다.' 알렉시오는 이러한 방책들을 적었다. (황심 토마스는 황사영이 사라진 후 많은 신자들이 체포되어 고통을 당하고 있다는 것을 알고 황사영이 숨어 있는 곳을 알려주었다). 즉각 알렉시오는 체포되었는데, 그때 그가 쓴 '백서'도 발각되었다. 조정은 경악을 금치 못하고 서양 군함이 침범할 것으로 여겼다. 그는 (1801년 12월 10일 서소문 밖에서) 대역부도죄인으로 능지처참되었다.

④ 강완숙 골룸바의 행적

골룸바는 유서 깊은 명문가 후손이었다. 어려서부터 비범해서 총기와 용기가 여성이라고 믿기 어려울 정도로 뛰어났다. 정결하고 정숙했으며 상냥하고 친절했다. 까다로운 어머니 밑에서 자란 골룸바는 인내심이 많았다. 여자는 아무런 큰일도 할 수 없다는 생각에 골룸바는 남장을 하고 세상을 등지기로 결심한 적이 있었다. 그러나 심사숙고한 끝에 결심을 바꾸었다.(세상을 등진다는 게 무슨 말인지 알 수 없다. 골룸바가 이런 결심을 했을 때는 외교인이었다 : 브뤼기에르 주교의 첨부 설명). 그녀는 명문가의 남자와 혼인했다. 남편은 단순하고 부드러우며 순한 사람이었다. 그러나 시어머니는 친어머니보다는 덜하지만 고약한 성품을 지녔다. 그렇지만 골룸바는 귀여운 딸이나 되는 것처럼 시어머니에게 정을 주고, 온갖 정성을 쏟았다. 시어머니가 심통을 부릴 때도 골룸바는 밝게 웃으며 애교를 부려서 시어머니를 진정시키고 유쾌하게 했다. 골룸바는 결혼하고 나서 천주교 이야기를 들었다. 그녀는 신앙을 받아들이고 세례를 받았다. 1790년 첫 번째 박해 때는 손수 그들에게 음식을 해주는 등 거룩한 증거자들을 섬기는 일에 헌신했다. 베이징 주교는 조선 교우들에게 사목 서간을 보내어 조상 제사는 우상 숭배이므로 제사를 드려선 안 된다고 했다. 골룸바는 순종했다. 그러나 시어머니는 반대로 점점 완고해졌다. 골룸바는 시어머니에게 미신적인 제사를 지내지 마시라고 빌고 또 빌었지만 아무런 소용이 없었다. 하느님께선 골룸바의 편을 들어 기적을 행하셨다. 기적을 보고 시어머니는 골룸바의 뜻을 따랐다. 골룸바는 부부 관계를 끊고 살고 싶었다. 마침 외교인인 남편은 집을 버리고 다른 부인을 얻었다. 골룸바는 자기 뜻대로 살 수 있는 자유로운 몸이라, 자신의 구원과 가족의 구원을 위해 힘을 쓸 요량으로 시어머니(그리고 양아들 홍필주 필립보)를 모시고 서울로 이사했다. 주(문모) 야고보 신부는 곧 골룸바의 덕성을 알아보았다. 주 신부는 나이든 부인들의 교리 교육을 골룸바에게 맡겼다. 그녀는 젊은 교우 동정녀 아가타(윤점혜)와 한 집에 살면서 젊은 여자들을 가르쳤다. 주 신부의 선택이 탁월했다는 사실이 오래지 않아 드러났다. 1795년 주 신부가 붙잡힐 위험에 처하자 골룸바는 재빨리 신부를 몰래 장작더미 속에 숨겼다. 골룸바와 머슴만 이 사실을 알았다. 시어머니와 양아들조차도 이 사실을 알지 못했다. 시어머니는 발각되면 자기 목숨을 잃을까 봐 두려워 주 신부를 집에 모시려고 하지 않았다. 골룸바는 연민의 정과 감사의 정을 내세워 시어머니를 설득하려고 이렇게 말했다. "신부님은 죽을 각오를 하고 오로지 조선인들의 구령을 위해서 여기까지 오셨습니다. 그런데 지금 천주교의 적수들이 그분을 붙잡으려고 혈안이 되어 있으니 은신처를 마련해드려야 하지 않겠어요? 사람은 목석이 아니잖습니까? 먹을 양식과 거처할 집도 없이 어떻게 살 수 있겠습니까?" 시어머니는 며느리의 말에 동감하면서도 감사의 정보다는 두려움이 앞서 집에 주 신부를 맞으려 하지 않았다. 골룸바는 너무 슬픈 나머지 죽지 않을까 염려될 만큼 앓아눕게 되었다. 시어머니는 며느리의 슬픔을 달래려 애썼다. 그러나 골룸바는 이렇게 말했다. "안 돼요. 어머니, 저는 남장을 하고 집을 나가서 서울 장안을 샅샅이 뒤져서라도 신부님을 찾아내어 안전한 곳에 모시겠습니다. 목숨을 걸고 이 일을 하겠어요." 그러자 시어머니가 대꾸했다. "너는 내가 기댈 수 있는 하나뿐인 의지처다. 네가 가는 곳이면 어디든 따라가겠다. 나는 너와 함께 죽을 각오가 되어 있다." 골룸바는 이렇게 대답했다. "제 생각을 따라주시니, 어머니, 너무나 기쁩니다. 신부님이 오시면 받아들이시겠지요?" "네 마음대로 하려무나. 나는 너하고 떨어져서는 살 수가 없다"라고 시어머니는 대답했다. 골룸바는 주 신부를 은신처에서 나오게 하고 사랑방에다 모셨다. 주 신부는 강완숙(골룸바)의 집에 3년 넘게 살았다. 골룸바의 집에는 포졸 끄나풀이면서 거짓말을 잘하는 하녀가 있었기에 주 신부의 은신처를 고자

질하지나 않을까 항상 걱정하고 있었다. 그런데 어느 날 그 하녀가 물을 긷다가 우물 밑바닥에 있던 팔찌를 보고 건지려다가 그만 우물에 빠져 죽었다. 사람들은 이런 죽음을 두고 하느님의 섭리라고 했다.

골롬바는 늘 거룩한 열정에 사로잡혀 사람들에게 교리를 가르치고 설명하면서 악행을 저지르는 사람들을 타이르며 온갖 선행의 모범을 보였다. 그의 가르침은 많은 열매를 맺었다. 골롬바의 덕행은 이처럼 뛰어났지만 세상 사람 모두가 골롬바를 좋아하는 것은 아니었다. 여러 사람이 골롬바를 반대하는 일을 즐겨 했다. 인간사에 완전이란 없는 법이다. 성인들에게도 불완전한 일이 있다. 그렇다고 성인들을 낮추어 봐서는 안 된다.

1801년 골롬바와 아가타는 관헌에게 붙잡혀 포도청으로 끌려갔다. 이들은 예수 그리스도를 믿는다고 고백하고 세상의 기원을 설명했으며, 미신을 반박하고 정직과 진실의 덕목을 찬양했다. (동양인들은 거짓과 간교를 나쁜 것으로 여기지 않는다. 때때로 중국인들은 이것들을 덕목으로 여기는 경우까지 있다: 브뤼기에르 주교의 설명). 재판관들은 두 죄수에 대해서 탄복한 나머지 "당신들은 박사요!"라고 했다. 그러나 찬사는 찬사일 뿐, 그들은 골롬바와 아가타에게 고문을 가했다. 천주교를 배교하고 다른 천주교 신자들이 누구인지 실토하라고 온갖 고문을 가했다. 형리는 두 죄수의 발가락을 부러뜨렸다. 온몸이 상처투성이가 되었다. 여러 가지 고문을 받았건만 두 여교우는 항상 평안하고 조용한 모습이었다. 불평 한마디 하지 않고 다른 교우들의 정체를 실토하지도 않았다. 같은 감옥에 갇힌 이들을 권면하고 가르치기도 했다. (함께 갇힌 이들은 외교인들이었던 것 같다: 브뤼기에르 주교의 설명). 두 여교우는 『논어』를 인용하면서, 공자의 말씀과 복음의 윤리는 일치한다고 했다. 그들의 항구한 믿음은 요지부동이었다. 재판이 진행되던 중에, 주 신부가 순교했다는 소식을 듣고, 골룸바는 옷자락을 찢어, 주 신부가 조선에 입국해서부터 순교할 때까지의 행적을 써서 교우인 한 부인에게 넘겼다.

처형일이 가까워올수록 골룸바와 아가타는 열성을 더했다. 순교 전날 저녁에 두 부인은 큰 기쁨에 들떠 있었는데, 전에 일이 잘 풀릴 때에도 도무지 그렇게까지 기뻐하는 모습을 보인 적이 없었다. 골룸바에게는 전처소생인 필립보(홍필주)라는 아들이 있었는데 그도 체포되어 다른 감옥에 갇혀 있었다. 필립보는 형벌을 견디지 못한 나머지 배교하는 듯한 말을 했다. 어느 날 골룸바가 재판관 앞에 서 있다가 아들을 만났다. 아들을 보자마자 골룸바는 있는 힘을 다해서 소리를 질렀다. "필립보야, 예수 그리스도께서 네게 오시어 네 정신을 비추신 것을 모르고 아직도 장님 노릇을 한단 말이냐!" 필립보는 어머니의 말에 충격을 받고서 용기를 되찾은 다음 영광스럽게 순교했다.

때는 여름이라, 몹시 무더웠고 죄수들은 몹시 갈증을 느꼈다. 골룸바는 몸종에게, 자신이 손가락으로 가리키는 곳을 파라고 했다. 그랬더니 즉각 물이 펑펑 솟았다. 7월 초순(양력 7월 2일) 여교우 8명과 함께 수레를 타고 (서소문밖) 형장으로 향했는데, 골룸바는 형장으로 가면서 큰소리로 기도를 드렸다. 처형되기 직전 골룸바는 사형 집행자에게로 돌아서서 부탁했다. "국법에 따르면 사형수는 옷을 벗기고 처형합니다. 그러나 저희는 여자들이니, 그렇게 하면 예의에 어긋납니다. 그러니 빨리 포도청 고관에게 가서, 옷을 입은 채 처형되도록 허락을 받아주세요." 포도청에선 그렇게 하도록 허락했다. 여교우 9명은 서로 웃으면서 쳐다보았다. 자기네 소원대로 된 것에 만족했던 것이다. 골룸바는 십자성호를 긋고 자기 머리를 형리에게 맡겼다. 그녀의 나이 41세[16]였다.

여교우 9명의 시신은 여러 날 진흙 구덩이에 있었다. 그러나 장례 허락이 떨어져서 가보니, 시신들이 전혀 썩지도 않고 악취도 나지 않았을 뿐 아니라 온전히 보존되어 있었다. 얼굴빛도 변하지 않았고 피도 썩지 않았다. 비가 온데다 날씨가 무더웠는데도 말이다. 교우든 외교인이든 이 사실을 목격한 이들은 이를 초자연적 현상으로 간주했다.

⑤ 윤점혜 아가타의 행적

윤 아가타는 위에서 언급한 순교자 윤 바오로(윤유일)의 사촌 동생으로서 어려서 교리를 배우고 동정녀로 살기로 결심했다. 조선 교우들 가운데는 남녀 불문하고 여전히 동정으로 살겠다는 사람들이 있었다. 고향(여주군 금사면 금사2리)에서는 동정으로 살기가 불가능하다는 것을 안 윤 아가타는 타향으로 가서 성화(聖化)를 이룩할 생각으로 한동안 생가를 떠날 결심을 했다. 아가타는 어느 날 몰래 남자 옷을 지어 입고 어머니와 여동생들 모르게 나이 지긋한 친척과 함께 윤유일 바오로의 집으로 도망쳤다. 그리고 그곳에서 교리를 깊이 익혔다. 어머니는 딸의 이러한 사정을 모르는지라, 딸이 호랑이에게 잡아먹힌 줄로 여기고 불행한 딸을 생각하면서 밤낮 통곡했다. 마침내 어머니는 딸이 친척집에 있다는 사실을 알게 되었다. 어머니가 자꾸만 타이르는 바람에 아가타는 집으로 돌아왔다. 하느님의 일을 모르는 외교인들은 수군거렸지만 아가타는 예수 그리스도에 대한 사랑으로 외교인들의 험담을 한 귀로 흘려듣고 모든 것을 참아냈다. 1795년, 아가타는 어머니와 함께 서울로 이사했다. 아가타는 1795년 박해가 일어났

---

[16] 원문에는 38세.

을 때 아직 성체를 영하지 못했다. 사촌 오빠 윤 바오로는 (1795년 6월 28일 좌포도청에서) 순교했다. 아가타는 몇 년 동안 숨어 지내면서 많은 고난을 겪었다. 박해가 가라앉자 아가타는 성체를 영하는 행복을 맛보았다. 곧이어 어머니가 죽자 아가타는 강 골롬바의 집으로 갔다. 주 야고보 신부의 명으로 아가타는 젊은 처녀들에게 교리를 가르쳤다. 아가타는 자주 단식하고 기도와 묵상에 전념하며 고행을 일삼았다. 아가타의 어머니는 성사를 받지 못하고 죽었는데 아가타는 그 일을 두고 괴로워했다. 아가타가 어느 날 밤에 꿈을 꾸었는데 어머니가 성모님과 함께 있는 것이었다. 이 꿈이 무슨 뜻인가, 아가타는 몹시 궁금했다. 주 야고보 신부는 꿈을 좋게 풀이해 아가타를 안심시켰다. 또 한번은 기도하다가 성령이 성모님께 내리는 영상을 보고 이게 환상이 아닌가 의심하면서 주 신부에게 말하자 그는 하느님의 은혜라고 하면서 그런 모습을 그린 상본을 보여주었다. 윤 아가타는 주보 성녀 아가타를 무척 공경한 나머지 다른 여교우들도 모두 아가타 성녀를 주보로 모시면 좋겠다고 생각했다.

1801년 신유박해가 일어나 아가타는 강 골롬바와 붙잡혀 죽기까지 함께 고난과 고통을 나누었다. 아가타는 1801년 7월 4일 고향 양근에서 참수형을 받아 순교했다. 나라에서는 고향 사람들에게 경각심을 불러일으키려고 일부러 서울에서 고향으로 압송하여 참수했던 것이다. 그때 양근 감옥에 함께 갇혔던 여교우들의 증언에 따르면, 참수되기 전날 밤 아가타는 사형 언도를 받지 않은 것처럼 조용하고 유쾌했다고 한다. 아가타의 정신과 마음은 하느님께 몰입한 상태였다. 아가타는 이 세상 사람이 아니었다. 처형 날 아가타는 기쁘게 형장으로 가서, 하늘의 문으로 통하는 죽음을 즐겁게 맞았다. 형리가 아가타의 목을 자르니 피 대신 우유 같은 흰 액체가 흘러내렸다.

⑥ 이순이 루갈다의 행적

이 루갈다의 부모는 교우였다. 루갈다는 어려서부터 하느님을 섬겼다. 어머니가 젊은 루갈다를 결혼시키려 하자 루갈다는 평생 동정으로 살면서 하느님을 섬기겠노라고 했다. 어머니는 딸을 아끼는지라 딸의 뜻을 존중했다. 어머니는 주 야고보 신부와 의논한 다음에 요한(전주 교우 유중철)과 딸을 혼인시키려고 했다. 하느님의 섭리로, 이 교우 청년 역시 루갈다처럼 동정으로 살 생각이었다. 이들은 결혼하더라도 평생 동정을 지키면서 오누이처럼 살기로 했다. 루갈다는 가는 곳마다 신심이 돈독하다는 소문이 났다. 어디서나 그녀의 덕행을 칭찬했으니, 사람들은 그녀의 겸손을 칭송하고 그녀의 애덕에 감탄했다. 루갈다는 시부모를 지극 정성으로 섬겼다. 마치 딸이 친부모를 섬기듯이 루갈다는 시부모를 사랑하고 공경했다.

1801년 신유박해 때 온 가족이 붙잡혔다. 시아버지와 남편은 순교하고, 루갈다와 시어머니와 친척 2명은 유배형을 받았다. 유배형을 집행하려 하자 루갈다와 그의 친척 마태오는 항변했다. "국법에 따르면 천주교 신자는 사형을 받아야 합니다. 지엄한 국법대로 죽고 싶습니다"라고 루갈다가 항변했지만 뜻대로 되지 않았다. 그러자 루갈다는 다시 항변했다. "저는 천주교를 가르치는 책을 만 권이나 갖고 있습니다. 그래도 저를 죽이지 않겠습니까? 저는 제 신앙을 견지할 것입니다. 제가 만 번 죽임을 당하는 한이 있어도 결코 제 신심을 바꾸지 않겠습니다. 관장께서 저를 살려두신다면 국법을 어기는 것이요 조선 왕국의 안전을 해치는 것입니다." 루갈다가 이런 말을 한 것은 죽음을 자초하려는 것이었다. 이 무렵에는 천주교 신자들을 많이 죽일수록 조정에서 높이 평가해주고 조정에 충성을 다하는 것으로 여겨졌다. 그러나 루갈다의 항변은 아무런 소용이 없었으니, 유배형이 취소되지 않았던 것이다. 그래서 신앙의 증거자들은 유배지로 떠났다. 그런데 겨우 100리쯤 갔을 때 포졸들이 이들을 다시 체포했다. 이튿날 재판관들이 모여서 유배형을 받았던 교우들의 죄상을 다시 심의했다. 루갈다와 세 교우들이 다시 재판을 받았는데 루갈다는 웅변적으로 천주교를 변호했다. "그녀의 입에서 나오는 말은 청산유수 같았다. 그녀는 전혀 두려움이 없었고 신앙심이 확고부동했으며 큰 정의(하느님의 심판)를 희망했다." 재판관들은 칭찬과 약속을 늘어놓으면서 그녀를 회유하고자 했으나 성공하지 못했다. 교우들은 모두 사형 언도를 받았다. 그리고 형장으로 보내기 전에 그들의 발가락을 부러뜨렸다. 그러나 그들은 아무런 고통도 느끼지 못했다고 오히려 항의했다. 교우들을 형장으로 끌고 가는데 마태오가 나서서 사람들에게 천주교를 알렸다. 루갈다가 보기에 시어머니는 겁을 먹고 흔들리는 것 같았다. 시어머니는 아들 셋이 신앙 때문에 유배가서 자기와 생이별하는 꼴을 보고 후회하는 것 같았다. 그래서 루갈다는 마태오를 향하여 "마태오, 우리에게 용기를 북돋아주세요!" 하고 소리 질렀다. 사형수들은 서로 위로하면서 다짐했다. "이제 현세적 애정을 떨쳐 버립시다. 우리 마음을 온전히 하느님께 바쳐야 해요."

처형 순간(1802년 1월 31일)에 형리가 루갈다의 옷을 일부 벗기려 하자 루갈다는 제지하면서 이렇게 말했다. "내가 죄인으로서 당신 손에 죽기는 하지만, 내 몸에는 손을 대지 마시오." 루갈다는 스스로 겉옷을 벗었다. 형리가 손을 묶으려고 다가서자 루갈다는 위협적으로 그를 물리치고 스스로 손을 모으고 순교와 동정의 이중 화관을 받았다. 그때 루갈다의 나이 23세 (실은 20세)였다.

맺는 말

전교후원회원 여러분, 이제 이야기를 마무리합니다. 제가 말씀드린 사례들만 보아도 조선 선교에 관심을 갖게 될 것입니다. 조선 교우들이 자기네가 받은 은총을 동포들에게 베풀려는 열성, 조선 순교자들과 증거자들의 숫자와 항구한 믿음, 선교사들을 모시려고 베이징과 교황청에 간청하는 그 열성은 정말 경이롭습니다. 이런 사실들을 보면 조선 선교의 앞날은 밝습니다. 복음의 씨앗이 이미 백 배의 열매를 맺은 이 낯선 땅에서 장차 복음이 크게 발전할 게 틀림없습니다. 이런 희망이 이루어지도록 하느님께 기도해야 합니다. 동방 군주들이 정치적 판단을 잘못하지 않는다면 아마도 복음은 더욱 빨리 전파될 것입니다. 동방 군주들은 그리스도교 복음과, 그리스도인들로 자처하는 유럽인들을 구분하지 못합니다. 군주들은 그리스도교를 믿는다는 유럽인들과, 이를 받아들이는 본토인들을 한 통속으로 여겨 금합니다. 본토인 교우들은 동포들에게 진리를 전하여 그들을 사후에 복되게 하려는 그 한 가지 목적으로, 무사무욕한 순수한 열정으로 엄청난 희생을 치렀습니다. 이는 그들의 타고난 능력을 넘어서는 초월 현상입니다. 그러나 군주들의 생각은 다릅니다. 본토인 선교는 자기네 국가의 안전을 위협하는 은밀한 음모에 불과하다고 동방 군주들은 속단하곤 합니다. 하느님께서 이 무지한 동방 군주들을 비추시어 참된 이득을 알아보게 해주시기를 기도합니다.

25신

발신자 : 브뤼기에르 주교
수신자 : 마카오 주재 포교성성 경리부
발신일과 발신지 : 1832년 12월, 마카오
출처 : Procura: Macao-Hongkong, v. 20, f. 152

저는 포교성성의 마카오 지부 책임자 라파엘 움피에레스 신부와 그 후임자들에게 아래에 적은 사항을 요청합니다. 장차 조선에 파견될 선교사들이 제가 가지고 있는, 포교성성에서 제게 발송한 (1831년 7월 17일자) 문서에 있는 제 권한을 읽어보도록 해주십시오. 그들은 견진을 제외하고는 제가 보장하는 대로 그 권한들을 행사할 것입니다. 다만 위에 언급한 지부 책임자와 그 후임자들의 손 안에 있는 칙서 「엑스 쿠오」(Ex quo)의 선서가 전제 조건입니다.

1832년 12월 마카오에서
† 갑사 주교이며 조선의 교황 대리 감목 바르톨로메오 드림

26신

발신자 : 브뤼기에르 주교
수신자 : 포교성성 장관 추기경
발신일과 발신지 : 1833년 4월 18일, 푸젠성 푸저우
출처 : APF. SOCP, v. 76, ff. 197~198

지극히 공경하올 추기경님,

저는 지난해 12월 17일 마카오에서 출발하여 1833년 3월 1일 푸젠 지방 푸저우에 도착했습니다. 이 지역 주교는 불쌍한 저와 여행 동료인 사제 6명과 오랫동안 매우 흡족하게 일해준 심부름꾼들에게 지극히 예의바르고 따뜻하게 대해주었습니다. 저는 조금 뒤에 난징 지방으로 떠날 것입니다.

저는 제게 허가된 권한이 들어 있는 회신들을 다시 읽으면서 제게 부여된 임무를 합당하게 완수하기 위해 어느 순간 어떤 것이 필요해질 것인지를 보게 되었습니다. 하지만 설명하기는 매우 힘듭니다. 그래서 추기경님께 신뢰를 드리며 몇 가지 청원을 드리고 해결해야 할 문제를 제시해드리는 것이 좋을 것 같습니다.

청하는 권한들

저는 간절히 (아래와 같은 사항을) 청합니다.

1. 교황 성하께서 여러 사제들에게 견진성사를 집전할 수 있도록 위임할 수 있는 권한을 당신 종에게 허락해주시길 청합니다. 조선 교우들은 여기저기에 흩어져 있기 때문입니다. 또한 사제들은 은신처에 숨어 다른 이들과 격리되어 생활할 수밖에 없습니다. 그러므로 계속되는 박해의 풍랑 속에서 이 많은 성사의 은총이 정말 그들에게 필요한데도 박탈되는 것은 영혼의 큰 손실이라 하겠습니다.

2. 제게 허락된 어떤 권한이든지 그것을 저와 함께 일하는 사제들에게 내적 법정에서나 외적 법정에서나 나누어줄 수 있기를 청합니다. 이런 내용이 제가 받은 포교성성의 회신에 명시적으로 표현되어 있지 않고, 저 역시 권한을 부여받은 대리 감목이 법에 따라 다른 이에게 재위임을 할 수 있는지는 알지 못합니다.

3. 박해나 다른 어떤 긴급한 이유가 있을 때, 조선 국경 밖에 신학교를 세우고, 그곳에서는 저나 저의 동료 사제들이 모든 교회 직무와 모든 재치권을 행사할 수 있도록 해주십시오. 물론 다른 이들의 법적인 권리는 보장될 것입니다.

4. 적절한 기회가 왔을 때 아직 복음의 찬미가 발견되지 못한 조선 밖의 지역에도 신앙을 선포하기 위해 사제들이나 교리 교사들을 파견할 수 있도록 허락해주십시오. 또한 그 회개한 새 영세자들에 대한 저나 제 아랫사람들의 사업에서 조선 교우들에 대한 것과 동일한 재치권을 제가 가질 수

있도록 해주십시오.

5. 교황 베네딕토 14세께서 허가하신 권한이 제게 부여되도록 해주십시오. 제가 알기로는, 교황 성하께 상소(上訴)가 불가능하거나 적어도 매우 어려울 때, 정해진 기간에는 알려지지 않은 근친 혼, 그것이 방계(傍系)든 직계(直系)든, 불법적인 결합(혼인)을 관면함으로써 설령 합법화시켰다 하더라도 중대하고도 긴급한 사유가 있을 때는 그 결합을 해소할 수 있는 권한이 있습니다. 그러니 교황님께서 주님 안에서 잘 판단하시어 이렇게 행하도록 해주십시오.

6. 하느님의 더 큰 영광이 성취되고 교우들이 영적으로 더 선익을 얻도록 하기 위해 40일 한대사(限大赦)를 허락할 수 있게 해주십시오. 그런데 의심스러운 것은 제가 아직 제 교구에 있지 않다는 것입니다.

7. 당신 종인 저는, 고해 사제들도 없고 성사 받는 것이 불가능하여 고해도 못하고 영성체도, 미사 봉헌도 못했으나 그들이 통회하고 은총 지위에 있다면, 그리고 다른 모든 조건과 상황이 합당하게 채워진다면, 제 대목구 안에 있는 사제들과 제 재치권에 맡겨진 모든 신자들에게 대사를 베풀 수 있게 해주십시오. 포교성성의 교령에서도 이와 비슷한 것을 읽었으나 결코 남용해서는 안 된다고 했습니다.

8. 저와 저의 사제들 모두에게 차후에 선교지의 교황 대리 감목들과 파리외방전교회 신학교 출신 본토인 성직자들에게 허가될 모든 권한들과 모든 특전들을 허락해주십시오.

9. 조선은 위에 언급한 신학교의 선교사들에게 책임이 맡겨지도록 해주십시오. 왜냐하면 이미 그들 가운데 한 사람이 저와 함께 푸젠에 있으면서 쓰촨으로 가려 했으나 지금은 조선으로 가기를 희망하고 있기 때문입니

다. 매우 훌륭한 다른 여러 사제들도 같은 소망을 표명하고 있으나 지금은 과연 이 선교 사명이 파리외방전교회에 맡겨질지의 여부를 의심스럽게 여기고 있습니다. 하지만 만일 교황 대리 감목과 파리외방전교회 신학교의 담당자들의 제안이 받아들여져 실행할 수 있다면, 어렵게나마 그 훌륭한 사제들이 외방 선교를 맡을 수 있도록 할 수 있을 것입니다. 그러나 그들이 이 제안에 대한 응답을 거부한다면 조선은 커다란 손해를 보는 것입니다. 여기에 파리외방전교회에서 이 사명을 맡는 데 두 가지 불편이 있을 수 있습니다. 어떤 두려움이 있는지 포르투갈 사람들은 조선으로의 선교 여정을 자꾸 늦추는 것 같습니다. 그래서 이처럼 무서움과 거북함을 느끼는 이들이 조선 선교에 합류하기를 원치 않는 것 같습니다. 이와는 반대로, 이 사명이 자기들의 비용으로 프랑스인들에게 맡겨진다면, 쓰촨과 산시를 통해 열려 있는 길이 언제나 위험에 노출될 수도 있습니다. 그 밖에도 서로 다른 나라, 서로 다른 수도회에 속하는 복음의 일꾼들이 사실 잘 이루지 못하는 하느님의 말씀이 열매를 맺도록 하기 위해서 공동 합의를 이루려면 대단한 지혜가 필요합니다. 또한 당신 종과 움피에레스 신부가 … [17]하는 이유는 다른 것도 많습니다. 추기경님의 판단에 저희는 따르겠습니다.

---

[17] 원문 판독이 안 되어 있음.

해결해야 할 문제들

1. 의심스러운 경우나 비밀스러운 경우, 긴급하거나 지체하면 위험이 따를 경우, 또는 교황에게 상소가 어려운 경우에는 다른 직권자들이 자기 교구에서 누리는 것과 동일한 관면권을 교황 대리 감목들도 가지고 있다고 생각할 수 있습니까? 아닙니까?

2. 주교로 임명된 사람은 주교품을 받기 전에 오래건 짧건 몇 년 안에 로마로 가겠다고 스스로 성대하게 서약합니다. 그렇다면 자기 교구가 사도좌로부터 더 멀든지 좀 덜 멀든지 거리가 떨어져 있다 해도, 교황 대리 감목들도 그렇게 해야 합니까? 죄송하지만 제 의무 때문에 관면을 청해야겠습니다. 매 5년 또는 매 10년마다 아시아 끝에서 로마로 가기는 물리적으로 불가능합니다.

3. 1803년에 쓰촨에서 열렸고 포교성성이 인준한 시노드 문서 부록 29항 끝부분에는 이런 구절이 있습니다.

"고해성사를 거행하는 중에 어떤 구실로도 누군가를 제6계명을 거스르는 추악한 행위로 유혹하는 모든 사제는 법과 사도 헌장으로부터 규정된 징벌 외에도 이런 범법자를 거슬러 교황 베네딕토 14세의 명으로 발표된 성성의 교령으로써 미사 거행에 영구히 부적합하다고 처벌한다."

(하지만) 악표양을 피하기 위해 자발적인 살인으로 일어난 일을 제외하고는 모든 결격 사유를 관면할 수 있는 권한을 교황님께서 제게 자비로이 허락하셨습니다. 그러므로 (하느님께서 돌아보시기를!) 제 대목구 안에서 이런 불상사가 생길 때, 제가 이처럼 불쌍하게도 처벌을 받아 참회 중인 사제를 관면할 수 있지 않겠습니까?

4. 대사에 관한 회신의 여러 곳에서 아래와 같은 사항이나 비슷한 내용을 읽었습니다. '누구나 묵주기도를 바치는 사람은 매번 등등, 신덕송 망덕송 등을 바치는 사람은 등등, 초심자들에게 그리스도교 교리를 가르치는 사람은 등등, 이런 식으로 대사를 누릴 수 있을 것'이라고 했습니다. 혹시 계명에 부합하고 합당하게 조건을 채운다면 대사를 받으려는 지향만으로(대사를 받기에) 충분하다는 점을 제가 청할 수는 없겠습니까? 그 밖에도 (대사를 받기 위해) 고해, 영성체와 (여러 기도들), 즉 성교회의 현양과 이교(異敎)와 이단들의 발본색원과 그리스도교 지배자들 사이의 평화를 위한 관습적인 기도 등등 제가 이루 다 언급할 수 없는 것들도 필요합니까?

5. 가르멜회 재속 회원을 위한 스카풀라는 반드시 검은 양모(羊毛) 천 조각으로 만들어져야만 합니까? 아니면 비단이나 아무 색이든 면으로 만든 것이어도 충분한 것입니까? 아마 양모 천은 조선에서 거의 발견할 수 없을 것 같습니다.

6. 미사를 거행할 때 수지(樹脂)로 만든 초를 사용할 수 있습니까? 이런 형태의 초도 일반적인 초와 충분히 비슷하며 구하기가 쉽고 값이 쌉니다. 그러나 벌집에서 추출하여 만든 초는 먼 지방에서 만드는 관계로 그 가격이 상대적으로 매우 비쌉니다.

7. 최근에 저는, 자기 대목구 바깥에서 합법적인 상급자로부터 요청받아 주교권을 행사했는데도, 1년간 정직 처분을 받은 교황 대리 감목에 대한 소식을 들었습니다. 그런데 저도 1831년, 제가 샴의 보좌 주교로 있을 때, 말라카 본당의 주임인 도미니코회 신부가 요청하여 두 차례 견진성사를 집전한 바 있습니다. 또 작년에 제가 이미 조선의 대리 감목으로 임명된 뒤에 마카오 교구장좌가 공석일 때 그곳 총대리의 요청을 받아 두 번

서품식을 집전했습니다. 저는 그때 이런 일에 대해 어떤 교황님께서 정해 놓은 바가 있을 것이라고 생각했습니다. 그러하니 징계보다는 용서와 사죄(赦罪)를 청합니다. 이 일은 제가 경솔해서도 아니고 오만해서도 아니라 다만 무지해서 한 일이니 제 생각에는 죄에서는 멀다고 보입니다.

추기경님께 보낸 제 편지들 가운데 한 통에서 저는 싱가포르에 머물고 있는 포르투갈 신부에 대해 쓴 바 있습니다. 그가 포교성성을 거슬러 발언한 내용의 사본을 장엄 미사 중에 각 신자에게 나눠주었고 추기경님의 동료인 페낭 주교(C. da este para o teu cambrando o bispo de Pinang)와 저에 대해서도 좋지 않은 말을 했습니다. 며칠 뒤에 제가 이 조차지(페낭)에 들어갈 때, 저는 이런 말들이, 비록 이미 일어난 일을 줄여 더 가볍게 할 수 없을지라도, 더 퍼지지 않도록 하라고 마지막으로 경고한다고 했습니다. 하지만 일의 사실 여부와 그 사제에 대한 두려움이 저로 하여금 이 일을 다시 다루게 했습니다.

여러 가지 이유로 이 편지 사본을 2통 보냅니다. 완고한 움피에레스 신부가 전달할 수 있는 것보다 더 신속하고 안전한 방법으로 위에 말씀드린 사항에 대한 추기경님의 답신이 제게 전달될 수 있도록 살펴주시기를 바랍니다. 저를 위해 기도해주십시오.

1833년 4월 18일 푸젠성 푸저우에서
지극히 공경하올 추기경님의 지극히 비천하고 충실한 종
† 갑사 주교이며 조선의 교황 대리 감목 바르톨로메오 드림

27신

발신자 : 브뤼기에르 주교
수신자 : 움피에레스 신부
발신일과 발신지 : 1833년 4월 20일, 푸젠성 푸저우
출처 : Procura: Macao-Hongkong, v. 20, ff. 146~147

경리부장 신부님 귀하,

저희는 3월 1일 푸젠 주교관이 있는 푸저우에 도착했습니다. 저희는 마카오에서 푸젠성 푸저우까지 항해하는 데 75일이나 걸렸습니다. 여행은 고통스러웠고 위험하기까지 했습니다. 알퐁소 신부(이탈리아 출신 작은 형제회원, 산시 선교사)와 라리브 신부(프랑스 라자로회 회원, 장시[江西] 선교사)가 각자의 선교지로 떠난 지는 한 달 반이 되었습니다. 엔리케 신부(포르투갈 출신 라자로회 회원, 장난 선교사)는 3월 말경에 떠났습니다. 엔리케 신부의 여행 초기에 작은 사고가 일어나기는 했지만 여파가 이어지지는 않았습니다. 지금은 난징에 도착했을 것입니다. 모방(Maubant) 신부는 싱화(興化)에 갔다가 벌써(푸젠성 푸저우로) 돌아왔습니다. 리노 신부와 중국인 신학생은 3월 10일에 부제품을, 17일에는 사제품을 받았습니다. 이들은 성 요셉 축일인 19일에 첫 미사를 집전했습니다. 새 신부 2명과 저는 난징으로 같이 떠나

려는 참입니다. 저희는 푸저우까지 저희를 실어다준 그 배를 타게 됩니다. 각자 60피아스터를 지불하고도 저희는 숨어 있어야만 합니다. 푸젠 주교는 저희를 더없이 자애롭고 따뜻하게 맞아주셨습니다. 그분이 저를 위해 애써주신 것에 대한 감사의 표시로 어떤 식으로든 보답을 하는 것이 좋겠지요. 신부님께서 제게 주셨던 피아스터 대부분은 통용되지 않습니다. 도무지 그 돈은 받지를 않습니다. 무게로도 말이지요. 알퐁소 신부가 가지고 있던 돈의 일부를 신부님께 보냅니다. 알퐁소 신부는 무척 난처한 지경입니다. 저는 그보다 훨씬 더 난감할 판입니다. 앞으로는 온전하고도 망치로 두드려 만들지 않은 피아스터들로 준비해주십시오. 조금을 주셔도 제대로 된 돈을 주시는 게 낫습니다. 북쪽으로 가면 갈수록 돈 문제는 더욱 까다로워지거든요.

로마의 교황청 문서 3번 조항과 "1831년 7월 17일자 교황 성하 어전 회의에서…"로 시작하는 4번 조항까지 제게 써 보내주십시오. 3번 조항은 "전술한 대목구의 가톨릭 신자와 혼인한 사람들…"로 시작합니다. 제가 지금 갖고 있는 복사본에는 몇 가지 중요한, 제가 알아야 할 단어들이 빠져 있습니다. 제가 신부님께 남겨두고 온 서류들 중에서 이 문서를 찾을 수 있을 것입니다. 혹시 신부님께서 제 편지 내용을 잘 이해하지 못하시는 게 있다면 르그레즈와 신부가 친절히 설명해드릴 것입니다.

저는 아중(마카오에서 고용한 길잡이)을 해고하지 않을 수 없었습니다. 포르투갈 선교사들이 아중을 좋아하지 않습니다. 자기네들의 선교 활동에 해를 끼친다는 것이었습니다. 그가 너무 말을 많이 하고 거칠고 정직하지 않다는 것입니다. 하지만 저는 사람들이 그에 대해 이러쿵저러쿵하는 것을 다 믿지는 않습니다. 과장의 여지가 있다고 봅니다. 제가 그에게 18피아스터를 주었고 모방 신부가 2피아스터를 주기는 했지만, 그렇게 큰 가치가 나가는 돈은 아닙니다. 알퐁소 신부에게서 나온 통용되지 않는 그런 동전을 갖고 갔으니까요.

난징에서 신부님께 편지 드리겠습니다. 동봉하는 편지 2통 중 하나는 포교성성으로, 다른 하나는 르그레즈와 신부에게 보내는 것입니다. 지금 즉시 난징 심부름꾼이 마카오로 갈 텐데, 그를 통해 신부님 소식을 제게 전해주실 수 있습니다. 성 요셉 신학교 신부들(라자로회 포르투갈 선교사들)과 안글라다 신부에게 제 안부를 전해주십시오. 그들과 신부님의 기도 중에 제가 기억되기를 기원합니다.

저는
신부님의
지극히 비천하고 지극히 공손한 종입니다.

바르톨로메오 브뤼기에르 주교 드림

추신: 깜빡 잊고, 끈이 하나 달린 은제 성유물함을 신부님 거처에 두고 왔습니다. 확실한 인편을 통해서 제게 보내주십시오.

28신

발신자 : 브뤼기에르 주교
수신자 : 움피에레스 신부
발신일과 발신지 : 1833년 4월 23일, 푸젠성 푸저우
출처 : Procura: Macao-Hongkong, v. 20, f. 148

오늘 저녁 저는 푸젠성 푸저우에서 장난으로 출발합니다. 아중에게 저는 18피아스터를, 모방 신부는 2피아스터를 주었습니다.

프랑스 선교사 모방 신부는 쓰촨으로 가게 되어 있었지만, 조선으로 가고자 합니다. 난징 선교지에서 혼란을 불러일으키지 않기 위해 당장 저와 함께 가지는 않고, 두 달 후에 떠날 것입니다. 그의 수중에는 399피아스터가 있지만 이것은 르그레즈와 신부에게 반환해야 할 돈입니다. 이런 이유 때문이라도 조선 선교지를 프랑스인들이 맡아야 합니다.

푸젠 주교가 알퐁소 신부와 제가 갖고 있던, 통용될 수 없는 얼마간의 피아스터를 신부님에게 보낼 것입니다. 신부님이 통용될 수 있는 것으로 바꾸어 제게 보내주십시오.

혹여 샤스탕 신부가 마카오에 있다면 제 편지를 받을 때까지 거기서 기다리라고 해주시고, 제가 샤스탕 신부 앞으로 보내는 편지를 그에게 전해

주십시오. 이제 얼마 있지 않아 난징까지 저를 태워다줄 배가 마카오로 떠날 것입니다. 선장은 신부님이 맡기시는 돈과 물건들을 맡아줄 수 있을 것입니다. 일이 어떻게 되든 신부님은 이 모든 물건들과 함께 아중을 푸젠까지 보내서 모방 신부와 합류하게 할 수는 있을 것입니다. 하지만 아중이 난징 지방으로는 결코 들어갈 수 없을 것입니다. 그가 포르투갈인들 눈에 났거든요. 저는 그가 꽤 마음에 듭니다. 라리브 신부는 자기 선교지에 있고요, 엔리케 신부는 이달 안에 자기 선교지로 가게 될 것입니다. 알퐁소 신부는 자기 여정을 거의 절반가량 진척시켰습니다.

신부님은 이상의 모든 내용을 르그레즈와 신부에게 보여주실 수 있습니다. 이만 인사드립니다. 저를 위해 하느님께 기도해주십시오.

바르톨로메오 주교 드림

29신

발신자 : 브뤼기에르 주교
수신자 : 움피에레스 · 르그레즈와 경리부장 신부 양위
발신일과 발신지 : 1833년 8월 28일, 산둥
출처 : AME, v. 577, f. 253

1833년 8월 28일 산둥에서

공경하올 움피에레스 신부님과 르그레즈와 신부님께,

 저희는 엄청난 고생과 위험을 겪고 산둥(山東)과 즈리(直隷) 접경에 도착했습니다. 이미 돈은 떨어졌습니다. 저희는 이 지방 대금업자에게 물건을 돈으로 바꾸어야 했습니다. 그리스도인들은 아주 가난합니다. 이곳의 선교사 신부는 우리가 길을 가다가 나쁜 일을 당할까 봐 스스로 보호자를 찾아주었습니다. 그는 움피에레스 신부님이 난징을 경유해 그에게 60냥을 보충해주기를 바라고 있습니다. 이 모든 불편함은 우리가 돈이 떨어진 데서 온 것입니다. 그러니 훗날 조선으로 올 선교사들에게는 4냥 가치의 둥근 은자(銀子)를 주는 것이 절대적으로 필요합니다. 무게가 많이 나갈수록 새로운 어려움이 생깁니다. 이 둥근 은자는 광둥에서 주조되었고, 그들은 이것을 페팅(Pe-ting)이라고 부릅니다.
 샤스탕 신부가 마카오에 있다면, 그가 가르쳐야 할 (조선인) 학생이 올 때

까지 거기에 머무르게 하십시오. 만일 그가 이미 후광(Huguam)으로 떠났다면, 움피에레스 신부님이 베이징으로 편지를 보내 우리가 일을 더 확실히 할 수 있도록 해주십시오.

르그레즈와 신부님은 제 부모님께 편지를 보내주시기 바랍니다. 이제 바로 저희는 또 길을 떠날 것입니다.

저를 위해 기도해주십시오.

여러분의 비천한 종
✝ 갑사 주교 바르톨로메오 브뤼기에르 드림

30신

발신자 : 브뤼기에르 주교
수신자 : 움피에레스 · 르그레즈와 경리부장 신부 양위
발신일과 발신지 : 1833년 10월 28일, 산시
출처 : AME, v. 577, ff. 94~97

✝ 예수 마리아 요셉

경리부장 신부님들 귀하,
　8월 말경에 신부님들에게 편지를 드린 적이 있었지요. 당시 저는 즈리 지방에 있었습니다. 저는 곧바로 타타르로 갈 수 있을 것으로 생각하고 있었고, 모든 필요한 대책을 세웠습니다. 제게는 길잡이 한 명이 있었고, 다만 마차를 몰아줄 사람이 한 명 더 필요했습니다. 그런데 불행하게도 제가 머물던 곳의 선교사 머릿속에, 아주 먼 곳에 있는 곳까지 가서 마차꾼을 데려오겠다는 생각이 떠오르고 말았습니다. 선교사 말로는 그 남자가 더 유능하다는 것이었지요. 하지만 이런 제안을 듣고서 질겁한 길잡이는 그것이야말로 주교와 자기를 함께 죽이려는 심사이며, 한 유럽인이 무모하게 나서서 전 중국을 혼란 속으로 몰아넣으려는 것이라고 소리쳤습니다.

제가 지나온 곳이나 심지어 제가 지나오지 않은 곳까지도 모두 죽음으로 빠져들 것이요, 관리들과 주교들, 그리고 수를 헤아릴 수 없는 교우들이 참수의 위험을 겪을 것이라는 것입니다. 제 길잡이들을 질리게 하는 데는 그것으로 충분하고도 남았습니다. 그래서 그들은 모두 저를 포기하기로 결심한 것입니다. 다른 사람들보다 더 충격을 받은 이 마을 사제와 교우들은 제가 떠날 날만 죽어라 하고 기다렸습니다. 그들 눈에는 항상 자기네들을 잡으려고 문 앞에 나타난 포졸들이 비쳤습니다. 저의 제자(왕 요셉)만이 홀로 용기를 보였습니다. 그는 염려할 것이 하나도 없다고 안심시켰으며, 위험을 피하기 위한 방법들을 가르쳐주었지만, 그의 의견은 도통 통하지 않았습니다. 오히려 사람들은 그를 총체적 박해 유발을 무릅쓰고 중국 오지에까지 유럽인들을 데려오는, 경험도 없고 어리벙벙하고 무모한 젊은이로 취급했습니다. 그래서 그는 사람들로부터 어떤 골방에다 저를 숨겨주겠다는 약조를 아주 힘겹게 겨우 얻어냈습니다. 그리하여 동요를 진정시키고, 그동안 자기는 직접 베이징으로 길잡이들을 구하러 간다는 것이지요.

그런데 그의 베이징 여정은 무난하지 않았습니다. 저를 인도하려는 마음이 그나마 있었을 길잡이들은 진성 콜레라로 이미 죽었고, 나머지 사람들은 한결같이 죽는 게 확실한 곳에 몸을 내던지지 않겠다고 대답했습니다. 그동안 육로로 15,000리나 되는 여행을 마친 이 젊은이(왕 요셉)는 베이징에서 심각하게 앓아누웠습니다. 건강이 회복되기까지 베이징에 남아 있을 수밖에 없었습니다. 그는 제게 가능한 대로 산시로 가서 자기를 기다려 달라고 전갈을 보내왔습니다. 다행스럽게도 저는 마침내 랴오둥(요동)에 도달할 수 있으리라는 확신이 어느 정도 듭니다. 교우들이 부디 저를 도와주었으면 좋겠습니다. 중국보다 타타르를 여행하는 것이 더 쉽습니다. 이번 사태로 저는 적어도 3,000리는 더 가야 하는 바람에, 금년에 조선에 들어가는 기회를 놓치고 말았습니다. 저의 제자인 왕 요셉이 아프지만 않았다면 계속하여 길을 가려고 했을 것입니다. 저는 왕 요셉을 매일같이 기다리고 있습니다. 이렇게 되면 겨울 내내 여행을 해야 할 상황이 생길 수 있습니다. 그런데 타타르의 추위가 얼마나 끔찍한지 아십니까? 그래도 어쩌겠습니까? 이렇게 길고도 험난하며 위험한 여행에 따르는 불편들인 것을요. 현재까지 저로서는 놀랄 일이 없습니다. 모든 것을 예상하고 있기 때문입니다. 제가 조선 선교 임무를 요청했을 때, 그리고 그것을 수락했을 때 저는 앞으로 닥칠 모든 일과 위험을 예견했습니다. 지금 이 순간까지는 제가 생각한 것보다 덜 겪었습니다. 하느님께서는 존재하십니다. 이 세상에서 하느님 명령과 허락 없이 일어나는 일은 아무것도 없습니다. 하느님의 기획은 언제나 숭앙할 일입니다. 제 임무는 그러한 것을 납득하여 복종하면서 제 일을 끝까지 밀어붙이는 것입니다. 이상이 하느님 은총의 도움을 받으면서 제가 세운 굳은 결심입니다. 제가 가는 길은 제가 모두에게 버림받을 때, 제가 혼자서 여행을 계속하는 게 불가능해질 때라야 비로소 멈출 것입니다. 그러니 저는 확실하고 능력 있는 길잡이 한 명만 있었다면 이 모든 불미스런 일이 일어나지 않았을 것이라고 믿을 수 있는 것이지요. 하지만 하느님 섭리는 제가 마카오에서 지금 있는 산시(山西 長治)까지, 소심하면서 경험이 없기 십상이고 여러 번 이 힘겨운 임무를 마지못해 수락한 길잡이들만 만나게 하셨습니다. 이런 의미에서 알퐁소 신부를 (산시까지) 모셨던 쓰촨의 그 훌륭한 길잡이는 대담하고도 유능한 사람입니다. 이 사람은 포도주가 생기면 포도주 한 잔을 거절하는 법이 없으면서도 절주가입니다. 그는 술에 취한 모습을 보인 적이 없습니다. 지금은 그를 더 잘 알게 된 알퐁소 신부가 그 훌륭한 증인입니다. 이 남자는 그런 유사한 경우가 발생할 때 저희에게 유용할 수 있다는 것이 제 생각입니다. 이번 여행이 제가 밟아온 가장 험한 길입니다.

타타르로 들어가는 가장 짧고, 가장 확실하고, 가장 덜 힘겨우며, 가장 돈이 덜 드는 방법은 바닷길입니다. 이 방법은 간편합니다. 선의든 악의든 난징 교우들의 의지에 달려 있습니다. 8월 중순경에는 난징에서 랴오둥으로 가는 교우들의 배들이 있습니다. 그런데 불행히도 난징 교우들은 지나치게 소심합니다. 이들에게는 푸젠 교우들이 가지고 있는 대담함이 없습니다. 타타르에 있는 포르투갈 선교사들이 저희를 도와주어야겠지만, 무엇보다도 장차 임명될 베이징 주교가 타타르 선교지에 저희의 임시 거처를 마련해주어야 합니다. 그렇지 않으면 그 어떤 사제든 조선으로 들어가는 것은 영원히 불가능할 것입니다. 현재의 난징 주교는 저희한테 우호적인 자세를 보이는 듯합니다. 장차 임명될 베이징 주교가 어떤 입장을 보일지는 모르겠습니다. 난징 교우들이 저희를 도울 마음이 아주 없다면, 저는 푸젠 주교에게 도움을 요청해야만 합니다. 푸젠 지방의 교우들이 베이징만을 향해하는 일은 결코 없다고 하지만, 이득이 될 미끼를 던지면 그들을 유순하게 만드는 것이 가능합니다. 이 경우, 상륙하게 될 포구의 교우들과 면식이 있으면서 선교사에게 하선을 쉽게 해줄 안내자 한 명을 확보해야 합니다.

저는 혼자였습니다. 조선행 사업에서 늘 품위 있는 행동을 보여준 난징 주교와 (즈리) 주임 사제는 장차 타타르로 가는 길을 열기 위해, 우선 산시로 가는 길에 길잡이 한 명을 제게 붙여주는 데 꽤 애를 먹었습니다. 이 길잡이는 제가 억류되어 있던 곳(즈리)에서 300리 떨어진 곳에 있었습니다. 남들처럼 그도 두려워하지 않을까 염려가 되는 것은 당연했습니다. 저희가 이런 상황에 처해 있을 때, 한 유럽인 선교사가 도착했다는 소식이 외교인들에게 알려졌습니다. 그러자 (즈리) 지역에 경종이 울렸습니다. 9월 27일 자정을 기해서 즉각 떠나야만 했습니다. 저희에게는 마부 역할을 해 줄 목동 한 명이 있었지만, 이 사람은 길도 모르는 길잡이였고 나눠 가질 것이라고는 겁밖에 없었던 동료이자 통역관이었습니다.

저는 그 사람을 안심시키려고 다음과 같이 말했습니다. "우리 여행길이 순탄할 것 같다. 오늘이 성 미카엘 축일이고 모든 착한 천사들의 축일이다. 사람들이 우리와 동행하기를 거부하더라도 우리에게는 거룩한 천사들이 있을 것이니, 이게 훨씬 낫지 않으냐." 사흘을 걸은 후에 저희는 난징 주교가 보낸 길잡이를 만났습니다. 이 사람은 아내와 자식들의 간청과 눈물을 무릅쓰면서 저희를 안내하고 저희와 위험을 나누려고 했습니다. 그의 딸들 중 막내만이 나서서 아버지가 흔들리지 않기를 독려하며 말했습니다. "주교님을 모시세요. 이렇게나 훌륭한 이유로 자기를 바치는 것은 하느님 마음에 드는 행동입니다." 이렇게 해서 저희는 길을 나선 것입니다. 힘겹기는 했지만 저희의 여행은 난징에서 베이징으로 가는 여행에 비하면 즐거운 산책이었습니다. 여차하면 굶주림과 과로와 병을 얻어 죽을 뻔하기는 했지만요. 그런데 이 말은 특별히 몇몇 이들 입에서 나오는 소리입니다. 제 몫으로 저는 다른 어떤 이도 느끼지 못할 고통과 슬픔을 겪었습니다. 저희 여행에 대해서 어떤 이야기들이 들려와도 그것을 믿지 않도록 해주십시오. 멀쩡한 두 눈에 귀가 똑바로 뚫렸어도 모든 것을 삐딱하게 보고 듣는 자들이 있는 것이랍니다.

10월 6일, 저희는 무척 위험한 발걸음을 내디뎌야 했습니다. 제가 체포될 위험을 안고 있었습니다. 그런데 제 길잡이들은 저를 고관인 양 꾸밀 생각을 했습니다. 저를 치장하고 융으로 된 모자를 씌우고 황색 크리스털 안경(무게가 반 근은 나가고 직경이 한 자 반은 되었던 것 같습니다)을 우아하게 걸쳐주었습니다. 그리고 책상다리로 앉게 했습니다. 그러더니 점잖게 손을 놓는 방법과 진중하고도 기품 있게 머리를 세우는 법을 일러주었습니다. 제 통역관은 여관에서 세관으로 가는 동안 줄곧 제게서 시선을 떼지 않으면서 제가 지시받은 대로 잘 지키고 있는지를 살폈습니다. 제 길잡이는 머리에 무슨 학자들이 쓰는 모자 같은 것을 걸치고는 말에 올라 제1시종 역할을 했습니다. 초소에 도착하자 그는 어떤 육중한 남자에게 통과하려는 사람이 누구인지를 통보했습니다. 그러자 그 모든 세관원이 문 앞에 일렬로 늘어섰습니다. 그들은 일순간 소리 없이 지켜보더니 전진하라는 신호를 했습니다. 저희는 겁만 집어먹었을 뿐 별탈이 없었습니다.

10월 10일, 저희는 산시 대목구장(이탈리아 출신의 작은 형제회원)이 기거하는 곳(山西長治)에 이르렀습니다. 이 성직자는 도중에 만났던 모든 주교와 선교사들과 마찬가지로 무척 반가이 맞아주었습니다. 그는 저희를 돕겠다고 했습니다. 저희에게 뱃길이 열리지 않으면, 푸젠이나 쓰촨을 거치되 광둥 지방은 피해서 산시로 들어가야 합니다.

유럽의 선박이라고 하더라도 뱃길로 조선에 가는 것은 불가능합니다. 이는 아마도 이 세상 끝날 때까지 그러할 것입니다.

현재로서는 성직의 길을 밟을 조선 젊은이들을 조선 국경 밖으로 나오게 하는 것도, 조선인 심부름꾼을 구하는 것도 불가능합니다. 이렇게 불가항력적 상황은 오래 지속될 것으로 보입니다. 한 유럽인 선교사가 나와서 많은 어려움을 평정하기를 바라야겠습니다.

난징 주교가 350테일을 빌려주었습니다. 이것은 베이징이나 마카오에서 갚기로 서로 합의했습니다. 움피에레스 신부님에게 요청하건대 이 편지를 받는 대로 이 빚을 청산해주기 바랍니다. 난징 주교가 제게 워낙 품위 있게 행동해서 그렇게나 신성한 빚을 갚는 것을 늦출 수는 없습니다. 난징 주교 경리 담당 신부에게 지불하십시오. 그는 보리아 신부일 것입니다.

다시 한 번 움피에레스 신부님에게 청합니다. 포교성성에 제 편지의 내용을 알려주십시오. 저는 타타르에 도착하고 나서야 로마에 편지를 쓸 작정입니다. 어쩌면 제가 이처럼 더디게 전진하고 있는 것에 놀라는 사람들이 있을 것입니다. 하지만 제 탓이 아닙니다. 그리고 저는 제가 할 수 있는 최소한의 지출을 하고 있습니다. 하마터면 저는 굶주림과 과로와 병을 얻어 죽을 뻔했습니다. 제 길잡이들이 더 나은 대접을 받은 것도 아니고요. 오히려 모두들 병을 얻었습니다. 제 편지들을 모두 산시의 길잡이들에게 넘겨주시면 더욱 안전합니다. 산시 대목구장님은 제게 그것들을 틀림없이 북경으로 보내주겠다고 약속하셨습니다.

포교성성에서 제게 보낸 편지가 있다면, 복사본을 하나 만드시고 원본을 보내주십시오. 그래야 이 서류들이 중도에 누락되는 일이 생기더라도 신부님에게 다시 요청할 수 있을 테니까요.

르그레즈와 신부님께는, 여기 동봉한 편지를 프랑스로 전달해주시기를 부탁드립니다.

신부님들 모두, 저를 위해 하느님께 기도해주십시오.

여러분의 지극히 비천한 종
바르톨로메오 브뤼기에르 갑사 주교 드림

31신

발신자 : 브뤼기에르 주교
수신자 : 움피에레스 신부
발신일과 발신지 : 1834년 6월 5일, 산시
출처 : Procura: Macao-Hongkong, v. 20, ff. 151~156

1834년 6월 5일

✝ 예수 마리아 요셉

신부님,

신부님이 지난 1월 27일자로 쓰신 편지를 5월 31일에 받아보았습니다. 그게 전부입니다. 난징을 거쳐 보내신 편지들, 그리고 베이징으로 보내신 교황 칙서와 교서는 제게 도착하지 않았고 앞으로도 그럴 가망이 없는 듯합니다. 그런데 이 편지들 속에는 무언가 중요한 내용이 들어 있는 것 같습니다. 신부님에게 전에도 부탁드렸지만, 다시금 간청하는 바입니다. 제 앞으로 온 물품들을 모두 산시로 보내주십시오. 르그레즈와 신부에게도 같은 청을 넣어주시고, 제가 아직 그의 소식이라고는 접한 것이 전혀 없다는 말도 전해주십시오.

저희는 랴오둥에 집이라고는 갖고 있지 않습니다. 도 요셉(왕 요셉)은 랴오둥 지방의 몇몇 교우와의 약속을 신뢰했기 때문에 그렇게 될 것이라고 믿었지만, 그가 떠나자마자 랴오둥 교우들은 생각을 바꿔버렸습니다. 그들은 베이징에 있는 난징 주교 앞으로 전갈을 보내서, 저를 받아들일 수 없다고 했습니다. 제가 이 소식을 접했을 때는 타타르로 넘어가려던 참이었습니다. 저는 출발을 연기해야만 했습니다. 저희는 조선 사람들과 무언가 결론짓기를 바라고 있었으나 그들은 금년에 아무것도 할 수 없었습니다. 사람들은 조선 교우들이 (유방제) 파치피코 신부를 맞이하는 데 여념이 없었다고 생각하고 있습니다.[18] 저는 난징 주교에게서 더 이상 아무것도 바라지 않습니다. 이 성직자는 늙고 소극적이며, 주위에 좋은 사람들이 없습니다. 그의 하인들과 그의 정신세계에 영향력을 행사하는 베이징 교구의 다른 교우들도 그가 우리를 돕는 것에 반대하고 있습니다. 저는 이 모든 사실을 두 눈으로 목격한 증인들을 통해서 들어 알고 있습니다. 저로서는 조선 국경에 집이나 가게 한 채를 살 다른 방법을 찾을 길이 없습니다. 3명의 교우가 이 계획을 맡아서 하고 있는데 이는 15,000프랑 또는 1,200테일이 들어가는 일이요, 저희가 시도할 수 있는 유일한 방법입니다. 앞으로는 저희가 다른 사람들을 성가시게 할 일이 없을 것입니다. 저는 이 엄청난 비용에 질렸습니다. 그래서 저는 새로운 길을 개척하려고(5월 12일) 조선 국경으로 보냈던 도 요셉이 도착할 때까지 몇 달을 더 기다리려고 합니다. 이것은 정말 위태로운 여행입니다. 요셉이 도중에 죽임을 당할 수도 있을 것입니다. 제가 그에게 길잡이들을 붙여주려고 했으나 아무도 그와 동행

---

[18] 유방제(파치피코) 신부는 1834년 1월 4일(음력 1833년 11월 25일) 조선에 입국했고, 1월 16일 서울에 도착했다.

하려 하지 않았습니다. 그가 도중에 만나게 될 2명의 중국인 사제들 앞으로 추천장을 써주기는 했지만 아무도 그를 도와주지 않을 것이 분명합니다. 요셉은 아무 수확도 없이 돌아올 수도 있습니다(9월 8일 귀환). 하느님 뜻대로 이루어지소서. 모방 신부는 베이징에 있습니다. 그도 저만큼 곤란하면 했지 덜하지는 않습니다. 샤스탕 신부는 어디에 있는지 모르겠습니다.[19]

즈리에서 난징 주교에게 빌렸던 60테일을 갚았습니다. 신부님은 (마카오) 성 요셉 신학교의 (포르투갈) 신부님들을 통해서 이 금액을 돌려받으십시오. 저는 제가 갖고 있던 돈을 무모하게 써대지 않았습니다. 하마터면 저는 노상에서 굶주리고 지쳐 죽을 뻔했으니까요. 바로 이것이 이렇게 적자를 본 이유입니다. 난징에 있을 때 저는 제가 갖고 있던 피아스터를 통용시킬 수가 없었습니다. 환전 과정에서 엄청난 손실을 보지 않으려고 제 길잡이들은 제가 가지고 있던 돈의 거의 전부를 베이징에서 금궤로 바꾸어 줄 것을 전제로 자기네가 잘 아는 한 상인에게 주었지만, 우리가 그 상인을 앞질러 가는 바람에 돈을 빌려 써야만 했습니다. 얼마 후 우리는 돈을 돌려받았고 빚을 청산했습니다. 저의 심부름꾼 중 한 명은 돌아오는 길에 100테일 이상을 지출했습니다. 그가 다른 나머지 사람들에게 무언가를 준 것은 사실입니다. 그가 그 돈을 마음대로 써버릴 당시 저는 그와 함께 있지 않았습니다. 이 일에 대해서는 아무에게도 언급하지 마십시오. 난징 주교는 작년 10월에 250테일을 제게 주었습니다. 그때부터 저는 아무에게도 돈 한 푼 빌리지 않았습니다. 이 액수에다 제 여행 경비에서 남은 돈을 합하면 아직 280테일 조금 더 되는 돈이 남아 있습니다. 도 요셉(왕 요셉)이

---

[19] 샤스탕 신부는 그때 산둥 지역에서 사목하고 있었다.

베이징까지 여러 번 가면서 쓴 비용과 제가 그에게 타타르까지, 그리고 타타르에서 조선 국경까지 가는 데 쓰라고 준 돈을 제하고서 말입니다. 우리 선교사에게 배당된 액수를 우리끼리 정확하게 배분할 필요는 없습니다. 모든 선교사와 대목구장은 공동으로 단 한 개의 지갑만을 가져야 합니다. 돈이 조금밖에 되지 않더라도 서로 도와야 합니다. 어떤 사람에게는 100피아스터, 다른 이에게는 200피아스터 등등, 이런 식으로 할당하는 일은 없어야 합니다. 저희 모두가 조선에 가게 되면 그때는 필요에 따라 정확한 분배를 할 것입니다.

앵베르 신부는 배척해서는 안 될 인물이지만, 그가 자신의 조선 선교 의도를 드러내고 쓰촨을 떠나는 일은 우리가 조선에 입국한 후라야 가능합니다. 대목구장에게 부여된 모든 권한을 기록한 서류를 그에게 보내주십시오. 저는 새로운 선교사를 받아들이는 일만 빼고 나머지 권한을 갖고 있습니다. 저는 지금 대목구장 발령 칙서도 직인도 갖고 있지 않습니다. 부디 제게 그것들을 마련해주십시오.

제가 가지고 있는 서류 사본에는 제 권한들에 대한 조항이 하나 빠져 있어서 저는 그 조항의 복사본을 신부님에게 요구한 적이 있습니다. 그런데 신부님은 청을 들어주시지 않았습니다. 저는 신부님과 르그레즈와 신부에게 싱가포르 사태에 대한 내용을 써 보내달라고 했었습니다. 그런데 신부님은 이것도 저것도 들어주지 않는 것이 적절하다고 판단하셨더군요.

신부님은 페낭에 선교사 2명이 올 것이라고 알퐁소 신부에게는 알리시면서도 제게는 아무 말도 없으십니다. 아마 이 일이 저와 아무 상관이 없다고 믿으셨나 봅니다.

신부님은 코친차이나에서 사제들이 체포되었다고 제3의 인물에게 무심히 밝히고 있지만 그 이유도, 그 과정에 대해서도 언급이 없습니다. 신부님이 진정 그것이 상관없는 일이라고 생각했다면 그런 얘기는 아예 언급하지 않는 편이 더 나았을 것입니다.

제가 신부님에게 부탁드렸으나 아무런 답을 얻지 못한 것들이 아직 많이 있습니다. 최소한 그것들이 쓸데없는 질문들이라고 말씀만이라도 해주시지요. 그래서 앞으로는 제가 더욱 조신할 수 있도록 말입니다. 간청하건대, 조선을 프랑스인 선교사들에게 맡기지 않는다면 조선은 프랑스 선교사들에게 매우 힘든 고통을 안겨줄 것이고, 또 프랑스 관할 선교지들에 혼란을 조장할 수도 있다는 말씀을 포교성성에 편지로 전해주시기 바랍니다. 다수의 선교사들이, 그것도 최고의 선교사들이 저희와 함께 조선에 가려고 자기네 회를 떠나고 있고, 다른 이들도 그들을 뒤따르려 하고 있습니다. 프랑스인들은 이것을 지켜보기가 매우 난감할 것입니다. 상식적으로, 조선 선교지가 프랑스 파리외방전교회 소속이 아니라면, 어찌 제가 앵베르 신부 같은 선교사를 쓰촨에서 빼낼 수 있겠습니까? 앵베르 신부는 모든 점에서 보기 드문 인물입니다. 저는 저희 선교지들 중 어떤 곳에서도 그런 사람을 본 적이 없습니다. 다른 한편, 포교성성은 그토록 많은 선교 경비를 대줄 만한 돈이 없습니다. 나머지 선교지들이 3년 전부터 받은 돈이 없는 것은 조선 선교를 일방적으로 지원했기 때문입니다. 신부님은 심지어 빚까지 지고 있습니다. (프랑스 리옹에서 창설된) 전교후원회가 도와주지 않는다면 앞으로 상황은 더욱 열악해질 것입니다. 전교후원회에서는 프랑스 선교사가 남아 있지 않게 되는 날부터 즉시 원조를 끊을 것입니다. 랑글루아 신부가 작년에 제 편지를 받고 로마에 즉각 조선 선교를 요청하는 편지를 보냈다는 것도 더불어 알아두십시오. 이후 아무런 답장이 없었습니다. 이것은 랑글루아 신부가 직접 제게 편지로 알려주었습니다. 저희가 조선 선교지를 청했다가 거절당하거나 여러 선교사들이 조선 선교를 자원했다가 거절당한다면 통탄할 일입니다. 저는 많은 비탄스러운 일들을 겪고 있지만 이런 일이 가장 고통스럽습니다. 이번 일이 잘 매듭지어진다면 제 고통은 한결 덜어질 것입니다. 저는 신부님이 포교성성을 상대로 최후의 노력을 기울여주실 것을 촉구합니다. 포교성성에서 위의 사항들을 참작하여 조선 선교를 결정하는 것이 가능한지를 잘 알아보십시오. 신부님이 성가 마지막 소절을 불러주십시오. 저보다는 신부님이 마지막을 장식하는 게 낫지요. 저를 위해 선하신 하느님께 기도해주십시오.

저는 신부님의 지극히 비천하고
신부님께 복종하는 종입니다.

† 조선 대목구장 갑사 수교
바르톨로메오 브뤼기에르 드림

추신: 신부님에게 3통의 편지를 보냅니다. 하나는 프랑스행 편지로서 르그레즈와 신부에게 즉시 부쳐달라고 해주시고, 다른 하나는 로코데카 신부 앞, 세 번째 것은 앵베르 신부 앞으로 보내는 것인데 이것은 로코데카 신부 앞 편지 속에 끼워놓았습니다. 조심해서 다뤄주시기 바랍니다.

신부님은 랴오둥에 포교성성 경리부 신부를 한 명 두고 이 지방에서 심부름꾼들을 찾으려고 하십니다. 매우 좋은 일입니다. 하지만 랴오둥에선 아무도 저희를 받아주려고 하지 않습니다. 재치권과 관련해서는 언급을 신중히 해야 합니다. 포르투갈인들은 그들의 경계와 의심을 더욱 높일 이유가 없는데도 프랑스인들을 지나치게 경계합니다. 하지만 사실은 사실대로 존재하는 바, 그 사실을 저는 솔직히 알려드려야겠습니다. 랴오둥을 그 일부분이라도 조선 대목구장의 관리하에 두지 않으면 조선을 잘 돌보는 것은 거의 불가능할 것입니다. 그래도 포르투갈인들의 빈축을 사지 않도록 신중하게 행동하십시오. 아마도 저희가 조선에 입국하는 것이 가능해지는 것을 기다리는 것이 좋을 듯싶습니다.

포교성성이 조선에 대해 어떤 결정을 내렸는지 알게 되면 즉시 통지해주십시오. 다시 한 번 반복합니다. 신부님의 편지들은 산시를 통해 제게로 보내주십시오. 르그레즈와 신부에게 말씀드려서 제 앞으로 온 편지들을 달라고 하신 후 그것들을 산시를 통해서 발송해주십시오. 죄송하지만 장을 넘겨주십시오.

포교성성과 관련해서 신부님에게 제안한 나머지 사항들 말고도 한 가지를 더 덧붙입니다. 조선이 파리외방전교회에 맡겨지지 않으면 저로서는 이 선교지에 프랑스인 선교사들을 받아들이기 어렵게 됩니다. 조선을 위해서는 경험이 많고 성숙한 선교사들이 필요합니다. 그 어떤 시련도 강인하고 용기 있게 이겨낼 사제들이 필요합니다. 그런데 먼저 그들이 그들을 엄격하게 심사하는 현명한 지도자들의 손을 거치지 않는다면, 누가 그런 선교사들을 저에게 줄 수 있겠습니까? 현재까지 저는 중국인 사제들을 조선으로 불러들일 의도가 없습니다.

32신

발신자 : 브뤼기에르 주교
수신자 : 부모
발신일과 발신지 : 1834년 6월 6일, 산시
출처 : AME, v. 577, ff. 267~269

1834년 6월 6일 산시에서

✝ 예수 마리아 요셉

지극히 친애하올 부모님께,

부모님의 소식을 접하지 못한 지도 거의 2년이 되어갑니다. 두 분 편지들 중 몇 개는 아마 난징으로 발송된 것들 중에 섞여 있을 것 같아요. 요 며칠 제 앞으로 온 꾸러미가 그쪽으로 가버렸다는 것을 알았거든요. 그것이 저한테 도착하기는 만무할 것 같습니다. 왜냐하면 그 도시와 제가 지금 있는 곳과는 교류가 거의 없거든요. 하지만 이건 뭐 작은 불운에 불과합니다. 앞으로 제 앞으로 발송되는 편지들은 다른 길로 오게 될 것입니다. 제가 잘 대비해놓았습니다. 올해는 돌아다니는 것을 그만할 수 있을 것으로 생각했었습니다. 하지만 하느님의 섭리가 이를 허락하지 않았습니다. 앞으로도 제 선교지에 들어가게 되기까지 유럽인들에게는 전혀 알려지지 않은 지역들을 또 떠돌아야 합니다. 하느님의 뜻대로 이루어지소서! 작년 말에 조선으로 가려던 선교사는 중국인 사제(유방제 신부), 노르망디 바이외 교구의 모방 신부, 프로방스 디뉴 교구의 샤스탕 신부, 그리고 저, 이렇게 4명이었습니다. 난리를 떨며 저희를 따르겠다는 후발 선교사들이 몇 명 있기는 하지만 저는 그들에게 이 길을 걷게 허락할 수 없습니다. 저희만으로도 족히 복잡한 상태거든요. 그들이 와서 이 복잡한 상황을 더 복잡하게 해야 할 이유가 있겠어요? 저희가 길을 트게 되면 그들을 부르게 될 것입니다. 중국인 사제는 조선에 들어간 지 어언 반년은 됐나 봅니다. 모방 신부는 베이징에 있고, 샤스탕 신부는 난징에, 그리고 저는 서부 타타르 쪽에 있습니다. 그러니까 이것은 저희 중 한 사람은 파리에 있고, 다른 이는 로마에, 또 다른 이는 모스크바에 있는 셈이랍니다.

저는 조선 입국 방안을 강구하는 데만 열중하고 있답니다. 그런데 저희와 조선 사이에는 접근이 쉽지 않은 지방이 놓여 있습니다. 교우들이 있기는 하지만 유럽인들에게 이상스레 겁을 먹거든요. 저희의 존재가 박해를 유발할까 봐 염려하는 것이지요. 그들 말로는 저희와 함께 있으면 참수당할 위험이 있다는 겁니다. 그들이 이렇게 두려워하는 것은 전혀 황당한 것이 아닙니다. 머물지 않고 이 지역을 통과만 하면 되는 것이라면 저희도 그들의 도움을 받을 필요가 없겠지요. 그들 집에 숙박하러 가지도 않을 것이고요. 하지만 좋든 싫든 이 지방에 얼마간 머물러야 하니, 이것이 바로 난감한 일이랍니다. 조선 교우들이 늘 그랬듯이 지난 12월에 베이징에 왔다면 모든 것이 잘될 수 있었을 것입니다. 그런데 경우에 없는 별난 일이 일어나고 말았습니다. 그들이 올해는 (베이징에) 나타나지 않았던 것입니다. 그들 모두가 중국인 선교사를 맞아들이느라 정신이 없었던 것으로 생각하고들 있습니다. 이것이 그들이 오지 않은 유일한 이유이기를 바랍니다. 그래서 행군 계획을 달리 짜야 했답니다. 그래서 새로운 길을 개척하라고 (5월 12일) 중국인 학생(왕 요셉)을 보냈지요. 이 학생은 도적과 야수들이 득실대는 (어쨌건 사람들이 보통 하는 얘기가 그렇답니다) 산과 사막을 지나 타타르의 상당 지역을 횡단해야만 합니다. 가능하면 조선 국경까지 바짝 다가가서 그 지역들을 면밀히 관찰하고, 집 한 채를 빌리거나 구입할 수 있는지 그 가능성 여부를 타진해보아야 한답니다. 하느님께서 저희에게 길을 터주실 때까지, 한 교우가 저희 비용으로 장사를 하면서 저희를 감춰주고 저희는 그 집에서 그럭저럭 숨어 지낼 수 있을 그런 집을 찾고 있습니다. 그 여정이 4,500리(왕복 9,000리)나 됩니다. 그래서 저는 그에게 길잡이들을 붙여주고자 했건만 제가 그를 보살피고자 애썼던 것은 무위였답니다. 아무도 그를 따르려 하지 않았던 것이지요. 그래서 그는 홀홀 단신 떠났답니다. 오직 하느님의 섭리만이 그의 길잡이요 수호자였습니다. 그가 돌아오면 몇몇 중국인이 저를 수행하겠다고 약속했지만 그가 돌아올까요? 그렇다면 언제나 돌아올까요?(9월 8일 귀환) 선하신 하느님께서는 아시겠지요. 저는 이 젊은이의 열의와 용기에 탄복하고 있습니다. 이 젊은이는 저희와 조선 사람들을 위해 희생하고 있는 것입니다. 그가 여장을 잘 갖추지도 못한 채 걸어서 다닌 지도 18개월이나 됩니다. 얼마 안 있으면 베이징에서 파리 간 거리보다 더 먼 거리를 걷게 되는 셈이지요. 비록 늘 병들고 폐병 위협에 시달리지만, 그는 피로와 위험을 두려워하지 않을 것입니다.

보시다시피 저희는 좀 곤란한 상황에 처해 있습니다. 저희가 걸음을 내디딜 때마다 극복해야 할 새로운 장애물이 나타나니 말입니다. 말씀드렸던 것으로 알지만 저희가 하고 있는 것은 즐거운 여행이 아니랍니다. 하지만 저희는 용기를 잃지 않습니다. 제게는 선하신 하느님께서 친히 시작하신 일을 매듭지으시리라는 믿음이 있으니까요. 저희가 엄청난 위험들을 겪은 것은 맞지만, 선하신 하느님께서는 저희를 그것들에서 구해주셨습니다. 그 성스러운 이름이여, 찬양받으소서!

한 유럽인 선교사(모방 신부)가 말 한마디도 모른 채 길잡이도 없다시피 하면서 중국 전체를 횡단하고, 때로는 걷고 때로는 나귀나 지붕 없는 마차를 타고 아무도 눈치 채지 않게 황국의 도시에 입성했다는 것을 생각하면 저 스스로도 놀라움을 금할 수 없답니다. 중국 역사책들에서도 찾아볼 수 없는 일이지요. 그는 어쩌면 황국의 허가서 한 장 없이 베이징에 들어간 첫 번째 유럽인일 겁니다. 하느님 섭리의 이 각별하신 보살핌을 저는 전교후원회 회원들 덕분으로 돌립니다. 저희는 전교후원회 회원들이 저희와 함께 싸워주시는 한 승리를 확신할 것입니다. 저는 지금 3년 전부터 주교와 선교사들이 아무런 원조도 받지 못하고 있는 한 선교지(산시)에 머무르고 있습니다. 그런데 그 이유가 본의 아니게 다름 아닌 저랍니다. 그런데도 그들은 할 수 있는 한 힘껏 저희가 필요로 하는 것을 제공해주고 있답니다. 아량 있는 친우들을 만나는 것이 유럽에서만 일어나는 일은 아닌 것이지요.

저는 이제 중국어 공부를 하는 데 조금 신경을 쓰고 있습니다. 강희 황제의 손자인 황손이 저의 가정교사이자 이따금 시종 노릇도 하고 있답니다. 이 사람은 자신의 서열을 빼앗기고 귀족의 품계와 재산도 잃어가면서 신앙을 지켰습니다. 그의 그리스도교 서원이 한결같자 황제는 그를 고향에서 1만 리나 떨어져 있는 타타르 깊숙한 곳으로 내쫓아버렸던 것이지요. 귀양지에서 이 사람은 자신처럼 신앙을 고백하다가 같은 형에 처해진 중국인 사제 한 명을 만났습니다. 이들은 18년을 함께 지냈지요. 형을 마치자 이들은 고향으로 돌아갈 자유가 생겼지만 그 사제는 도착한 후 얼마 지나지 않아 숨을 거두었습니다. 한편 황손은 가족의 품으로 돌아가기를 원치 않았습니다. 그래서 산시 주교에게 매일 미사에 참례하고 성사를 자주 보는 위안을 얻을 수 있도록 전교회장들 중 하나로 받아달라고 간청했습니다. 그로서는 한 사제를 보필하는 것이 기쁜 일인 모양입니다. 강희 황제의 손자인 황손이, 알다시피 귀족 품계도 없는 저같이 미천한 선교사의 식사 시중을 들고 있는 것을 보고 있노라면 저는 부르르 떨린답니다. 하지만 저는 선행의 공덕을 그에게서 박탈하지 않으려고 그를 그냥 내버려두고 있습니다. 이 사람은 제 앞에서 앉아 있는 법이 없답니다. 제국의 패권보다 십자가의 치욕을 선호했기에 한 세계의 제1왕좌를 열망할 자격이 있었던 이 남자가 직접 자기 손으로 한 가난한 사제의 시중을 드는 일을 영광으로 삼고 있는 것입니다. 이 사람은 신앙을 통해, 자기가 모시는 성직자들에게서 예수 그리스도를 보고 있는 것입니다.

두 분께 순종하는 지극히 효성스런 아들
조선 대목구장 갑사 주교
바르톨로메오 드림

33신

발신자 : 포교성성 차관 A.마유스
수신자 : 브뤼기에르 주교
발신일과 발신지 : 1834년 8월 31일, 로마
출처 : AME, v. 579, f. 104

교황님께,

갑사의 주교이며 조선의 교황 대리 감목인 바르톨로메오는 교황님께 겸손되이 청하기를, 복음의 찬미가가 울려 퍼지지 않는, 조선 밖의 지역으로 신앙을 선포하도록 사제나 교리 교사들을 파견할 수 있고, 그곳의 새 신자들과 자신과 자신들의 사업으로 인한 회개자들에게도 조선인들에게와 동일한 재치권을 행사할 수 있는 적절한 권리가 자신에게 주어졌으면 한다 했습니다.

1834년 8월 31일 교황 알현에서

하느님의 섭리로 우리 교황이신 그레고리오 16세 성하께서는 포교성성 차관인 본인에게 언급하시기를, 위에 언급한 교황 대리 감목에게 조선 외의 지역에 사제들이나 교리 교사들을 파견할 수 있는 권한을 자애롭게도 부여해주신다고 하셨다. 단, 그 지역이 아직 어느 교구에도 속하지 않았을 것과, 차후 직권자가 생길 경우, 그들의 자격에 부합하는 권리는 보장되어야 한다.

상기일(上記日)에 로마 포교성성에서

어떤 문서로도 취소되지 않음.

차관 A. 마유스

34신

발신자 : 포교성성 차관 A.마유스
수신자 : 브뤼기에르 주교
발신일과 발신지 : 1834년 8월 31일, 로마
출처 : AME, v. 579, f. 105

교황님께,

갑사의 주교이며 조선의 교황 대리 감목인 바르톨로메오는 교황님께 겸손되이 청하기를, 박해나 또는 다른 사건이나 사람의 이유 때문에 조선 경계 밖 어느 곳에나 신학교를 설립하고, 자신이나 또는 자신에게 속한 사제들을 통하여 모든 교회 직분과 모든 교회법적 권리를 행사할 수 있도록 해 주십사 했습니다. 다만 (그곳에) (직권자가) 생길 경우 그들의 권리는 보장될 것입니다.

1834년 8월 31일 교황 알현에서

하느님의 섭리로 우리 교황이신 그레고리오 16세 성하께서는 포교성성 차관인 본인에게 언급하시기를, 위에 언급한 교황 대리 감목에게 그에 대해 활동할 수 있는 지역들에 신학교들을 설립할 수 있는 권한을 자애롭게도 부여해주신다고 하셨다. 단, 신학교들이 설립될 지역이 어떤 교구에도 속하지 않을 것과, 차후 직권자가 생길 경우, 그들의 자격에 부합하는 권리는 보장되어야 한다.

상기일(上記日)에 로마 포교성성에서

어떤 문서로도 취소되지 않음.

차관 A. 마유스

35신

발신자 : 포교성성 차관 A. 마유스
수신자 : 브뤼기에르 주교
발신일과 발신지 : 1834년 8월 31일, 로마
출처 : AME, v. 579, f. 106

교황님께,

갑사의 주교이며 조선의 교황 대리 감목인 바르톨로메오는 교황님께 겸손되이 청하기를, 고해 사제들도 없고, 성사 배령도 불가능하여 고해도 못하고 영성체도 하지 못한 교우들이 통회하고, 또 은총 지위에 있으며, 다른 모든 조건들과 행업으로 의당 자격이 있다고 한다면, 자신이나 자신의 대목구에 있는 사제들이 대사를 베풀어 자신의 재치권에 속하는 모든 교우들이 유익함을 얻을 수 있도록 해주십사 했습니다.

1834년 8월 31일 교황 알현에서

하느님의 섭리로 우리 교황이신 그레고리오 16세 성하께서는 포교성성 차관인 본인에게 언급하시기를, 위에 언급한 교황 대리 감목에게, 그의 대목구에 있는 사제들뿐만 아니라, 그의 재치권에 속하는 모든 교우들에게 자애롭게도, 고해 사제들이 없어 대사가 베풀어져야 할 때마다, 즉 고해 행위가 전제되는 것이 불가능할 때마다, 기회가 되면 고해할 마음을 먹고 통회하면 충분하다고 허락하셨다. 이와 반대되는 규정은 효력이 없다.

상기일(上記日)에 로마 포교성성에서

어떤 문서로도 취소되지 않음.

차관 A. 마유스

36신

발신자 : 포교성성 차관 A.마유스
수신자 : 브뤼기에르 주교
발신일과 발신지 : 1834년 8월 31일, 로마
출처 : AME, v. 579, f. 107

교황님께,

갑사의 주교이며 조선의 교황 대리 감목인 바르톨로메오는 교황님께 겸손되이 청하기를, 미사 때 목랍 초를 사용할 수 있는 권한을 허락해주십사 했습니다. 왜냐하면 이런 종류의 초는 일반적인 초와 매우 비슷하며, 그의 선교지에서 구하기가 쉽고, 가격도 싼 반면, 밀랍에서 추출한 초는 먼 지방에서 구해야 하고, 그 비용도 비교할 수 없을 만큼 비싸기 때문이라고 합니다.

1834년 8월 31일 교황 알현에서

하느님의 섭리로 우리 교황이신 그레고리오 16세 성하께서는 포교성성 차관인 본인에게 언급하시기를, 그 (주교가) 어려운 환경에서도 자신의 사명을 수행할 수 있도록 미사성제에서 기도 중에 목랍 초의 사용을 허락하라고 자애로이 은전을 내리셨다.

상기일(上記日)에 로마 포교성성에서

어떤 문서로도 취소되지 않음.

차관 A. 마유스

37신

발신자 : 포교성성 차관 A.마유스
수신자 : 브뤼기에르 주교
발신일과 발신지 : 1834년 8월 31일, 로마
출처 : AME, v. 579, f. 108

교황님께,

갑사의 주교이며 조선의 교황 대리 감목인 바르톨로메오는 교황님께 겸손되이 설명하기를, 자신의 대목구 경계 밖에 있는 교황 대리 감목이 합당한 장상으로부터 요청받아 주교 직분을 수행했다가, 1년간 정직 처분을 받았다고 들었다 했습니다. 그 자신은 1831년부터 샴의 보좌 주교로 있으면서, 말라카 본당에서 일하는 도미니코회 신부가 요청하여, 견진성사를 두 번 집전했다 합니다. 또한 작년에는 이미 그가 조선의 대리 감목으로 임명되었을 때, 마카오 좌(座)가 공석이어서 그곳의 참사 대리로부터 요청을 받고 개인적으로 두 차례 서품식을 거행하고 성사를 주었다고 합니다. 그는 이 일에 대하여 한 교황으로부터 정해진 것은 무엇이나 다른 교황으로부터 철회될 수 있다고 생각했으므로, 징계 처분을 받는 것보다는 용서를 빌고 사죄받기를 청했습니다.

1834년 8월 31일 교황 알현에서

하느님의 섭리로 우리 교황이신 그레고리오 16세 성하께서는 포교성성 차관인 본인에게 언급하시기를, 위에 언급한 교황 대리 감목이 요청한 용서를 허락하셨고, 뿐만 아니라 자신의 감목구 경계 밖에서도 10년 기한부 주교권을 행사할 수 있는 권한을 베푸셨다. 단, 직권자들의 권한이 우선한다.

상기일(上記日)에 로마 포교성성에서

어떤 문서로도 취소되지 않음.

차관 A. 마유스

38신

발신자 : 마카오 주재 파리외방전교회 경리부장 르그레즈와 신부
수신자 : 브뤼기에르 주교(시왈쯔 체류)
발신일과 발신지 : 1834년 9월 2일, 마카오
출처 : 미상

유럽 선교사 3명(브뤼기에르, 샤스탕, 모방)이 한꺼번에 조선에 잠입하는 것은 문제라고 비판하는 소리가 들립니다. 샤스탕 신부와 모방 신부는 쓰촨으로 가고, 그들 대신에 준비가 더 잘된 앵베르 신부가 조선으로 가는 게 옳다고 합니다. 선교사들이 조선 입국을 너무 서둔다고 하면서 샤스탕 신부는 샴(타이) 교구로, 모방 신부는 쓰촨(중국) 교구로 복귀하는 게 순리라고 합니다.

39신

발신자 : 브뤼기에르 주교
수신자 : 랑글루아 신부
발신일과 발신지 : 1834년 9월 20일, 산시
출처 : AME, v. 577, ff. 271~272

1834년 9월 20일 산시에서

제가 저희 부모님께 드린 편지를 보면 신부님은 현재 저희가 어떤 상황에 처해 있는지 대충 짐작이 가실 것입니다. 상황이 좋지 않습니다. 거기다 여기 부록 형식으로 아래 내용을 덧붙입니다. 조선을 지원한 선교사는 유럽인 3명과 중국인 1명, 모두 넷입니다. 중국인 선교사(유방제 신부)는 조선으로 입국한 지 아홉 달이 되었고, 저희는 이제 조선의 문을 두드려야 할 판인데, 저쪽에서는 우리에게 문을 열어주는 데 전혀 신경을 쓰지 않고 있습니다. 조선 사람들은 중국인 사제들을 원하지 유럽인을 원하지 않습니다. 그들은 그들의 왕이 우리의 입국을 허가하기를 바라지만, 왕이 그럴리가 없는 것이 확실합니다. 우리의 입국을 위해 그들이 생각해낸 방안은 실현 불가능한 것들입니다. 저희는 가능한 모든 방법들을 시도해보려고 합니다. 그리고 그들이 그 이해가 안 되는 결정 사항을 취소하도록 총력을 기울이려고 합니다. 성공할 수 있을까요? 선하신 하느님께서는 아십니다.

그들을 대상으로 우리가 시도한 것들이 수포로 돌아가면, 억지로 밀어붙이는 수밖에 없습니다. 하지만 이것은 최후의 순간에나 실행에 옮겨야 할 절망적인 해결책입니다. 저희는 더 나은 방법이 있나 알아보기 위해 머리를 맞대려고 합니다. 우리 둘 중 하나인 샤스탕 신부는 조선 국경까지 갔었습니다. 하지만 그를 들여보내줄 사람을 아무도 만나지 못하는 바람에 중국으로 되돌아왔습니다. 그는 가장 적절한 기회를 기다리는 중입니다. 모방 신부는 베이징을 떠나야만 했습니다. 그의 존재가 박해를 초래할 수 있었던 것입니다. 그는 서부 타타르(시완쯔)로 떠났습니다. 프랑스 라자로회 소속 한 중국인 사제(쉬에 신부)가 그를 맞이해주었습니다. 이틀 후 저는 그를 만나러 길을 나서려고 합니다.

저는 (1834년 5월 12일) 제 학생인 도 요셉(왕 요셉)을 보내 서부 타타르를 거치는 새로운 길을 답사하도록 했습니다. 이 여정은 왕복 9,000리가 넘습니다. (산시에서 떠난 지 120일 만에) 그는 9월 8일에 도착했습니다. 10,000리나 되는 사막을 횡단하면서 위험한 일들을 겪었지만 선하신 하느님께서는 그에게서 그 위험들을 떨쳐주셨습니다. 그는 이 여로를 거의 걸어서 수행했습니다.

조선 교우들이 저희에게 보고한 내용을 말씀드리겠습니다. 이 선교지에는 40,000명의 교우가 있습니다. 이들은 서로를 개종시켰습니다. 이들에게는 사제가 딱 1명밖에 없었는데, 이 사제(주문모 신부)마저 1801년 박해 때 순교했습니다. 그러니까 이들은 34년간 선교사 없이 지내고 있는 것입니다. 작년에는 남자 여섯, 여자 셋, 9명의 교우가 수감되었습니다. 이들은 모두 헌신적으로 신앙을 고백했습니다. 이들은 예수 그리스도를 위해 자기네 피를 흘리는 행복을 누릴 수 있도록 즉각 자기네를 처형시켜달라고 재판관에게 촉구했습니다. 여자들은 자유 방면되었지만, 남자들은 투옥되었습니다. 이 재판의 결과가 어떻게 되었는지 저는 모릅니다.

저희로서는 입장이 난감합니다. 전진해야 할까요? 도무지 모르겠습니다. 어떻든 간에 저희는 모두 한 치도 물러나지 않을 결심이 되어 있습니다. 저희는 진지를 유지한다는 희망이 완전히 없어지기 전에는 결코 후퇴하지 않을 것입니다. 하느님께서는 저희가 이 모든 과업과 여로의 끝에서 천국을 만나도록 해주시옵소서. 신부님에게 지금 쓴 편지를 보고 또 예전에 보냈던 편지들을 읽어보셨다면 저희가 얼마나 절실하게 하늘의 도움을 필요로 하는지를 아실 것입니다. 그러니 저희가 이런 혼란의 소용돌이 속에서도 굳건히 버텨내고, 그리하여 결국 약속된 땅으로 들어가게 되도록 자비로우신 하느님께 빌어주옵소서.

† 조선 대목구장 갑사 주교
바르톨로메오 드림

40신

발신자 : 브뤼기에르 주교
수신자 : 포교성성 장관 추기경
발신일과 발신지 : 1834년 9월 20일, 산시
출처 : APF. SOCP, v. 76, ff. 404~408; AME, v. 577, ff. 273~275

1834년 9월 20일 산시

지극히 공경하올 추기경님,

추기경께서 1834년 5월 4일에 쓰신 편지를 받았습니다. 제게 허가해주신 권한에 대해 감사드립니다. 그 후 견진성사 집전권을 몇몇 사제들에게 허락할 권한도 청한 바 있으나 여전히 답신을 받지 못했습니다. 그 권한이 제게는 대단히 필요합니다. 도처에 있는 모든 교황 대리 감목에게 허가되어 있는 것이 왜 제게만 거부되는지 모르겠습니다. 추기경께서 제게 그 권한을 부여해주시기 바랍니다. 움피에레스 신부가 추기경님께 보고한 일입니다. 작년에 저는 장난(江南)에서 베이징 근처 즈리(直隷)로 갔습니다. 그곳에서부터 저는 위험과 수고와 큰 고생을 겪은 다음, 하느님의 도우심으로 산시 대리 감목 주교관에 도착했습니다. 그는 제가 표현하기 힘들 정도로 지극히 우아하게 진심을 담아 저를 환대해주었으며 주교관에서 자유로이 시간을 보낼 수 있게 해주었고, 제게 필요한 모든 것을 넉넉히 대주었습니다. 저는 겨우 도착했지만, 곧 만주로 여정을 시작하고자 합니다. 저는 필요하다면 랴오둥 지방에 거처할 수는 있으나 그곳의 그리스도인들이 저를 맞아들이기를 바라지 않는다는 소식을 들었습니다. 하지만 모든 준비는 다 갖춰졌습니다. 아주 친절한 사람들이 충고하기를, 통상 매년 12월 말경에는 조선 사람들이 오는데, 그들이 왔다가 돌아갈 때 그 일행처럼 들어가는 것이 현명할 것이라고 했습니다. 그러나 그해에는 평상시와 달리 그들 가운데 신자가 한 명도 없었습니다.

4월 1일에 푸젠 푸저우에 남아 있던 모방 신부가 다른 길을 통해 베이징으로 왔습니다. 그곳에서 겨우 두 달을 지냈으나, 고발의 위험이 커지자, 베이징 주재 난징 주교는 만주 서쪽 지방(시완쯔)으로 그를 보내어 성 빈첸시오 아 바오로회(라자로회)의 중국인 신부와 함께 지내도록 배려했습니다.

5월 12일에 저는, 페낭에서부터 저와 함께 온 중국인 학생들 가운데 한 명인 도 요셉(왕 요셉)을, 조선 국경 가까이 있는 동만주(東滿洲)지방으로 가는 다른 길을 찾아보라고 보냈습니다. 마련된 길이 더 좋지가 않아, 그는 9월 8일에 돌아왔습니다. 그 길은 왕복 9,000리나 되었습니다. 몇 달 뒤에 저는 그 길을 떠나렵니다.

제가 알기로는, 7월 말에 다른 프랑스인 선교사인 샤스탕 신부가 베이징으로 왔습니다. 샤스탕 신부는 혹시라도 유 파치피코 신부를 만나거나 자기를 안내해줄 인도자들을 몇몇이라도 만날 수 있는 항구에 접근하기를 바라며 조선 국경 해안으로 떠났지만, 그 기대는 헛된 것이었습니다. 그를 안내해줄 수 있거나 안내해주기를 원하는 사람을 한 명도 만나지 못했습니다. 그래서 그는 만주를 거쳐 다시 중국으로 돌아와야 했습니다. 그가 베이징에서 떠난 지 한 달 뒤에 난징 주교는 그에게 대화를 나누자고 불러들여, 마카오로 돌아가든지, 산둥으로 가서 자기 자신의 총대리인 카스트로 (Castro) 신부의 재치권 아래에서 사목 활동을 하든지 선택하라고 첫날부터 집요하게 요구했습니다. 샤스탕 신부는, 조선 입국의 기회가 조금이라도 생기면 곧바로 조선으로 돛을 올릴 수 있도록 하기 위하여, 기꺼이 산둥에 머무르려고 돌아갔습니다.

8월 29일에 저는 유 신부를 조선인들의 손에 맡기고 온 사람에게 소식을 들었습니다. 즉, 조선으로 가기 위해서는 꼭 들러서 얼마간이라도 머물러야 하는 랴오둥 지방에는 저를 맞이해줄 (저는 그들의 환대가 필요 없습니다만) 그리스도인이 한 명도 없다는 것입니다. 유 파치피코 신부는 작년 말에 조선으로 들어갔습니다. 그 사람이 말하기를 조선에는 4만 명의 신자들이 있다고 합니다. (그 숫자가 사실을 반영하고 있는 것인지는 약간 의심스럽습니다만) 교우 아홉, 남 교우 여섯과 여 교우 셋이 잡혀 감옥으로 끌려갔으나, 모두가 한 믿음을 고백했다 합니다. 또한 그들은 순교의 팔마(palma)를 원하며, 사형에 처해달라고 간절히 청했다고 합니다. 여교우들은 풀려났으나 남교우들은 여전히 사슬에 묶인 채 남아 있습니다. 사업의 결과는 여전히 알수 없으니 그분만이 이를 (아시는) 분이 아니겠습니까? 같은 날 조선인들이 작년에 제게 써 보낸 편지 2통을 받았습니다. (2통 모두 사본을 동봉합니다.) 아래는 그 가운데 일부를 요약한 것입니다.

"저희는 저희 목자가 복되고도 안전하게 저희에게 오시기를 하느님과 성인들께 기도합니다. 사실 저희는 유럽인을 조선에 들어오게 할 수는 있으나, 얼굴 생김새와 머리색이 워낙 달라 안전하게 숨기는 것이 대단히 어렵습니다. 그래서 삼가 조언해드린다면 교황님께서 정식으로 귀중한 선물을 딸려 사절을 우리 임금에게 보내 그리스도교의 공식 준행(遵行)을 허가

해주기를 청하는 것이 더 나아보입니다. 만일 첫 번째 사절이 순조로운 결과를 얻지 못한다면 새로이 귀중한 선물을 들려 다시 사절을 보내고, 이런 식으로 소기의 목적을 달성할 때까지 계속해야 할 것입니다. 다른 일에 대해서는 훌륭하게 판단하실 파치피코 신부님의 조언대로 할 것입니다."

그러므로 저희는 여러 해 동안 여러 지역들을 돌아다녔고, 노역을 견뎠으며, 위험을 무릅썼습니다. 그리고 저희만큼 교황님께서도 그들을 위해 매우 비싼 대가를 치르셨으며, 경건한 그리스도인들도 그렇게 했으나, 저희는 관문(關門)에 도달했을 때, 기다리던 소식은 전혀 듣지 못하고 비참하게도, "돌아가시오! 당신들이 원하는 곳으로부터 물러나시오! 먼저 임금의 허가장을 얻지 않고서는 우리는 당신들을 받아들일 수 없소"(라는 말을 들으며) 쫓겨나고 말았습니다. 그들은 이토록 약속도, 선교사들과 주교를 얻기 위해 교황님께 간절히 청원했던 것마저도 저버리고 말았습니다! 산과 바다도 넘고, 청하던 바(선교사들과 주교)도 얻었지만, 그들은 무지하게도 위험에 대한 공포로 포기하고 말았습니다.

임금과 땅의 지배자들에게 성대하게 사절을 보냄으로써 이방인들에게 사도들이 접근하도록, 그리스도께서 보살펴셨겠습니까? 대략 40년 전부터 이런 일은 들어보지 못했으니, 현실적으로 불가능하며, 더욱이 아시아 왕조들에게는 아주 위험한 제안으로 여겨질 것이고 결국 유럽인들에게 나쁜 태도를 가지게 될 것입니다. 언젠가 그들 가운데 한 그리스도인이 국가의 반역자가 되어 가공할 형으로 처형된 적이 있었습니다. 그 결과 유럽인들, 즉 그리스도인들에 대한 공포와 증오가 더 커졌습니다. 유럽인들을 차별 없이 받아들이고 나서 몇 년이 지나면 재차 똑같은 일이 벌어질 수도 있습니다. 인간이야말로 (신앙의) 원수여서 이미 쓸모없는 수단을 일으킬 수 있었으니, 우리가 영구히 이 사명으로 들어가는 것이 막히도록 되기 위한 것이었습니다. 그러나 그의 말을 믿을 수 있다면, 작지만 조언을 드릴 수 있을 것 같습니다. 그들의 말에 따르면 4만 명 가운데 오직 23명만이 자신들에게 선교사 1명이 있다는 것을 알고 있으며, 자신들을 위해 주교 1명이 있다는 것을 아는 사람은 아마도 겨우 4~5명 정도일 것이라고 합니다.

저는 그들 가운데 착하고 현명한 사람 모두가 받아볼 수 있도록 편지들을 썼으나 헛된 일이었습니다. 그 편지들은 오직 몇몇 선택된 이들만 보았고, 다른 이들에게는 숨겼습니다. 그들은 지나치게 조심하느라 그리고 박해에 대한 지나친 두려움 때문에 유럽인보다 중국인 사제들을 선호하는 것이 분명합니다. 그러나 이와는 반대로 그리스도인들의 수효, 무지, 활기 없는 마음, 어디에나 만연해 있는 미신, 본토인 성직자 양성의 시급한 필요성 등을 생각해보면 적어도 처음에는 유럽인 교황 대리 감목 한 명과 몇몇 선교사들이 필요하다 하겠습니다. 만일 지금처럼 이 선교 사명이 중국인들의 손에 맡겨진다면 이 일은 망한 것입니다. 경험에서 말씀드립니다만, 지난 한 세기 동안 (조선에 가기를) 원했거나, 적어도 갈 수 있는 사람으로서 (조선에 가기를) 원했던 중국인 선교사는 1~2명 정도뿐이었습니다. 오직 쓰촨 대목구에서만 조선을 위한 중국인 사제들을 찾을 수 있었습니다. 만일 이 사명이 (파리외방)전교회에 맡겨지지 않는다면 프랑스인들은 결코 어떤 선교사도 보내지 않는다고 정식으로 선언하리라는 사실을 저는 확실히 알고 있습니다. 이(조선 선교)를 위해 (먼저) 일본에서 신앙을 일으킬 희망은 사라졌거나 멀어져버렸습니다.

그 밖에도 전에 움피에레스 신부가 마음에 들어 했던 계획, 즉 저희가 (조선에) 입국할 수 없다면 저희 본부를 (조선) 국경 근처에 세우고 조선인 학생들을 저희 쪽으로 부르자는 계획이 현실적으로 가능하다고 누가 생각할 수 있겠습니까. 이 (계획은) 여러 차례 헛되이 시도한 바 있었습니다. 몇몇 젊은이들을 조선으로부터 중국으로 데려가 사제로 서품될 수 있도록 거룩한 학문과 신심을 가르쳐달라고 계속 청했던 조선의 새 영세자들은 법과 장애물 때문에 자신들은 (중국에) 갈 수 없다고 줄곧 대답했습니다. 이 모든 장애물들은, 만일 그런 것이 있다면, 그들 곁에서 살 유럽인 선교사가 쉽게 해결할 것입니다. 이와 같은 계획들은 포르투갈 선교사들이 조선 신자들에게 두려움을 갖도록 하기 위해 세운 것일지도 모른다는 의혹이 있다는 소리를 들었습니다. 모든 이 가운데 단 한 사람만이 그 장소에서 우리를 거슬러 소리치며 찬성하지 않습니다. 그는 저희가 빨리 포기하고 물러나는 것 말고는 다른 어떤 것도 바라지 않습니다. 이것이 저희의 슬픈 사업이 처한 상황이며 조건입니다. 그러니 저희가 중국에서 저희를 맞이해 준 사람들에게 큰 불편을 끼치고 배신의 위험을 감수하면서 영원히 떠돌이 생활을 하는 것 말고 무엇을 할 수 있겠습니까? 철수해야만 합니까? 저희 가운데 어느 누구도 이런 생각에는 찬성하지 않습니다.

이 일에 대해서는 산시의 대리 감목과 하느님 대전에서 심각하게 검토해보아야 하겠습니다. 저희는 교황 성하께 청해야 할 필요 사항을 아래와 같이 적습니다. 우선 조선인들에게 편지를 써 보내시어 그들에게 인자하시며 자부(慈父)적인 태도로 가르쳐주시기 바랍니다. 성대하게 사절을 파견한다는 식의 불가능한 제안은 웃음으로 넘기시고, 당신의 종(브뤼기에르 주교)과 그들 곁에서 저를 따른 선교사들을 비밀리에 허가해주시길 청합니다.

이미 교황 바오로 5세와 우르바노 8세께서 일본인들에게 하셨듯이 교황님께서 조선 교우들에게 호의를 가져주시길 저희는 간절히 바랍니다.

또한 포교성성이 파치피코 신부에게 편지를 보내 그가 서툰 그들을 가르치게 하는 것도 좋을 것입니다. 저는 그 사제가 자신에게 더 냉담해지지나 않을까, 저희와 반대로 말하지 않을까 걱정스럽습니다. 그는 이미, 난징 주교가 자신의 추수 밭에 비밀리에 저를 낫으로 삼는 것을 원하지 않는다면, 얼마 동안이라도 외적으로 존재했던 조선 선교의 재치권을 스스로 인정하지 않음을 명백히 드러낸 바 있습니다. 저희는 최대한 1년 반 안에 교황님의 소칙서와 성성의 회신이 저희에게 도착하기를 바라고 있습니다. 저희는 모든 인간적인 도움에서 버림받았으니 오직 하느님과 사도좌만을 믿고 있습니다. 문제가 신속히 해결되는 것이 더 좋을 것입니다.

움피에레스 신부가, 제가 권고했듯이, 성성의 편지를 즉시 접수하여 저희에게로 보내도록 살펴주시기 바랍니다. 조선 교우들은 1년에 단 한 번 베이징으로 오기 때문에, 하루를 지체하는 것이 자칫 1년의 지체가 될 수 있고, 때로는 더 길게 저희의 입국을 지체시킬 수 있습니다. 중국어로 번역하는 것은 제가 맡겠습니다. 저는 교황님의 발 앞에 엎드려 그리스도의 심정으로 이 수천 명의 새 교우들의 구원을 간청합니다. 저희의 간절한 청을 넉넉히 들어주시고 당신의 종들인 저희에게 풍성한 축복을 베푸시어, 저희가 게으르다고 내버려두지 말아주십시오. 이따금 저희는 아무것도 하지 않은 채 가만히 있습니다. 그러나 저희가 시작한 일은, 하느님의 도우심과 성모님의 돌보심으로 이룰 수 있을 것입니다. 저희가 교우들을 돌이킬 수 없다면, 여행의 안내자들이 어떤 알려진 신자의 집으로 안내해주도록, 돈을 주고 외교인들을 움직여보겠습니다. 저희는 교황 성하의 명시적인 명령이나, 물리적으로 더 이상 나아갈 수 없을 때가 아니면, 결코 철수하지 않을 것입니다.

해결해야 할 문제들

난징 주교는 제가 들어갈 때까지는 조선에 대한 재치권이 자기에게 있고 선교사들을 인정하는 것도 자신에게 속하는 것이라고 드러내놓고 말합니다. 제게는 이것이 교회법에 부합하지 않는 것으로 보이지만 재(灰) 속에 숨어 있던 불길이 솟아날까 봐 가만히 있습니다. 교회법에서는 어떻습니까? 만일 (교회법에서도) 그렇다면 저는 철수하겠습니다. 그렇지 않다면 들어갈 수 있습니다.

만일 조선 교우들이 교황 성하의 말씀과 권고에도 불구하고 저희를 받아들이려 하지 않는다면 저희는 교우들이 있는 곳에 도착할 어떤 안전한 수단도 가지고 있지 못합니다. 교황님께서는 저희가 은밀히 조선인들에게 가서, 신앙을 선포하여, 혹시 그들 가운데 몇이라도 회개하여 그들의 도움으로 다른 그리스도인들에게 도달하기를 원하시고, 간절히 바라시고, 명하시지 않았습니까? 아니면 저희가 섭리에 따라 노력하는 것을 금지하신 것입니까? 저희는 하느님의 은총으로, 명하신 바를 행할 것입니다. 그곳에 교우 수천이 있는데도 중국인 사제 단 한 명만이 있다는 사실을 깊이 생각해야만 할 것입니다.

일본에 교우들이 있습니까? (만일 교우들이 있고 그곳으로 갈 수 있는) 길이 있다면, 제가 누군가를 보낼 수 있지 않겠습니까? 제가 그를 그곳에 보낼 수 있다면 조선에서와 같이 제가 재치권을 가질 수 있습니까? 만일 조선에 들어가는 것이 확실히 불가능하다 해도, 어떠한 방식으로든 일본으로는 들어갈 수 있는 허가를 저희가 받을 수 있지 않겠습니까? 제가 바라는 것은 저 개인에게 이런 권한을 부여해달라고 하는 것이 아니라 지나친 열정으로 경솔히 시도하지 말라고 교황님께서 말씀해주시는 것입니다. 또한 바라는 것은, 제 사명에서 저버려지지 않고 특별히 파견되어, 하느님과 사람들 앞에서 교만하고 경솔하다는 평판까지도 감수하는 것입니다.

성하와 추기경님의 기도에 당신의 종들을 맡깁니다. 내일 모레 저는 만주에 있는 모방 신부에게로 떠납니다.

추기경님의 지극히 비천하고 충실한 종
† 갑사 주교이며 조선의 교황 대리 감목 바르톨로메오 드림

추신: 저와 함께 길을 떠나거나 조선 근처에서 저와 함께 머무를 사제들과 교우들의 고해를 들을 수 있는 권한을 청합니다. 그리고 그들에게 성사들을 베풀 수 있는 권한과 그 사제들도 제게 성사를 베풀 수 있는 권한을 청합니다. 그 지역에서는 거의 다른 사제들을 찾기 어렵고 때로는 위험 없이는 갈 수 없기 때문입니다. 저는 이 권한을 난징 주교에게 청했으나 그는 허락하지 않았습니다. (난징 주교는) 다른 질문에는 대답했으나, 이 요청에 대해서는 완전히 입을 다물었습니다. 또한 (그 지역에서) 미사를 드릴 허가도 청합니다. (그 지역의 교우들은) 사제와 함께 있을 수 있었던 적이 거의 없어 수년간 미사도 드릴 수 없고 고해도 할 수 없었을 것입니다.

41신

발신자 : 브뤼기에르 주교
수신자 : 움피에레스 신부
발신일과 발신지 : 1834년 9월 20일, 산시
출처 : Procura: Macao-Hongkong, v. 20, ff. 161~163

1834년 9월 20일 산시

✝ 예수 마리아 요셉

존경하올 신부님,

(제가 신부님께 2인칭 단수를 쓰는 것은 신부님께 무례를 범하고자 하는 것이 아닙니다. 신부님께서 제가 무슨 말씀을 드리려고 하는지 명확하게 아시기를 바라기 때문입니다.)

저는 5월 31일에 받은 당신의 편지에 이미 답신을 드렸습니다. 그러나 당신께서 난징에 보낸 다른 편지는 하나도 받지 못했습니다. 제발 다음부터는 그쪽으로는 절대 보내지 마십시오.

중국 북부 지방으로 향하는 선교사들에게는 파타카(pataca)를 주지 마십시오. 어떤 때는 2할 정도만 쓸모 있고, 어떤 때는 전혀 소용이 없습니다. 이미 저도 당신께 권고했고, 다른 이들도 권고했으나, 다시 한 번 권고드립니다. 그러나 개선의 희망 없이 당신은 (지금껏) 해왔던 대로 하고 있습니다. 참으로 큰 불의(不義)입니다. 그러므로 선교사들에게는 약 4냥 정도 가치의 은자를 주는 것이 더 낫습니다.

제 편지는 모두 산시로 보내주십시오. (그리고) 쉬에(Sué) 신부가 제게 돈을 주고, 당신이 토레테(Torette) 신부(마카오 주재 라자로회 장상)에게 갚는 것이 더 낫습니다. 저희는 할 수 있는 한, 저희 사업이 끝날 때까지 베이징(으로 가는 것)을 피할 것입니다.

포르투갈 사람들과 그들의 신자들에게는 아무것도 바라지 말아야 합니다. 저희는 그들이 저희에게 해를 끼치지 않기를 바랄 따름입니다.

이제 제가 말씀드릴 사항에 주의를 기울여주십시오. 저는 이미 즈리에서 빌렸던 60냥을 갚았습니다. 그러니 성 요셉(회의) 사제들이 이 돈 전체를 되돌려주어야 한다는 것을 유념하십시오. 왜냐하면 당신이 실수로 그 돈을 갚아버렸기 때문입니다.

저는 난징 주교에게도, 산시 주교에게도, 또 쉬에 마태오 신부 말고는 다른 누구에게도 결코 아무것도 빌리지 않았습니다. 제발 제가 몽골(타타르)에 갈 때 500파타카를 빌리고 싶다고 말씀드린 것을 기억해주십시오. 이미 쉬에 신부가 도 요셉(왕 요셉)에게 20냥을 주었습니다. 그리고 다른 편지에서 제가 1,000냥을 원한다고 말했으니, 토레테 신부에게 둘 다 갚아주십시오. 그러나 지금 상황이 바뀌어 제 생각도 바뀌었습니다. 제가 1,000냥을 원했다고 명시한 편지들이 쉬에 신부로부터 올 것이라고, 토레테 신부에게 명심하라고 해주십시오.

모방 신부는 몽골에 있습니다. 샤스탕 신부는 잠시 산둥에서 성무를 수행할 것입니다. 도 요셉은 9월 8일에 돌아왔습니다. 그는 조선에 다다를 모든 방법들을 살폈습니다. 그는 저희에게 다른 길보다 덜 위험한 길 하나를 알려주었습니다. 저는 그에게 60냥을 주었습니다. 그는 왕복 약 9,500리를 다녀왔는데도, 그 돈을 다 쓰지 않았습니다. 베이징에 들어가면서 그들은 짐을 도둑맞았습니다. 쉬에 신부가 그들에게 동료 한 명을 붙여주었고, 이제 그들은 파치피코 신부의 편지를 받으러 베이징으로 돌아갑니다. 저는 그에게 여비나 숙박비 조로 얼마간 돈을 줘야 합니다. 왜냐하면 그 달에 베이징 주교에게는 그를 위해 마련해줄 장소가 없기 때문입니다. 아래에서 살필 것입니다.

파치피코 신부는 조선에 있습니다. 조선인들은 저희를 맞아들일 준비가 많이 되어 있지 않습니다. 저는 이에 대해 여기에서 지루하게 되풀이하지 않겠습니다. 제가 로마로 보내는 편지들을 읽어주십시오. 교황의 대리이자 지부장인 당신께서 속히 조선인들에게 이 정식 파견에 대해 서면으로 공표해주시고, 교황 성하의 지향이 그러하시니 저를 즉시 맞아들이라는 편지를 써 보내주십시오. 그리고 파치피코 신부에게도 저희를 도우라고 편지를 써주십시오. 저는 이 정도 사항도 다르게 전달될까 두렵습니다.

저희를 위해 마련된 거처도 없고, 샤스탕 신부가 찾아낸 외지인 말고는 조선 근처에 사는 교우들 가운데에도 저희를 잠시라도 맞이해줄 사람이 없습니다. 하지만 샤스탕 신부는 멀리 떨어져 있으니, 아마 지금은 생각이 바뀌었을지도 모릅니다. 저희 혼자서 해결해야만 합니다. 저희는 결국 외교인들 가운데 있는 집 한 채를 사야만 합니다. 저희와 동행할 사람을 찾을 수 없었고, 이따금 떠났다가 다시 돌아올 때에도 저희를 돕는 사람이 전혀 없기 때문입니다. 더구나 모든 이들 가운데서도 저희 사업에 더욱 신경 써주어야 할 신부님이 저희를 더 반대하니 말입니다.

신부님은 저희가 3년을 써도 충분한 돈을 가지고 있으니 어느 누구든 동전 한 푼도 주어서는 안 된다고 엄격히 금했습니다. 저희가 돈을 헤프게 쓴다거나 (…) 라고 생각하지 마십시오. 저희가 저희 사업을 계속 수행해나가려면, 그렇게 할 재물이 있어야 합니다. 그러나 저희는 중국에서는 떠돌이였고, 몽골에서는 모든 불편과 위험을 겪었으며, 조선 근처에 거처를 얻기 위해서는 어떤 위험이나 불편도 감수해야만 했습니다. 프랑스 선교사들은 자신의 사명을 수행해나가기까지 드는 돈은 헤아리지 않습니다. 그러니 저희 손발을 묶었던 것을 저희 임의로 할 수 있도록 풀어주십시오. 저희는 저희 자유를 남용하지 않을 것입니다. 부족한 돈 때문에 (조선)입국 기회를 놓친다면, 다시는 좋은 기회를 찾지 못할 것을 알기 때문입니다.

로마에서 발송된 모든 편지를 열어서 읽어보십시오. 그리고 즉시 조선인들에게 보내신 교황님의 소칙서를 찾아, 싱가포르에서 비정규 인편으로라도 산시에 있는 저희에게 보내주십시오. 산시 주교께서 알아서 하실 것입니다. 만일 포교성성이 저희를 돕고자 하지 않는다면 저희는 철수해야만 할 것입니다. 저희를 위해 포교성성에 속히 이 사항을 전달해주십시오.

당신은 제 편지들을 두 번에 걸쳐 로마로 보냈으나, 하나는 분실되고, 다른 하나만 겨우 도착했습니다. (")표시가 되어 있는 것은 즉각 보내져야 합니다. 이 편지들은 봉투에 들어 있지 않아 누구나 읽고 저희 사정이 어떤지 알게 될 것입니다. 다음부터는 봉투에 넣고 봉인해주십시오.

저를 장난에서 데리고 온 마지막 사람이 저에게서 60냥을 받아갔습니다. 그런데 그는 제 수레, 말 한 마리, 당나귀 두 마리를 팔아 자기가 가져가버렸습니다. 걱정할 일은 아닙니다. 말 안 하는 것이 낫겠습니다.

에스코데카(Escodeca) 신부가 선종했습니다. 앵베르 신부 이름으로 되어 있는 겉봉을 뜯어내야 합니다.

만일 저희 가운데 아무도 조선에 들어갈 수 없다면, 조선인 신학생도 구할 수 없을 것이고, 랴오둥에 머물 수도 없을 것입니다. 제가 랴오둥 지방의 재치권을 갖도록 교황청에 청하지 마십시오. 두렵습니다. 포르투갈 사람들은 당연히 그 재치권을 거부할 것이고 프랑스 사람들에 대한 의혹만 더 커질 것입니다. 경험에서 말씀드리는 것입니다. 조선의 선교가 파리외방전교회에 맡겨지기를 바라지 않는다는 모방 신부의 말은 들을 바가 못 됩니다.

이미 청했으나, 당신의 봉인이 찍힌 칙서와 제 권한의 제대로 된 사본을 다시 한 번 청합니다. 1년 6개월 전부터 그 사본을 기다렸으나 여전히 허송세월입니다.

조선이 프랑스인들에게 맡겨졌습니까?

싱가포르의 분열(Schisma)은 끝났습니까?

그 통탄할 다툼에 대해 포교성성은 어떻게 결정했습니까?

누가 샴의 보좌 주교가 되었습니까?

인도차이나의 박해는 계속되고 있습니까? 아니면 끝났습니까?

유럽에 대해 새로운 소식이 있습니까?

이처럼 알고 싶은 내용을 당신께 질문합니다. 그러나 당신이 대답해주지 않거나 칭송할 만한 관습에 따라 아무것도 하지 않을까 봐 두렵습니다. 자세히 길게 쓰시는 것이 더 좋을 것입니다.

도 요셉(왕 요셉)이 만일 조선이나 일본으로 들어가지 못할 때, 산시에 머무를 수 있다면 그 편이 우리 일에 유익할 것 같습니다.

르그레즈와 신부가 제게 화가 났습니까? 저는 여러 번 그에게 편지를 보냈는데, 저는 전혀 답장을 받은 바가 없습니다.

저는 이틀 뒤에 쉬에 마태오 신부를 만나러 몽골로 떠납니다. 저를 위해 기도해주십시오.

귀하의 지극히 비천한 종
† 갑사 주교이며 조선의 교황 대리 감목 바르톨로메오 드림

추신: 제 이름으로 토레테 신부에게 감사를 전해주십시오. 당신께서 언제나 제게 호의를 베풀어주시기를 바랍니다.

42신

발신자 : 브뤼기에르 주교
수신자 : 피레스 페레이라 난징 주교
발신일과 발신지 : 1835년 1월 28일, 시완쯔
출처 : AME, v. 577, ff. 315, 317 (f. 316 분실 추정) (vers 1835)

지극히 공경하올 주교님께,

저는 왕 요셉이 가져온 주교님의(1월 21일자) 편지를 받았습니다. 크나큰 영예에 대해 감사드립니다. 파리외방전교회 마카오 경리부장 신부가 주교님께 드리는 편지도 가져왔습니다. 그는 조선의 사업을 위해 지출된 비용을 후일 갚아주겠다는 사려 깊은 편지를 제게로 보내왔습니다.

지금 조선인 교우 셋이(1834년 1월 3일 조선에 입국한) 유 파치피코 신부가 보낸 편지 3통을 왕 요셉을 통해서 제게 가져왔습니다. 저는 주교님께서 그에게 어떻게 해야 하고 어떻게 답해야 할지 이 편지들을 보시도록 왕 요셉에게 주었습니다. 저는 유 신부를 도울 준비가 되어 있으나, 제 힘이 충분치 못합니다. 저는 이미 이전에 이런 일을 예상했습니다. 조선인들은 영적으로나 육적으로나 가난합니다. 요셉은 여러 해 동안 그들과 만났습니다. 저는 언제나 그들에게 조선 소년들이 여기나 마카오에서 공부하기 위해 (조선에서) 나올 방도를 생각해내라고 말해왔습니다. 그들의 답은 언제나 이는 불가능하고, 선교사가 즉시 입국하여 그 해결책의 필요성과 가능성을 인지해야 한다고 했습니다. (중간 부분은 분실되었다. 브뤼기에르 주교는 난징 주교가 1835년 1월 21일자로 써 보낸 서한 후반부를 아래와 같이 인용한다.)

"저는 주교님을 위해 동만주(요동)에 거처를 마련하겠다고 약속한 적이 없습니다. 불가능한 일은 할 의무가 없기 때문입니다. 저 유능한 움피에레스 신부가 그런 말을 했다면 다른 일에서와 같이 잘못한 것입니다. 이 일이 제가 할 수 있는 일이라면, 포르투갈인 미란다 신부나 카스트로 신부가 그리로 갈 시도를 했을 것입니다. 이제 저는 경험으로 잘 압니다. 왕 요셉이 이미 두 번 갔고 그곳의 안내인이 제게 왔다가 주교님한테 갔는데 아무런 새로운 결론도 얻지 못했습니다. 따라서 이후로는 결코 한 적도 없는 저의 약속을 더는 반복할 필요가 없습니다. 만약 마카오 주재 포교성성 경리부장 신부가 약속했다면 그가 책임져야 할 것입니다. 마카오 주재 파리외방전교회 경리부장의 의견을 듣는 것이 훨씬 더 좋을 것입니다. 그는 주교님께, 소식을 듣기 전에는 결코 현지에서 떠나지 말라고 권고했습니다."

이제 끝맺습니다. 요셉은 내려가기를 바라며 모방 신부에게 저를 맡겼습니다. 날마다 더 악화되는 제 병고에 하느님께서 인내를 주시도록 저를 위해 그들이 기도해주기를 바랍니다.

쓸모없는 종인 저는 주교님께 모든 존경심을 표합니다.

조선 대목구장 갑사 주교 바르톨로메오 드림

43신

발신자 : 포교성성 장관 프란소니우스 추기경
수신자 : 브뤼기에르 주교
발신일과 발신지 : 1835년 1월 31일, 로마
출처 : AME, v. 579, f. 121, No. 4

지극히 존경하올 주교님,

포교성성에서 주교님의 편지를 받자마자 즉시 개봉해보니, 드디어 주교님께서 두 사제들, 즉 유 파치피코와 도 요셉 신부(사실은 평신도 길잡이)와 함께 조선에 도착했음을 알 수 있어서 대단히 기뻤습니다. 난징 주교로부터 온 편지도 이것을 희망할 만한 매우 합당한 근거를 제공했습니다. 그리고 위에 언급한 두 선교사들이 1833년에 쓴 편지도 여행 중 필요한 모든 것이 준비되었음을 표시했습니다.

만일 이 일이 이미 이루어졌다면 포교성성은 그 선교지에 매우 큰 감사를 드려야 할 것임을 알아주십시오. 하느님께서 그대들의 노고를 축복하시어, 그 선교지에서 우리 종교가 크게 증가하는 성과를 거두는 미래를 기대합니다.

주교님이 1833년 4월 18일에 요청하신 특별 권한에 대한 답서를 이 편지에 첨부했으니 받으십시오. 그 특별 권한들은 우리 교황님께서 그 선교지의 선익을 위하여 기쁘게 윤허하신 것입니다.

주교님께서 건강하시고 복되시기를 하느님께 기도하겠습니다.

1835년 1월 31일 로마 포교성성에서

주교님의 지극히 성실한 형제
장관 J. Ph. 프란소니우스 추기경

(서한 봉투)
갑사의 주교이며 조선의 교황 대리 감목
바르톨로메오 주교께
차관 A. 마유스

29개조 특별 권한(Facultates)

옮긴이 : 정진석 추기경

(하느님의 섭리로 교황이 된 그레고리오 16세께서 갑사의 주교이며 조선 왕국의 대목구장인 바르톨로메오 브뤼기에르 주교)[20]에게 수여한 특별 권한.

1. 그곳에 사제가 필요하다면 사제품까지 포함하여 정규 시기 외에, 품간의 법정 기간을 지키지 않고서도 서품을 할 수 있는 특별 권한.
2. (품을 받을 자의 어떠한 결격이라도 관면할 수 있는 특별 권한.)

다만 실제 중혼(bigamia)이나 고의적인 살인으로 인한 결격은 관면할 수 없다. 이 두 가지 경우에라도 사목자의 필요성이 분명한 곳에서는 관면할 수 있다. 다만 고의적 살인에 대해서는 이 관면에 의하여 추문이 일어나지 않아야 관면할 수 있다.

3. 사목자가 부족한데 사제품을 받을 자가 다른 자격은 적합하지만 법정 연령이 1년 부족한 경우에 관면할 수 있는 특별 권한.
4. 단순한 서원을 관면하거나 다른 신심 행위로 변경시킬 수 있는 특별

---

[20] 괄호 안의 내용은 인쇄본인 원문에 수기(手記)로 첨가되어 있는 부분이다.

권한. 그리고 정결이나 수도 생활에 대한 단순 서원은 합리적인 이유가 있으면 관면할 수 있는 특별 권한.

5. 어떤 종류의 성직 매매 죄도 사죄하고 관면할 수 있는 특별 권한.

물적 권리(et in reali)에서도 교회록의 배제(dimissis beneficiis), 악독한 수익 징수, 어떤 자선금과 연관된 것. 구원의 보속을 임의로 관면한 죄 또는 본당 사목구에 속하는 교회록이면 그 교회록을 보존하고, 그러하지 아니하면 본당 사목구 주임들에게 감독하게 할 수 있다.

6. 장차 혼인할 당사자들이 3친등·4친등의 혈족과 인척 관계가 단순하거나 겹친 경우, 그리고 2친등·3친등·4친등이 겹친 경우에 관면할 수 있다. 다만 단순한 2친등의 경우에는 안 된다. 이미 결혼한 당사자들이 단순한 2친등인 경우에 상호 간에 1친등에 연관되지 않으면 관면할 수 있다. 열교자(裂敎者)였거나 비신자였다가 가톨릭으로 개종한 이들이 위에 언급한 경우에 해당되는 때, 그들에게서 출생한 자녀들을 합법적 자녀들로 선언할 수 있다.

7. 정당한 약혼에서 나타난 (결혼 전 동거) 내연 관계 혼인 장애를 관면할 수 있다.

8. 범죄 장애에 대하여 관면할 수 있다. 다만 양편 배우자들 중 아무도 범죄에 가담하지 않았어야 한다. 그리고 상실한 부채 청구권을 회복시킬 수 있다.

9. 영친(靈親, 대부모와 대자녀) 혼인 장애를 관면할 수 있다. 다만 (아기 세례 때) 안아들었던 자와 안긴 자 사이의 혼인은 관면되지 아니한다.

10. 위의 6, 7, 8, 9항에 언급된 혼인 장애 관면은 여자가 납치되지 않았거나, 납치되었더라도 납치자의 권력이 존재하지 않았다는 단서가 없는

한 관면되지 말아야 한다. 그리고 혼인 장애 관면서에 특별 권한의 이러한 취지가 명기되어야 한다. 또한 이 관면이 수여된 시점도 표시해야 한다.

11. 여러 명의 아내들을 가진 이교도들과 비신자들이 개종하고 세례를 받은 다음 첫 부인이 개종하기를 원하는 경우가 아니면, 그 아내들 중 한 여자(그 여자가 신자가 되었어도)를 선택하여 함께 부부로 살 수 있다.

12. 긴급을 요한다면 성목요일이 아니더라도, 대목구장은 모일 수 있는 사제들과 함께 성유를 축성할 수 있다.

13. 단순한 사제들에게 성유를 바를 필요가 없는 제의나 기타 미사성제에 필요한 용품들을 축복할 권한을 위임할 수 있다. 그리고 범죄나 불결한 사용으로 오염된 성당을 주교가 축복한 성수를 사용하여 (또 긴급한 경우에는 주교가 축복한 성수가 아닌 일반 성수를 사용하고서라도) 복성(復聖)할 권한을 위임할 수 있다.

14. 통회하고 고해, 영성체한 교우들에게 일 년에 세 번 전대사(全大赦, indulgentia plenaria)를 베풀 권한을 부여한다.

15. 열교, 배교, 이교로부터, 재속 사제든지 수도 사제든지 성직자들을 사죄할 수 있는 권한을 부여한다. 그러나 검사성성(檢邪聖省, Sanctum Officium)이 권한을 행사하는 지역에 속하는 사람이 아니라, 이단이 제약 없이 횡행하는 선교 지역에서만 가능한 것이다. 또한 재판에서 공식적으로 선언한 사람에게도 해당 사항이 없으며, 이단이 횡행하는 지역에서 태어난 사람에게 해당되는 바이며, 공식적인 선언 뒤에 그곳(이단)으로부터 되돌아왔다가 다시 이단에 빠져드는 경우에는 내적 법정에서만 관면이 가능하다.

16. 사도좌에 유보되어 있는 모든 경우, 회칙「주님의 만찬」(Coenae Domini)에서 규정한 경우도 사죄(赦罪)할 수 있다.

17. 열교로부터 회두한 사람들에게 우선적으로, 그리고 고해할 수 없는 상태라 하더라도, 최소한 통회하고 있다면 죽을 위험 중에 있는 교우들에게는 전대사를 허락할 수 있다.

18. 40시간 기도에서, 일 년에 세 번 주교가 정한 날, 교우들이 많이 모여 있어, 성체를 현시하되 이단자들이나 불신자들이나 관리들로부터 신성모독적인 공격을 받을 우려가 없을 때, 통회하고, 고해하고 영성체한 교우들에게 전대사를 허락할 수 있다.

19. 자신도 동일한 대사를 누릴 수 있는 권한이 있다.

20. 매 월요일에 방해받지 않을 때는 성무일도 9독서를 읽거나, 방해받을 때는 그다음 날 즉시, 어떤 제대에서나, 혹은 이동할 수 있는 제대에서나, 그의 지향에 따라 전구를 청하는 방식으로 영혼들이 연옥에서 해방될 수 있도록 위령 미사를 바칠 수 있다.

21. 이단자들이나 불신자들이 그들의 종교에 대하여 논술한 책들과 어떤 금서라도 글로나 말로나 그것들과 싸우기 위한 목적으로는 읽거나 가지고 있을 권한이 있다. 그러나 이 권한을 주님 안에서 유익하다고 생각되는 선교사들을 제외하고서 다른 이들에게 양도할 수 없다. 다만 다음 책들은 제외한다. (이어 나오는 금서 목록은 역자가 생략했다.)

22. 재속 사제가 부족할 때, 수사 신부를 본당 신부로 임명할 수 있다. 다만 수사 신부 장상의 동의가 있어야 한다.

23. 긴급을 요할 때, 하루에 미사를 두 번 거행할 수 있다. 그러나 첫 번째 미사에서 성작 씻은 물을 먹을 수 없으며 새벽 미사 전에는 1시간, 낮 미사 뒤에 달리 1시간을 지켜야 한다. 복사 없이 노지(露地)에서, (미사의) 품위에 마땅한 장소라 하더라도, 비록 제대가 조각나거나, 성인들의 유해 석

도 없고, 열교인들, 이교인들, 불신자들, 파문된 자들이 에워싸고 있다면 다시 미사가 거행될 수 없을 것이다. 하지만 앞서 언급한 권한, 즉 하루에 두 번 달리 미사를 거행할 수 있는 관면은 매우 위중한 경우에, 자신의 양심이 큰 짐을 지우는 때만 아주 드물게 사용되어야 한다. 만일 동일한 권한을 직권에 의거하여 다른 사제에게 부여하고자 한다면, 또는 사도좌로부터 이 권한을 받은 어떤 이에게 이를 행사할 경우를 살펴보고 인준해야 한다면, 진지하게 자신의 양심을 고려하여, 몇 명에게만, 즉 사려와 열정이 깊으며, 꼭 필요한 사람에게만, 그것도 모든 곳에서 허용되는 것이 아니라, 중대한 필요가 있고, 짧은 기간 동안만 그 권한이 부여되어야 한다. 그런 경우들은 드물고 신중하게 허용되어야 한다.

24. 사제가 병자에게 드러내지 않고 성체등 없이 옮겨 모실 권한이 있다. 또한 이단자들이나 불신자들로부터 신성모독의 위험이 있을 수 있다면 병자들을 위한 성체등 없이 모셔둘 수 있다.

25. 만일 그의 관할 지역으로 이동할 때나 그 외 달리 필요할 때, 그리고 그 장소에 계속 머무를 수 없을 때, (성직자의 의복이 아니라) 세속 옷을 입을 수 있다.

26. (성직자가) 성무일도를 지니고 다닐 수 없거나 성무일도를 바치는 것이 어떤 합법적인 이유로 장애될 때, 묵주기도나 다른 기도들을 바칠 수 있다.

27. 재(齋)를 지키는 시기나 사순 시기에 고기, 달걀, 우유를 먹는 것이 더 이롭게 보일 때 관면할 수 있다.

28. 위에 언급한 권한들을 위임할 수 있다. 그러나 주교 직분을 요구하는 권한과 성유를 사용하지 않고 할 수 없는 경우에는 위임할 수 없다. 그 주교의 교구에서 장차 일하게 될 합당한 사제들에게만, 특히 그 주교가 사망할 시기에 위임되어야 한다. 주교좌가 공석일 때는, 성좌가 알 수 있도

록 우선적으로 사절들을 통하여, 또는 최소한 그들 가운데 한 명을 통하여 어떤 방식으로든 준비된 상태에서, (사망한 주교를) 채울 수 있을 사람이 뽑혀야 한다. (주교좌가) 공석일 때, 필요하다면, 이 사절들에게는 사도적 권위로 성작과, 성반, 그리고 이동식 제대를 성유로 축성할 권한이 허용된다. 다만 그 성유는 주교가 축성한 것이어야 한다.

29. 위에 언급한 권한들은 어떤 금전적 급부 없이 무상으로 행사되어야 할 것이다. 또한 이 권한들은 '15년간'만 허용될 것이다. 그리고 자기 교구 경계 밖에서는 이 권한들을 행사할 수 없다.

1831년 7월 17일 교황 알현 시에

하느님의 섭리로 교황이 된 그레고리오 16세께서는 이 문서 말미에 서명한 포교성성 차관인 본인을 통하여 갑사의 주교이며 조선 왕국의 대목구장인 바르톨로메오 브뤼기에르 주교에게 위와 같은 특별 권한을 너그러이 윤허하셨다. 단 이 특별 권한은 상기 대목구 경계 밖에서는 행사할 수 없다.

로마 포교성성에서
1831년 7월 17일

어떤 명목으로도 지불된 대가 없이 무상으로 부여됨.

44신

발신자 : 브뤼기에르 주교
수신자 : 르그레즈와 신부
발신일과 발신지 : 1835년 2월 8일, 시완쯔
출처 : AME, v. 579, ff. 115~120

✝ 예수 마리아 요셉

지극히 경애하올 동료 신부님께,

지난 1월 19일 신부님의 편지 3통을 받았습니다. 그런데 이제 곧 마카오로 출발하는 인편이 하나 생겼습니다. 그 편에 지체 없이 답신을 씁니다.

조선 선교지를 우리 회에 맡겨주신 하느님의 섭리에 감사합니다.

저는 더 나은 삶이 있는 곳으로 떠난 3명의 경애하는 동료 사제들을 위해 미사를 바쳤습니다. 제가 가즐랭 신부(1833년 10월 17일, 코친차이나에서 순교)의 영혼의 안식을 위해 미사성제를 바치지 않았다면 제가 그를 모욕하는 셈이 될 것입니다.

조선 사람들은 올해 저를 입국시킬 준비가 되어 있습니다. 그들은 제게 약속을 했고 국경에서 서로 알아볼 수 있도록 표식들, 아니 신호들을 가르쳐주었습니다. 저는 지금 다른 사람들을 위해 교섭할 일이 남아 있습니다. 계획은 아직 완수되지 않았습니다. 그들은 저를 입국시키고 거처를 마련해주기 위한 것이라며 제게 500테일을 요구했습니다. 이 액수를 제게 빌려준 이는 토레테 신부의 동료인 쉬에 신부입니다. 토레테 신부에게 즉각 이 액수를 지불해주십시오. 300테일을 요구하던 파치피코(유방제) 신부에게 저는 100테일을 보냅니다.

토레테 신부가 제가 라자로회 선교지(시완쯔)를 거쳐가기로 한 것에 대해 놀라고 있다니 가당키나 합니까? 필경 마카오에서 제게 했던 약속을, 그리고 그 후 얼마 되지 않아 샤스탕 신부에게 한 약속을 잊은 것 같습니다. 저는 그의 승낙만 믿고 라자로회 선교지로 왔습니다. 신부님은 저보고 할 수 있는 한 다른 사람들 거처로 가지 말라는 충고를 했습니다. 충고는 고맙지만…. 그렇다면 신부님은 제가 제 집에 묵을 방법을 일러주셨으면 합니다. 제 집이 어디 있기나 합니까? 산시는 저에게나 저를 숨겨준 이들에게 매우 위험한 장소였습니다. 이곳(시완쯔)에서 저는 프랑스에서보다도, 마카오에 계신 신부님보다도 더 안전합니다. 교우들은 저희를 어떤 특별한 기쁨을 갖고 대합니다. 그런데 여러 가지 이유가 생겨서 저는 타타르로 넘어가야만 했습니다. 조선 교우들이 도착했을 때 제가 베이징 가까이에 있지 않는다면, 올해 조선으로 들어갈 수 있는 기회를 놓치고 마는 것입니다. 어쨌든 불필요하게 사람들한테 부담을 안길 필요가 없는 것이니, 모방 신부와 저를 위해 토레테 신부에게 보조금을 지급해주시기를 신부님께 부탁드립니다. 모방 신부는 6월 말부터 이곳에서 지내고 있고, 당신의 종인 저는 10월 8일부터 이곳에 있습니다.

신부님은 제가 더 많은 정보들을 얻기 전에는 조선으로 길을 나서지 못하게 했다고 난징 주교에게 편지를 쓰셨지요. 하지만 신부님께서 제게 이런 충고를 해주신 적이 있는지 생각나지 않습니다. 신부님께서 그런 충고를 하셨더라도 제가 그것을 실행에 옮겼으리라고는 생각하지 않습니다. 당시 저는 일어났던 모든 일을 가늠하고 있었습니다. 말씀드리건대 조선 사람들 앞에 제가 나서지 않는다면 결코 조선에 입국하지 못할 거라는 예측을 저는 하고 있었습니다. 이런 쪽을 택했던 것에 대해서 후회하지 않았습니다. 앞으로 나가면 나갈수록 제가 염려하는 바에 일리가 있음을 확신하게 되었습니다. 이 수수께끼를 신부님께 설명드리는 것은 너무도 긴 이야기가 될 것입니다. 어쩌면 나중에 알게 될 것입니다.

신부님은 난징 주교에게 전적으로 마음을 보여주지 마십시오. 그분은 우리를 위하는 마음이 있기는 하지만 너무 소심하고 너무 순진합니다.

사람들이 신부님께 저희에 대해, 그리고 신부님께 심어주려고 하는 두려움에 대해 보고한 내용 모두를 경계하십시오. 어쩌면 사람들은 진실을 말한다는 핑계로 신부님이 실수를 저지르도록 유도했는지도 모릅니다. 제가 겪은 모든 불의의 사고들은 제 길잡이들의 지나친 소심증과 미숙함 때문입니다. 사람들은 조선 선교를 자원한 샤스탕 신부와 모방 신부에 대해 불평을 늘어놓습니다. 하지만 비난받아야 할 사람이 있다면 그것은 저 혼자입니다. 샤스탕 신부를 불러들인 것도 저입니다. 제가 얼마 후 샤스탕 신부에게 페낭에 머물러 있든지, 아니면 적어도 새로운 명령이 있을 때까지는 마카오에서 여정을 멈추라고 편지를 썼던 것은 사실입니다. 하지만 하느님의 섭리는 그가 제 편지를 받아보기 전에 길을 나서게 해버리셨습니다. 그는 지금 산둥에 있으면서 사제직을 수행하고 있습니다. 그는 좋은 일을 많이 하고 있습니다. 교우들은 그를 무척 따릅니다. 그가 중국에 혼란을 초래할까 두려워할 것은 없습니다. 제가 볼 때 그는 예전에도 그랬고, 지금도 그렇지만 앞으로도 조선에 좋은 일들만 할 것 같습니다.

어쩌면 모방 신부에 대해서는 같은 이야기를 하지 못하겠습니다. 그는 독특한 성격의 소유자인 것 같습니다. 이것만 빼면 그는 거룩한 사제의 장점과 훌륭한 선교사의 장점을 모두 갖고 있습니다. 저는 그에게 쓰촨으로 갈 것을 제안했습니다. 하지만 그는 이 제안을 받아들이지 않았습니다. 그래서 저는 그를 샤스탕 신부와 함께 보내려고 했습니다. (카스트로 신부가 샤스탕 신부를 산둥 지방으로 초대했거든요.) 제 의도는 그가 어떤 능력을 갖고 있는지 시험해보려는 것이었지만 결과는 더욱 나빠졌습니다. 그는 제가 자기를 영원히 버리려 하는 것으로 생각했던 것입니다. 그는 너무나 비탄에 잠겨버렸습니다. 그가 너무나 깊은 슬픔에 빠져버리는 바람에 저는 조건도 시험도 없이 저를 따르도록 허락할 수밖에 없었습니다. 그가 그만 미쳐버릴까 봐 염려될 지경이었습니다. 그에게 동의해서가 아니라 동정심 때문에 모든 것을 허락했습니다. 신부님은 보낸 편지들 중 하나에서 이런 말씀을 하셨지요. "주교님께서는 아랫사람들에 대해 아는 것이 전혀 없다고 사료됩니다. 마카오에서 주교님께 말씀을 드렸는데도 신부님은 그중 한 명(모방 신부)을 합세시키는 데 동의하셨습니다." 하지만 이는 충분히 검토한 사항인 바, 신부님은 저에게 모방 신부보다 샤리에 신부(프랑스 리옹 출신의 통킹 선교사)가 더 마음에 드신다고만 말씀하셨던 것 같은데요. 모방 신부가 어떻든 이 문제에 대해서 저는 별달리 관여한 일이 없습니다. 그가 직접 나섰던 것이고, 저는 어떤 존경하옵고 공정하신 성직자의 의견을 받들어 그를 받아들였던 것입니다. 저로서는 그가 임시로 보에 신부의 자리(푸젠성 성화)에 있었으면 했습니다. 이에 대해서는 제가 신부님께 서신으로 뭐라 말씀드렸던 것으로 알고 있습니다. 그가 마카오에서 온 편지를 읽었거나 또는 소식들을 듣고 푸젠을 떠난 사실을 저는 모르고 있었습니다. 그다음에 그가 베이징으로 잠입한 것을 보고 저는 크게 놀랐습니다. 이상이 그와 관련된 이야기입니다. 그가 이렇게 여행을 해서 베이징에 있었지만 그 어떤 위험을 초래하진 않았습니다. 그러니 경종을 울리는 소리를 믿지 마십시오. 신중하지 못하다거나 무모하다고 비난하는 이들을 경계하십시오. 제가 착각하는 것이 아니라면 이들은 이 모든 일에서 필요로 하는 것보다 지나치게 많은 이성과 양식을 갖고 있습니다. 저는 다음과 같이 결론을 지었습니다.

첫째, 어떤 사람의 말을 들어보지도 않은 상태에서는 결코 그 사람을 판단해서는 안 됩니다.

둘째, 어떤 계획의 현명함에 대한 판단이 그 결과에 따라서 행해져서는 안 됩니다.

사람들은 신부님께, 제 계획이 너무도 잡음이 많아 중국 전역과 조선에까지 경계의 종을 울렸다고 말했지요. 신부님께 이런 내용을 보고한 자들은 조선 역사뿐만 아니라 조선 지리에 대해서도 거의 아는 것이 없는 이들입니다. 조선은 너무나 폐쇄되어 있고 감시가 심한 나라입니다. 그러니 박해 위협이 있다는 소식을 듣기만 해도, 조선 교우들이 몰살당했다는 소문이 날 지경입니다.

신부님은 제가 그 어떤 시도를 하기에 앞서 파치피코 신부의 입국 소식을 기다리기를 바라셨겠지요. 제가 바로 그랬습니다. 하지만 신부님은 그의 도움을 믿었던 것으로 보이는데, 저로서는 전혀 그런 신뢰감을 공유하지 않았었음을 솔직히 말씀드립니다. 그리고 보십시오. 안된 일이지만, 제가 전혀 잘못 생각한 것이 아니지 않습니까? 이 사제는 제가 조선에 잠입하지 않는 한 저를 자신의 장상으로 인정하지 않고 있습니다. 그는 떠나기 전에 이런 이야기를 했고, 현재 그의 행동이 그런 사실을 뒷받침하고 있습니다. 그는 교육하여 사제로 서품될 조선 신학생들의 경비 지출 권한을 난징 주교에게 청했습니다. 제가 날개를 달 만큼 바뀌거나 1,000테일 거금을 갖고 있다면 모를까 그렇지 않으면 조선에 들어가지 못할 것이며, 불가능을 넘어 혹시 입국하게 되더라도 조선에 머물러 있지 못할 것이라고 파치피코 신부는 제게 편지를 보내왔습니다. 이와 반대로 조선 교우들은 제가 입국할 수 있다고 말하고 있으며, 그 반밖에 안 되는 돈으로도 조선에 밀입국할 수 있다고 약속하고 있습니다. 파치피코 신부는 저를 마치 횡령자로 취급하고 있습니다. 그는 프랑스인들을 장상으로 모실 생각이 전혀 없는 듯합니다. 그는 프랑스인들이 지나치게 엄격하다고 말하더니, 이제는 저의 조선 입국에 대해 관여치 않겠다고 선언했습니다. 움피에레스 신부는 제게, 파치피코 신부에게 61테일을 보내주라는 편지를 보내왔습니다. 파치피코 신부는 300테일과 비싸면서도 무용한 수많은 물건들을 요구하고 있습니다. 이것들을 보내지 않으면 물러나겠다고 협박합니다. 그에 따르면(이것은 그의 표현입니다) 자기는 사제도 아니고 레위 사람도 아니고 사마리아인도 아니고 목자도 아니며, 청부업자이고 방랑자 등등이라는 것입니다…. 신부님께서 그렇게나 큰 희망을 두고 계신 그 사제라는 자가 이렇습니다. 어쨌건 이 사람이 좋은 성직자이기는 하겠으나 지나치게 소심합니다. 그는 조선에 머물러 있지 못할 것입니다. 심지어 또 다른 위험이 있었으니, 그것은 조선 사람들이 유럽인들을 받아들이는 열정을 중국인 사제가 더욱 삭혀버리지나 않을까 하는 것입니다.

   조선 학생들을 조선에서 나오게 하여 곁에 둘 수 있다는 희망이 있기는 하지만 저희는 그들을 어디에 두어야 합니까? 많은 이유들 때문에 그들은 베이징에도 마카오에도 페낭에도 가서는 안 됩니다. 푸젠은 아직도 너무 덥습니다. 쓰촨은 너무 멉니다. 남은 곳은 타타르입니다. 포르투갈 사제들은 랴오둥 지방에 대한 재치권이 있는 한, 이곳에 조선 신학교 하나를 세우는 것을 결코 용납하지 않을 것입니다. 그래도 랴오둥이 가장 적절한 곳입니다. 이것에 대해 제가 갖고 있는 생각을 감히 말씀드리지 못하겠습니다. 어쩌면 차후에 말씀드리게 되겠지요. 프랑스 라자로회 회원들과 그 주위 사람들도 결코 더 협조적인 자세를 보이지는 않을 것입니다. 그러면 타타르의 포교성성 소속 지역만 남는데, 조선에서 거기까지 가는 길은 위험합니다. 그래도 때를 기다리면서 계획을 제시해주십시오. 그러나 아무런 결론도 내리지 마십시오. 이 문제에 대해서 파리에 있는 분들에게 편지해주십시오. 제가 입국한 것을 아시게 되면 즉시 앵베르 신부를 부르십시오. 저희에게는 이런 강인한 기질을 가진 선교사가 필요합니다. 그런데 신부님께서 언제나 이런 좋은 소식을 접하게 되실는지! 조선의 국왕(순조)이 죽었습니다(1834년). 사람들 말로 그의 뒤를 이은 왕은 어린아이(8세의 헌종)라고 합니다. 후견인(순조비 순원왕후)이 섭정으로 대신 정무를 돌봅니다. 이런 모든 변화로 해서 저희는 제가 입국하기도 전에 박해를 겪을 수도 있을 것입니다. 이런 불행이 일어나지 않도록 선하신 하느님께 빌어주십시오. 신부님은 부디 제가 이렇게 편지로 쓴 내용을 저희 동료들과 움피에레스 신부에게만 알려주십시오. 신부님이 원하시면 신학교를 세우기에 적당한 장소 한 곳을 선정하는 데 움피에레스 신부가 도움이 되어줄 것입니다.

   조선 교우들이 제게 온도계와 기압계, 세울 수 있는 해시계를 주문해왔습니다. 해시계는 청동으로 된 두 개의 원인데, 원 하나에 다른 원이 들어가 있는 모양입니다. 각각 종류별로 하나 이상씩 보내주는 것이 좋겠습니다. 저는 그렇게 하겠다고 조선 교우들에게 약속했습니다. 약속은 지켜야 합니다. 신부님은 처음 기회가 생기자마자 그것들을 베이징으로 보내주시면 됩니다. 이것들은 금지된 물품들이 아닙니다.

저희가 여기서 성 라자로회 회원들에게 돈을 빌리고, 신부님이 토레트 신부에게 갚는 형식으로 하면 좋겠습니다. 이렇게 하는 것이 이쪽에도 저쪽에도 내키지 않으면 선교 지역은 베이징과 산시 지방밖에 남지 않습니다. 선교사들이 혼란을 야기하지 않고 지나친 위험도 겪지 않으면서 나아갈 수 있는 그런 길에 대해 언젠가는 신부님께 말씀드리겠습니다.

베이징의 테일이 마카오의 돈보다 크다고 사람들이 제게 말했습니다. 수도에서 온 상인들을 통해서 정보들을 얻어내십시오. 그들은 신부님께 100테일을 만들려면 몇 피아스터가 필요한지 일러줄 수 있을 것입니다.

매우 친애하올 동료 신부님,

저는 기도와 미사성제에 동참하는

신부님의 매우 비천하고

신부님께 매우 복종하는 종입니다.

1835년 2월 8일
조선 대목구장 갑사 주교 바르톨로메오 드림

추신: 그 어느 때보다도 지금은 조선 국경에 집을 한 채 장만할 필요가 있습니다. 그 일을 하자면 앵베르 신부와 믿을 만한 심부름꾼이 필요합니다. 처음 시작할 때는 돈을 절약해선 안 되겠습니다.

45신

발신자 : 브뤼기에르 주교
수신자 : 움피에레스 신부
발신일과 발신지 : 1835년 7월 27일, 시완쯔
출처 : APM, v. 20, ff. 168~170

1835년 7월 27일 몽골 시완쯔에서

† 예수 마리아 요셉

존경하올 신부님,

저는 7월 23일에, 신부님께서 보내신 편지 2통을 받았습니다. 하나는 (작년) 10월 16일자였고, 다른 하나는 금년 2월 23일자였습니다. 작년 5월 31일부터 시작해 지금까지 일년 내내 신부님께로부터 편지를 1통도 받지 못하던 터였습니다. 제 마지막 편지가 신부님께서 들으시기에는 지나치게 항의조였던 것 같습니다. 용서를 빕니다. 깊이 생각하지 않고 썼던 점 용서해주시기 바랍니다.

모든 이가 신부님께 요청만 하고 또 비난하기도 하니 저는 신부님을 깊이 동정합니다. 신부님께서는 하셔야 할 일을 하신 것입니다. 만일 제가 마카오에서 즉시 떠나지 않았다면, 결코 조선으로 들어가지 못할 것입니다. 그러나 만일 들어가더라도, 모든 일에서 제 의견은 신부님께 전달될 것입니다. 저희는 누구에게도 불평하지 않을 것이며, 하느님의 마음에 들도록 행할 것이고, 모든 일과 모든 것에서 지선(至善)하신 주님의 더 큰 영광을 찾을 것입니다. 저희에게는 선한 양심의 증언이면 충분합니다. 저는, 랴오둥 지방을 조선 대목구에 합하거나 그 지방 전체를 대목구로 설정하지 않고서는, 그리고 이탈리아 사람들에게 조선을 위한 선교사들을 받아들이고 도울 의무를 주면서 (조선을) 맡기지 않고서는, 조선 선교 사업이 좋은 결과를 낼 수 없다고 생각합니다. 신부님께서 사업을 시작하셨으니, 신부님께서 로마에 계시든, 마카오에 계시든, 더 신속하면서도 더 훌륭하게 그 일을 마치셔야만 합니다. 공동선이 개인적인 선에 앞서야만 할 텐데, 어떤 프랑스 선교사가 자신의 사명을 위해 여정을 시작하려 하는데, 대단히 긴급하게 필요하다고 해서 방해받는다면 어떻게 선교사의 사명을 수행할 수 있겠습니까? 난징 주교의 개인 심부름꾼의 증언에 따르면, 랴오둥에서는 난징 주교의 편지를 지참하지 않은 사제는 받아들이지 말라고 했다고 합니다. 저는 바로 그 편지를 요청했고 다른 이들도 그렇게 요청했습니다. 그러나 아직까지도 편지를 받지 못했고, 어떤 답변도 얻지 못했습니다.

샤스탕 신부가 바로 그 심부름꾼의 입에서 이 같은 금지령을 들었다고 합니다. 장차 샤스탕 신부는 모든 이의(異意)를 넘어서는 증인이 될 것입니다. 도대체 난징 주교가 무엇입니까? 그에게 조선에 대한 재치권을 갖도록 교령이 내려진 적이 없지 않습니까? 혹 전에 그런 적이 있습니까? 저는 명백히 인정할 수 없습니다. 제발, 랴오둥의 사업에 대해 모든 일을 명확하게 밝혀 로마로 전해주십시오.

조선인들은 저를 내년 1월에 맞아들일 것이라고 약속했습니다. 그러나 저는, 그들이 약속을 또다시 바꿀까 봐 여전히 두렵습니다. 주님의 뜻이 이루어지기를 바랄 따름입니다. 저는 그 사이에 조선 가까이에 집 한 채를 마련하도록 세 사람을 보냈습니다만, 아직 그들은 돌아오지 않았습니다. 요셉은 우리 일을 해결하기 위해 다섯 달도 더 전에 난징으로 갔는데, 아직 돌아오지 않았습니다. 혹시라도 그에게 무슨 나쁜 일이라도 일어나지 않았는지 걱정스럽습니다. 저는 그를 찾아올 사람을 한 명 또 보냈지만, 여전히 어떤 소식도 듣지 못했습니다. 제가 즈리에 있을 때 40냥을 빌렸습니다만 며칠 뒤에 곧 갚았습니다. 따라서 신부님께서는 이 돈을 도 바오로에게 주지 마시고 가지고 계십시오. 그는 제 채권자가 아닙니다.

저는 포교성성으로부터, 보통 교황 대리 감목에게 허락되는 칙서도 권한도 받지 못했습니다. 저는 2년 전부터 권한을 요청했습니다. 특히 견진성사권을 몇몇 사제들에게 위임할 수 있는 권한을 요청했으나 어떤 답신도 받지 못했습니다. 사실 그 권한은 모든 교황 대리 감목에게 허락된 것입니다. 다른 이들에게보다도 제게 더 필요한 것이 왜 유독 제게만 주어지지 않는지 그 이유를 저는 모르겠습니다. 또한 여러 가지 해결해야 할 일들에 관해 질문도 드린 바 있습니다. 하지만 2년 3개월 전 일인데도 여전히 어떤 답신도 받지 못했습니다. 신부님께서 선처해주시기 바랍니다.

산둥을 통해 바닷길로 가거나, 몽골을 통해 (육로로) 가거나, 유럽의 배를 타고서 조선으로 들어가는 것은 물리적으로 여전히 불가능합니다.

제가 신부님께 청했던 권한집은 받았습니다. 샤스탕 신부는 랴오둥으로 갔습니다. 하지만 랴오둥에서 돌아와 지금 산둥에 있습니다. 난징 주교는 그의 랴오둥 여행에 대해 대단히 심각하게 불평을 터뜨리고 있습니다.

이 사업이 복되게 진행되도록 저희를 위해 기도해주시고 미사를 봉헌해주십시오. 하느님의 크신 도움이 필요하다고 생각합니다.

(추신을 비롯한 이하 내용은 움피에레스 신부에게 하는 말이 아니라 편지를 전달하는 사람에게 하는 말이다.) 만일 이 편지가 움피에레스 신부님에게 도착하지 않는다면, 그분 대신 일하실 새 지부장을 포교성성에 강력히 요청할 것입니다. 하느님 대전에서 선한 것을 선한 것으로 판단하도록 이 사업을 운영하기 위해서는 한 말씀이면(충분하니), 움피에레스 신부님이 어디에 계시든 이 편지의 사본이 전달되기를 바랍니다.

신부님의 지극히 비천한 종
† 갑사 주교이며 조선의 교황 대리 감목 바르톨로메오 드림

추신: 부주의로 여기 넣을 쪽지를 개봉했습니다. 움피에레스 신부에게 이 점 양해를 구해주십시오.

추신: 프랑스인들에게 주어진 랴오둥 지방에는 그리스도인들이 있으나 선교사 한 명이 충분히 감당할 정도의 수효임을 특히 염두에 두어주십시오.

추신: 저는 랴오둥 지방이 적어도 조선 대목구에 맡겨져야 한다는 사실을 포교성성에 알립니다. 그렇지 않다면 이 지방은 언제나 닫힐 것이고, 선교사들의 조선 입국은 아마도 실패할 것입니다. 또한 신부님께서 포교성성이 저희에게 필요한 모든 호의를 베풀어주도록 편지를 써주십시오. 그리고 제가 르그레즈와 신부가 읽도록 보낸 편지도 읽어봐주십시오. 신부님께서 우리 사업을 완성하시기 전에는 떠나시지 않는 것이 좋을 것입니다.

46신

발신자 : 브뤼기에르 주교
수신자 : 르그레즈와 신부
발신일과 발신지 : 1835년 7월 28일, 시완쯔
출처 : AME, v. 579, ff. 123~126

1835년 7월 28일 타타르 시완쯔에서

✝ 예수 마리아 요셉

친애하올 동료 신부님께,

신부님이 보낸 지난 2월 23일자 편지를 방금 받아보았습니다. 산시를 통해 여러 통의 편지와 돈을 보내주시니 정말로 고맙습니다. 저희는 산시 대목구장과 합의하여, 그분의 심부름꾼들이 신부님이 마카오에서 주고자 하신 모든 것을 제게 가져다주기로 했습니다. 난징으로 발송된 편지들은 아직 도착하지 않았습니다. 장차 그것들이 제 손에 들어올 리는 만무합니다.

포르투갈인들의 약속은 절대 신뢰하지 마십시오. 그들에게는 신부님을 도울 능력이 없을 것입니다. 난징 주교는 그들의 권고를 괘념치 아니할 것입니다. 제가 랑글루아 신부(파리외방전교회 총장)와 뒤부아 신부(파리외방전교회 지도 신부)에게 쓴 공한과 교황 성하께 쓴 편지를 읽어보십시오. 그리고 간곡히 부탁드리오니, 그 모든 것을 봉투 속에 넣고 봉인하여 교황 성하께 보내주십시오. 부탁드립니다. 제가 로마로 보내는 편지를 이 분들이 읽어야 한다면 봉인해서는 안 되겠지요.

신부님이 저의 명령적 어조에 대해 의견을 말씀해주시는 호의를 베풀어주셔서 감사드립니다. 깊이 명심하도록 하겠습니다. 이에 대해서는 움피에레스 신부에게 사과했습니다. 신부님의 자비로운 충고가 없었다면 저로서는 깨닫지 못했을 것입니다. 새로운 선교지를 세우는 것, 특히 대만 섬에 세우는 것에 대해 저는 적극적인 동의를 보냅니다. 들리는 말로는 옌안(延安)을 대목구로 승격시키려 한다고 합니다. 저는 성심으로 그렇게 되기를 바랍니다. 이 지방을 거점으로 하면 라오스의 광대한 지역으로 들어가는 길이 쉬워집니다. 주교가 많아질수록 개종하는 일도 늘어날 것입니다.

일본으로 가기 위한 가장 쉬운 방법은 조선에 가는 것입니다. 그곳을 기점으로 하면 길은 충분히 열릴 것으로 봅니다. 우선 조선의 남서해안에 자리 잡고 있는 일본인들을 시작으로 선교 활동을 펼칠 것이고, 그렇게 하고 난 후 일본 열도로 들어가게 될 것입니다. 하지만 두 군데서 모두 선교 사업을 성공하려면 조선에 서양인 선교사들이 있어야 합니다. 신부님은 제가 입국하는 것을 허락하시도록 열성을 다해 선하신 하느님께 빌어주십시오. 저는 맡은 일에 성실하게 임할 것을 약속드립니다. 제게는 일본에 선교사들을 보낼 권한이 있지만 우리가 랴오둥 지방이든 아니면 최소한 조선 접경 지역의 일부만이라도 얻지 못하면 이 모든 계획은 수포로 돌아갈 것입니다.

신부님이 우리와 함께 일하겠다고 하시니 그 제안을 진심으로 고맙게 받아들입니다. 하지만 부디 입국에 대한 확신이 서기 전에는 실행에 옮기지 말아주십시오. 모방 신부나 샤스탕 신부 같은 우리 동료 사제들을 따라 하지는 마십시오. 기다리면서 중국어 공부를 해두십시오. 신부님은 랴오둥에 머무를 수도, 원하시는 대로 조선에 들어갈 수도 있습니다. 신부님은 난징 주교에게 저한테 호의적으로 대하도록 청을 넣는 편지를 쓰셨지요. 하지만 그 뜻을 이루지는 못했습니다. 난징 주교는 신부님의 편지를 받자마자 제게 즉각 답신을 보냈는데, 난징 주교가 저를 도와준다는 약속을 한 적이 없으며, "불가능한 것은 아무도 할 의무가 없다"고 하며 앞으로도 도울 일이 없을 것이라고 했습니다. 이때부터 난징 주교는 제 일에 대해 개입하고자 하지 않을 뿐더러 제가 보낸 편지들에 답신도 하지 않고 있습니다. 난징 주교는 신부님의 편지가 매우 합당하다고 생각했습니다. 왜냐고요? 제가 신부님의 의견을 따랐더라면, 조선 입국이 가능하다는 더욱 위안이 되는 소식들을 접할 때까지 마카오에 머물렀을 것이라고 난징 주교에게 말씀하셨다면서요. 그렇게 하는 것이 더욱 합리적이라고 생각하신 모양입니다. 그러나 저는 마카오에 머무르고 있었다면 아예 거기서 나오지도 못했을 거라는 확신을 아주 오래전부터 갖고 있었습니다. 파치피코 신부가 저의 선두 주자가 되어주고 저의 길을 닦아줄 것이라고, 저만 빼고 모두들 믿었지만, 그는 저의 조선 입국에 또 다른 장애물이 되어버렸습니다. 신부님에게 산시 심부름꾼을 통해서 100쪽의 편지 1통을 부치려 합니다. 거기에는 그에 대한 사실들을 간단히 소개했고, "포르투갈인들에게 아무것도 바랄 것이 없습니다"라고 한 움피에레스 신부가 쓴 구절의 진실이 도처에서 뚜렷하게 보일 것입니다. 신부님이 난징 주교에게 편지를 쓰시는 것은 매우 잘하시는 것입니다. 신부님의 편지는 우애를 유지하는 데 도움이 될 것입니다. 그게 전부입니다.

저는 대만 선교를 시작하는 데 신부님이 제안하는 방안을 채택하는 바입니다. 시니트 주교(쓰촨 교구장)는 이 학생(도 요셉)을 신부님에게 쉽사리 양보하실 수 있습니다. 시니트 주교는 당신에게 많은 수의 선교사가 있기 때문에 도 요셉을 기꺼이 제게 내어줄 수 있으며 모방 신부가 저와 동행하는 것에 흔쾌히 동의한다는 편지를 보내왔습니다. 그러니 시니트 주교는 당신 휘하의 (중국인) 사제들 가운데 몇 명이 같은 소명을 받든다고 나서는 것을 보더라도 힘겨워하지 않았을 것입니다. 또한 요셉 말로는 쓰촨에는 수용 인원보다 많은 학생들과 성직 지원자들이 있다고 합니다.

이상이 저희 계획이 진행되는 상황을 간단히 요약한 것입니다. 조선 사람들은 저를 맞이하겠다고 제게 약속했으나 그들은 한 사제 파치피코를 곁에 두었고, 이 사람은 제게서 모든 희망을 앗아가고 있습니다. 파치피코 신부는 300테일을 요구해왔습니다. 저는 그에게 100테일을 보냈습니다. 그리고 제가 입국하고 나면 빚을 청산할 것을 약속했습니다. 저는 그에게 아무것도 보내지 말아달라고 난징 주교에게 부탁했습니다. 그에게 무슨 증여를 하고자 하는 것이 아니라면 말이지요. 그런데 제가 단호하게 의지를 표명했는데도, 아니 제가 굳이 말리는데도 아랑곳하지 않고 난징 주교는 그 신부에게 200테일을 보내주고 말았습니다.

저는 그 돈을 난징 주교에게 갚아야 한다고 생각하지 않습니다. 그는 조선 사람들에게 책과 그 외의 많은 물건들을 보내주었습니다. 저는 그가 보낸 물건들의 값을 계산하기 위해서 물품 목록을 요청했지만 답신이 없습니다. 요셉이 필요로 하는 경우 요셉에게 200테일을 줄 것을 부탁하는 편지를 보냈지만 답신이라고는 없습니다. 그는 요셉에게만 "그럴 수 없다"라고 목청 높여 말했고, 그 상황에서 그는 그 200테일을 조선 사람들에게 주었습니다. 나아가 그는 "너의 주교님께서 랴오둥에 심부름꾼을 보내시면 내가 보내는 편지들 중 1통을 받게 되기를 바란다"라고 요셉에게 말했습니다. 저는 그에게 그 편지를 달라고 했고, 다른 이들도 그랬습니다. 하지만 답신은 없습니다. 그가 직접 랴오둥에 보낸 그의 심부름꾼 증언에 따르면, 난징 주교는 이 지역 교우들에게 편지를 보내 자기가 쓴 편지들 가운데 1통을 소지하고 있지 않으면 그 어떤 선교사도 받아들이지 말라고 했다는 것입니다. 그는 장난의 교우들에게도 이 같은 금령을 내렸습니다. 그래 놓고 그는 샤스탕 신부에게, 이제 자신은 조선에 대해 재치권을 가지고 있지 않다고 단언했습니다. 그럼, 전에는 조선에 대한 재치권을 갖고 있다고 생각했을까요? 저는 그를 믿어야 하는 명백한 이유들이 없습니다. 제가 지금 드리는 간단한 보고 내용을 근거로 해서, 과연 그가 우리를 도와줄 마음이 있는 것인지 여부를 신부님이 직접 판단해보십시오. 조선 사람들은 저를 입국시키는 데 500테일이 필요하다고 요구해왔습니다. 저는 그 돈을 주었습니다. 쉬에 신부가 제게 그 돈을 빌려주었습니다. 저는 제 돈에서 100테일을 떼어 파치피코 신부에게 주었습니다. 산시 주교는 제가 최근에 부탁했던 250테일을 빌려주었습니다. 이 돈은 갚은 상태입니다. 쉬에 신부가 제게 다시금 100테일을 빌려주었습니다. 저는 신부님이 충고해주신 대로 따랐습니다. (1835년 5월 13일) 3명의 남자가 조선 국경 지대까지 가서 집 한 채를 빌려 놓기 위해 저를 앞질러 갔습니다. 그들이 무엇을 할지는 모르지만, 저는 그들에게 400테일을 주어 보냈습니다(10월 1일 귀환).

요약하면, 제가 마카오를 떠난 이래 빚지고 있는 내용은 다음과 같습니다.

토레테 신부에게 100테일,

여기에다 500피아스터 상당 500테일은 제가 유일하게 쉬에 신부에게 빌린 액수입니다. 그러니까 신부님이 쉬에 신부에게 갚아야 할 액수는 500테일이지 500피아스터가 아닙니다.

난징 주교에게 200테일. 신부님이 굳이 이것을 빚이라고 여긴다면 말이지요.

여기에다 제가 난징 주교에게 주문한 책들과 물건들 값.

이 일은 함께 해결하십시오. 테일은 베이징 무게로 한 것입니다. 백 피아스터당 74테일이고, 베이징 무게로는 조금 더 나갑니다.

부쇼 신부에게 4피아스터를 보내주시기 바랍니다.

매우 경애하올 동료 신부님,
저는 매우 비천하고 매우 복종하는 신부님의 종입니다.

갑사 주교 바르톨로메오 드림

추신: 푸젠 주교님에게 편지 쓰실 일이 있으면 그분께 저의 존경어린 마음과 매우 소박한 고마움을 전해주시고 그 수하의 선교사들에게도 저의 안부를 전해주십시오.

이 지역에서는 지엽적인 박해가 일어났으나, 그것이 시방(Sivang, 시완쯔)에까지는 확산되지 않았습니다. 그러니 부탁하건대, 저희가 그 박해의 목표 대상은 아니라고 토레테 신부에게 알려주어서 안심시켜주십시오. 관료들은 저희가 존재하는지조차도 모르고 있습니다. 네덜란드인들이 프랑스 책을 일본에 유입시키고 있다는 말을 토레테 신부가 들었습니다. 그게 사실인지요? 그러니까 일본인들은 프랑스어를 한다는 것이군요. 부디 짤막한 답신이라도 주십시오.

푸젠발 배에서 미사 드릴 때 성혈 몇 방울이 성체포에만 떨어지고 바닥에는 떨어지지 않았다고 토레테 신부에게 말해주십시오. 저희는 성체포 전체가 젖지 않도록 재빠르게 조치를 취했고, 그래서 탁자를 청소하지 않아도 되었습니다. 저희는 탁자를 태우지 않았습니다. 선장은 화를 내지 않았고, 태우지 않는 것에 대해 어떠한 반대도 하지 않았습니다. 토레테 신부는 이 모든 일들에 대해 자세히 알고자 했습니다. 신부님에게 부탁드리거니와, 제가 포교성성에 쓰는 편지를 움피에레스 신부나 그의 뒤를 잇는 사람이 읽도록 해주십시오. 용서하십시오. 제 편지를 옮겨 적지 못합니다. 시간이 없답니다.

바다를 통해서 조선으로 가는 것은 불가능합니다. 저는 아직도 말랭 신부가 제게 빌려준 돈은 25 아니면 28루피밖에 되지 않는 것 같습니다. 그런데 이 친애하는 동료는 그것이 50 아니면 60루피라고 주장합니다. 신부님은 가장 확실한 편을 드십시오. 신부님이 제게 보내주시게 될 돈에다 이 액수도 염두에 두시고, 또한 신부님이 너그럽게도 부쇼 신부에게 건네줄 3피아스터도 유념해주십시오.

제가 로마에 쓴 편지를 움피에레스 신부나 그 승계자가 읽도록 해주시기를 간청드립니다. 포르투갈 사제들의 약속은 믿을 수 없습니다. 제 계획을 따라 주십시오. 제 시계 거리 안에 들어오셔야 합니다. 제 편지 복사본을 떠서 두 번에 나누어 보내는 것이 좋을 듯싶습니다. 저는 조선을 프랑스인들에게 맡긴다는 서한의 복사본을 1월에 받았습니다. 그런데 이번에는 못 받았습니다. 신부님이 그것을 보냈다고 강조하시는데 제가 그 복사본을 어디다 흘렸나 봅니다. 다른 복사본을 1통 보내주시기 바랍니다.

프랑스인들과 포르투갈인들은 싱가포르와 그 인접 지역에 대해서 같은 권

서한 321

리를 갖는지요? 아니면 각각 일부분을 담당하는 것인가요? 전자의 경우라면 프랑스인들이 모든 면에서 이긴 것입니다.

마이아 신부(싱가포르 주재 파리외방전교회원)는 우리와 화해한 것인가요? 포교성성의 이러한 결정은 확정적인가요? 움피에레스 신부는 2월, 즉 신부님이 제게 편지를 쓰신 때와 같은 시기에는 이런 결정을 모르고 있었습니다. 신부님은 이 문제에 대해 몇 가지 상세한 내용을 저에게 알려주시기 바랍니다.

랴오둥의 일부 지역이 우리에게 할당이 되면 교우가 1명도 없는 지역은 할당해주지 않도록 신경 쓰셔야 합니다. 한 선교사가 성사를 줄 수 있을 만큼의 교우가 있어야 이를 바탕으로 저희는 새로운 교우들을 더 만들 수 있을 것입니다. 이곳은 박해 지역이 아닌 것 같습니다.

추신: 다리가 부었다 가라앉았다 하는 일이 매우 자주 일어납니다. 특히 습한 날씨에는 더욱 그렇습니다. 제가 수종증(水腫症)에 걸렸거나 아니면 걸리게 될 것이라고들 말합니다. 제 생각에 왕실 치료제라야 효과가 있을 것 같습니다. 신부님이 이 부탁을 어이없고 주제넘은 짓이라고 생각지 않으신다면 적당한 도수의 치료제 몇 병을 사용법과 함께 보내주시기 바랍니다. 왕실 치료제를 소개하는 책이 있습니다. 성 요셉 신학교 사제들과 움피에레스 신부가 그것을 구하는 데 도움을 줄 것입니다.

난징 주교가 잘못 알고 있습니다. 저는 그가 하는 일들을 나눠 가지려고 한 적이 없습니다. 1835년 2월 23일자로 제가 쓴 편지를 보시기 바랍니다.

47신

발신자 : 브뤼기에르 주교
수신자 : 포교성성 장관 추기경
발신일과 발신지 : 1835년 8월 7일, 시완쯔
출처 : APF. SOCP, v. 76, ff. 499~501; AME, v. 577, ff. 319~328

1835년 8월 7일 시완쯔

지극히 공경하올 추기경님,

작년 10월 8일부터 저는 서 만주에 있는 성 빈첸시오 아 바오로회(라자로회)의 프랑스 사제 숙소에 머물고 있습니다. 연초에, 교황님께서 자애로우시게도 조선의 선교를 파리외방전교회에 맡기셨다는 소식을 들었습니다. 이 소식을 듣고 저는 기뻤습니다. 깊이 감사드립니다.

1월에 저는 조선인들로부터 아홉 번째 편지를 받았습니다. 그들은 이쪽으로 오는 인편을 통해 편지를 보낸 것입니다. 하지만 여러 가지 위험과 어려움 때문에 상황이 좀체 나아질 기미가 보이지 않아 저는 그들 편에 아무것도 보낼 수 없었습니다. 그들은, 사절에 관한 건 말고도 다른 방법을 제시했습니다. 즉, 제가 올 수 있기를 바라지만 그게 어렵다면 제가 사제들을 서품하여 저는 만주에 머물더라도 그들이 선교하도록 하는 방법입니다. 그러나 그렇게 할 수 있을지 모르겠습니다. 저는 전에 방콕에 머물 수 있었습니다. 그러나 그곳에서 저는 사제가 될 학생들을 부르고 모아보았습니다만 그 제안에 응하는 사람이 전혀 없었습니다. 그들은 파치피코 신부의 편지를 인용했습니다. 사실 그 편지는 파치피코 신부의 주교인 난징 주교가 보낸 것입니다. 그가 말했던 것과 똑같은 제안을 내놓고 있으니 말입니다.

파치피코 신부가 그들에게 이런 제안을 했다는 것은 의심스럽기 그지없습니다. 왜냐하면 그는 차후에는 조선이 유럽인 사제든 중국인 사제든 어떤 사제에게도 맡겨지지 않고, 조선인 사제들의 활동으로 운영되길 바란다고 했기 때문입니다. 그렇다면 그 사제들이나 학생들이 어디에서 모이겠습니까? 그는 별로 보살피지 않습니다. 그렇다면 아마도 여러 세기 후에는 조선인들은 스스로 버려지고 말 것입니다. 그는 벌써 그곳에 머무르는 것을 싫어하고, 저를 장상으로 삼는 것을 할 수 있는 한 피하는 것처럼 보이니, 저는 그를 동료라고 부르기 힘듭니다. 어쨌든 편지 말미에서 조선인들은 (제가) 들어오든지 들어오지 않든지 제 판단에 맡기겠다고 했습니다.

그런데 중국에 사절로 온 사람들 가운데 세 사람은 저의 계속된 애원과 여러 가지 근거로 확실히 설득되어 제가 (조선에) 들어갈 수 있도록 살피겠노라고 약속했습니다. 더욱이 아마 그들이 원했을 돈까지 제가 주자, 점점 더 약속을 지키겠노라고 확언했습니다. 또한 그들은 교황님께 또 다른 편지를 썼습니다. 제가 요청하는 대로, 그 편지 안에서 각 사람들이, 매년, 같은 때에, 조선으로 오기를 원하는 다른 모든 선교사들을 그들이 받아들이도록 하겠다고 명시적으로 제게 약속했습니다.

저는 그 편지들과 함께 파치피코 신부가 저와 제 학생인 요셉에게 보낸 편지도 받았습니다. 그 편지에서 그는 재치권이나 격식을 차린 호칭에도 침묵한 채, 사람을 구분하지도 않고 막연히 저희에게 말하기를, 저희가 새가 아니라면, 그것도 조선의 새가 아니라면, 조선으로 들어오는 것은 불가능해서, 저희에게 열려 있는 길은 전혀 없다고 했습니다. 그러니 다른 방향으로 길을 잡으라고 권고했습니다. 그는 더 세련되게 말하긴 하지만, 그가 반지에 입 맞추며 축복을 청하는 난징 주교와 함께 행동하고 있습니다. 그는 자기 주교를 자기의 장상이며 아버지라 부르면서 그에게 해결해야 할 문제들을 제시하고, 더 큰 재치권과, 베이징 교구처럼 다른 수도회들을 설립할 수 있는 권한을 그에게 요청하고 있습니다. 그는 또한 그에게 비용도 요청합니다. 즉 2,000프랑이 넘는 돈을 요구하면서 이 돈이 즉시 허락되지 않으면 랴오둥으로 돌아가겠다고 위협하고 있습니다. 조선 신학교를 베이징에 설립하는 문제를 그와 함께 의논한다고 하자 그 고위 성직자도 놀라워하고, 다른 이들도 놀라워했습니다.

(저 말고는 그를 믿어주지도 않고 말도 하지 않는) 그 사제는 결국 또 다른 요한 세례자처럼 제 길을 준비할 수밖에 없었던 것입니다. 바라건대 그렇게 행동하는 것이 분열(schisma)에까지 이르지 않기를! 제가 추기경님의 도움이 얼마나 필요한지, 아무도 모를 것입니다.

그러므로 현재 저는 파치피코 신부에게 기대할 것이 전혀 없으며, 포르투갈 신부들에게는 더욱더 기대할 수 있는 것이 없습니다. 제가 조선으로 들어가는 것이 이미 절망적이라고 공공연히 말하는 사람들은, 공포 때문에, 성공에 대한 불확실성 때문에 또는 다른 이유에서든지, 제게 도움을 주기는 고사하고 간접적으로 자꾸 새로운 반대 근거를 대고 있습니다. 용서해주십시오. 필요하다면 입을 다물어야 할 사실을 공연히 말씀드립니다.

난징 주교는 공식적으로는 제게 베풀어져야 할 물질적 지원에 대해 여러 차례 약속했습니다만, 그 약속을 전혀 지키지 않고 있습니다. 조선에 선교사들이 들어가기 위해, 그리고 랴오둥의 교우들 곁에 며칠간 머물 장소가 있을 것이라고 그가 말했고, 즉각 조선인들이 주교 앞에서 제 학생이 증인으로 있는 가운데 그해 안에 저를 받아들일 것이라고 확약했다고 난징 주교는 대답했습니다. (그런데 어떻게 되었는지) 이 아래에서 보게 되실 것입니다! 저의 그 청원에 그가 제게 답하여 쓰기를, "제가 당신들을 위해 할 수 있는 일은 아무것도 없고, 아무것도 약속한 바가 없습니다. 어느 누구도 불가능한 일에 매달리지 않습니다"라고 했습니다. 저는 이전에 한 약속에 대해 기억을 환기시켰으나, 아무 답변도 얻지 못했습니다. 저는 또 난징 주교에게 곧 갚을 테니 200냥을 빌려달라고 하면서, 동시에 제가 파치피코 신부에게 돈을 충분히 보냈으니, 그 신부에게 돈을 보내지 말아달라고 부탁했습니다. (저는 꼭 갚겠다며 제가 보증인이 되어 그에게 100냥을 보냈기 때문입니다.) 그는 제게 답변하지 않고, 오히려 반대로 했습니다. 난징 주교는 "나는 갑사 주교에게 돈을 줄 수 없다"라고 제 학생에게 직접 말하면서, 아무런 주저 없이, 저의 권고는 쓸모가 없다고 하면서 제 금지령은 이야기도 하지 않은 채, 파치피코 신부에게 200냥을 주었습니다. 이런 식의 행동이 얼마나 위험한지, 파치피코 신부의 품행과 태도를 아는 이들은 잘 알 것입니다.

난징 주교가 파치피코 신부를 자기 선교사로 데리고 있는 것입니까? 저는 그렇게 생각할 수가 없습니다. 왜냐하면 그는 샤스탕 신부에게, 자기에게는 조선에 대한 재치권이 없다고 말했다는데, 전에는 무슨 생각을 한 것인지, 저는 알 수 없습니다. 제가 그곳에 들어갈 때까지는 난징 주교도 아마 그렇게 생각했을 것이라고 추측하는 이들도 있었습니다. 아마 제가 그를 잘

못으로 인도했는지도 모르겠습니다. 어떤 이들은 그렇게 생각합니다.

랴오둥에 있는 난징 주교 개인 인편을 통해서 듣게 되었는데, 난징 주교는 교우들에게 보낸 편지에서 난징 주교의 편지를 직접 소지하지 않는 선교사는 누구든 손님으로 맞이하지 못하도록 했다고 합니다. 그 교우들이 처음에는 가만히 있다가 이제는 저를 맞이하기를 원치 않으니 그보다 놀라운 일이 어디에 또 있겠습니까? 난징 주교는 제 학생에게 "갑사 주교가 랴오둥에 심부름꾼을 보낼 때, 그 심부름꾼은 나에게 편지를 받아가야 할 것이다"라고 말했다고 합니다. 저는 이 말에 따라 편지를 청했으나, 역시 어떤 답신도 받지 못했습니다. 다른 이들도 제 이름으로 요청했으나, 답신이 없었습니다. 다른 것들도 똑같이 요청한 바 있으나, 청한 것을 받기는 고사하고, 한마디 말조차 들을 수 없었습니다. 그가 제게 편지를 쓰지 않은 지 여섯 달이 넘었습니다. 제가 만주로 온 것이 크게 불편했던 것입니다. 즉 제가 평화를 어지럽히고 혹시 난징 주교의 자리를 위협하고 해를 끼칠지도 모른다고 생각했기 때문입니다.

제가 즈리(直隸)에 있을 때, 그는 저를 시완쯔로 보내려 했습니다. 그는 이리로 모방 신부를 보내고는, 자기는 이 지역으로 프랑스 신부 1명이 오기를 간절히 바란다고 했다고 합니다. 그는 이곳이 안전한 곳이라 확언했습니다. 왜 저에 대해서만 이런 개인적인 예외가 있는 것입니까? 왜 이렇게 제가 이리로 온 것을 저를 거슬러 심하게 투덜거리는 것입니까? 저를 맞아들인 중국인 신부와, 그리고 제가 장시성 시완쯔에서 떠난 사실을 그에게 알리지 않은 다른 이들에게도 (그렇게 심하게 대하는 것입니까)?

그는 "소식이 있을 때까지 (브뤼기에르 주교는) 마카오에 머물렀어야 했다"라고 말합니다. 제 학생이 베이징에 있을 때, 난징 주교가 자기 교구(장난의 교우들에게, 그 이유는 모르겠으나, 징계까지 정해놓고 어떤 프랑스 선교사도 받아들이지 않도록 확실히 금지했고, 몇 달 뒤에 그 학생이 장난에 머무르면서 이를 증언했습니다. 이것이 포르투갈 사람들로부터 나온 것임을 쉽게 알 수 있습니다. 저는 희망할 것이 아무것도 없습니다. 앞으로의 일은 제대로 풀려갈지라도, 이후로는 포르투갈 사람들이 하는 말이나 글은 무엇이든 믿을 것이 못 됩니다. 제가 가급적 빨리 마카오에서 중국으로 오지 않았다면, 조선으로 들어갈 수 있는 기회가 왔더라도 결코 들어갈 수 없었을 것입니다. 조선이 그들의 재치권 아래 있었던 동안, 그들은 제가 마카오에서 시급히 도착하기를 바랐었지만, 제가 교황 대리 감목으로 임명되어 상황이 바뀌자, 말을 바꾼 것입니다.

저는 제 손에 난징 주교와 그의 총대리인 카스트로 신부의 편지 사본들을 가지고 있었습니다. 여기에서 그는 이렇게 말했습니다. "갑사 주교는 조선으로 들어갈 수 있다. (난징) 주교께서는 입국을 위해 마련하고 필요한 금전도 줄 준비가 되어 있다." 그런데 제가 파견되자, 포르투갈 신부들은 제 선교 사업을 마치 경솔했던 것처럼 태도를 바꾸어 매도했습니다. 제가 난징에 도착했을 때, 카스트로 신부는 놀라워하며, 갑사 주교가 벌써 왔느냐고 소리쳤습니다. 그는 제가 여전히 샴에 있다고 생각했었습니다. 어떻게 해야만 하겠습니까? 그가 굳건한 신앙의 표양들을 이렇게나 많이 베풀어주었는데도 포기해야만 하겠습니까? 아닐 것입니다. 하지만 시작된 사업을 순탄하게 해결하기 위해서는 달리 해결책을 생각해야만 할 것입니다.

제 생각으로는 조선 입국을 위해서는 랴오둥 지방 동쪽(조선과 가깝습니다)을 조선 대리 감목의 재치권에 맡기는 것이 사업의 대가일 듯합니다. 그 주요 근거는 이렇습니다. 조선인들은 만주의 극도로 추운 겨울이 위력을 떨치는 동안에는 그믐 열하루가 아니면 어떤 선교사도 (조선으로) 들어갈 수 없다고 확실히 말했습니다. 이런 처지에서, 마카오에서 조선으로 떠나는 선교사는 중국을 지나서 아주 길고 아주 위험한 길을 여행해야 하며, 어느 곳에서도 안전하게 쉴 피난처를 찾을 수 없습니다. 그에게는 모든 공개적인 것도 막혀 있습니다. 중국에서 만주로는 1년 중 가장 험한 날씨에 가야만 합니다. 길은 척박한 곳을 통해 나 있으며, 게다가 사나운 짐승들은 있지만 사는 사람은 거의 없고, 숨어서 여행자들을 노리는 강도들도 많이 있습니다. 또한 동행자도 없이, 견디기 힘든 추위는 치명적입니다. 때때로 그 밖에 조선의 국경에 다가갈수록 밀고자들도 다가옵니다. 저는 막연한 연월일을 말하는 것이 아닙니다. 오히려 정해놓은 날에, 조금도 지체함 없이, 중국인들을 강요하여, 아마도 결코 귀환하지 않으려고 할 조선인들이 자기 나라로 돌아가도록 해야 합니다.

희망에 조롱당하고, 큰 노역과 큰 위험을 견디어내지만, 도움도, 아마 돈도 잃고, 교우들의 집에 머무는 것조차 금지당한 선교사는 어디로 돌아가야 합니까? 만일 그가 목적지에 너무 빨리 도착하면, 그는 주막에서 이교인들 사이에서 여러 날을 머물러야 하며, 국경에서 장날이 다가올수록 경비병과 군인들의 탐문과 조사에 더 자주 시달려야 합니다. 이는 여행자들이 겪어야 하는 혹독한 시련입니다.

그에게는 한 길이 남아 있습니다. 즉, 그곳을 떠나 돌아오는 것입니다. 비록 한두 사람이 운이 좋아 이런 위험에서 벗어난다 해도, 그다음 선교사들에게 희망할 수 있는 것은 아무것도 없습니다. 더 쉽고 더 안전한 수단을 생각할 수 있을 때에도 섭리를 기대할 수 없기 때문입니다.

비록 아무 희망이 없긴 하지만, 장상으로부터 권고받은 교우들은 한동안이라도 선교사를 맞이하려 하고, 한두 번 어떤 외국인이나 외방 선교사를 맞아들이기도 하지만, 그것도 계속 이어질 수 있을지는 전혀 확실하지 않습니다. 그들은 피로, 성가셔 하는 태도, 위험의 두려움에 짓눌려 머물 곳을 간청하게 될 것입니다. 그뿐만 아니라 어디서나 안전한 숙소를 마련할 수 있고, 약속 시간에 목적지에 도착할 수 있다고 가정하지만, 조선인 심부름꾼들이 병이나 박해나, 다른 여러 가지 이유로 늦어져 나타나지 않는 경우를 당할 수도 있습니다.

외국으로 가는 선교사에게 필요한 것은 달라질 수가 있으나, 어떤 경우에는 그들에게 전혀 쓸모가 없고, 또 어떤 경우에는 막중하기도 합니다. 제 경험에서 드리는 말씀입니다. 3년 전부터 저는 어떤 때는 이 사람 집에 또 어떤 때는 다른 사람 집에 묵고 있습니다. 그 모든 이가 기꺼이 성실한 태도로 저를 맞이해주는 것 같았습니다. 하지만 탄식하며 기다렸던 그들 사이에 있노라면, 너무나도 길고 너무나도 무거운 짐을 그들에게 지게 한 것 같습니다. 난징 주교는 선교사가, 조선에 들어갈 수 있을 때까지, 랴오둥에서 사목할 수 있는 권한에 대해서는 전혀 언급하지 않습니다. 한 번도 말입니다. 우리 가운데 어떤 사람이 그곳에 갈 때마다 간청하자, 그 주교는 반대로 그를 다른 지방으로 보내버렸습니다.

그 지방(랴오둥)을 통해 이동할 때, 제 동료 사제들이 고해를 들을 수 있는 권한을 랴오둥 지방에 도착했을 때부터 청했는데, 그 이유는 권한을 가진 선교사가 없거나 너무 멀리 있어 청할 사람이 없어서였습니다. 그러나 언제나 그 권한이 허락되기를 기다릴 뿐입니다.

샤스탕 신부는 우리가 머물면서 파치피코 신부를 만날 수 있도록 집을 마련하러 해로로 랴오둥에 갔습니다. 하지만 조선 입국이 불가능하다고 여겨 그 일을 포기해버린 사람들로부터 (밀려나) 중국으로 다시 되돌아올 수밖에 없었습니다. 그는 베이징 근처에 도착하자, 다시 되돌아가기를 간청하며 주교에게 면담을 요청했습니다. 그러나 그는, "나는 당신들의 사업을 돌볼 수 없소. 맘대로 경솔하게 위험으로 들어간 사람에게 누가 마땅히 도움을 주려 하겠소?"라고 말했다고 합니다. 이런 말을 듣자, 약 50km 정도 떨어져 살던 쉬에 신부가 그(샤스탕 신부)를 자기에게 데려올 사람을 보냈습니다. 그를 불쌍히 여긴 두 베이징인 교우들이 한동안 그와 함께 지내면서 자기들 돈으로 그를 돌보았습니다. 주교를 직접 만나 면담하겠다고 수차례 애걸했으나 30일이 훨씬 넘어서야 그렇게 할 수 있었습니다.

그 신부(샤스탕)는 즉시 마카오로 돌아가거나, 산둥에 가서 선교사 직무를 수행하라는 명령을 받고 그 조건을 수용했습니다. 이는 적당한 기회가 왔을 때 더 빠르고 더 준비되어 있는 상태로 조선으로 갈 여정을 스스로 준비하기 위해서였습니다. 그런데 프랑스 선교사가 랴오둥에 갔기 때문에 누가 피해를 입었습니까? (그렇다면) 그가 그 지방에서 사목할 수 있는 권한을 누가 쉽게 허락할 수 있겠습니까? 절대 그렇지 않습니다.

그 밖에도 조선으로 파견되어야 할 사제는, 베이징 주교의 도움과 편의 제공을 받지도 못하고 파견되지도 못했습니다. 그뿐만 아니라, 그가 지나가거나 한두 달이라도 머무를 지방의 언어를 배우지도 못했습니다. 특히 중국어, 만주어, 조선어는 거의 전혀 다르고 무척 어려운데도 말입니다.

교양 있는 조선인들만이 중국어를 쓸 수 있으나, 말은 전혀 다르게 합니다. 만일 랴오둥 지방 동부가 조선 대목구에 합해진다면, 이런 어려움들은 더 없을 것입니다. 언제가 되든지 적당한 시기가 왔을 때, 조선으로 들어갈 선교사는 먼저 랴오둥에서 선교사들을 안내하고, 길이나 장소, 피신처를 아주 잘 알아 육로로든 해로로든 선교사들을 안전한 장소에 안내할 수 있는 숙달된 안내자들을 찾아야 할 것입니다. 조선으로 입국할 수 있는 것이 확실해질 때까지, 그는 이곳에서 그들과 함께 머물러야 합니다. 그동안 그가 그곳에 세워져야 할 신학교에서 조선어 공부를 하거나, 또는 랴오둥에 머물면서 교회 직무를 수행한다면, 저희처럼 이토록 무익하게 시간을 보내지는 않을 것입니다.

여러 사람이 랴오둥에 집을 사거나 세를 얻는 것이 불편을 덜 것이라고 말하지만, 좋지 않습니다. 법에 따르면 중국인은 만주에서 밭이나 다른 것을 사는 것이 금지되어 있습니다. 집을 빌릴 수는 있으나, 사실상 그것도 매우 어렵습니다. 그리고 흔히 생각하는 것보다는 그 가격도 매우 비쌉니다. 또한 그 집도 이교인들 사이에 있게 되거나, 교우들이라 하더라도 다른 재치권하에 있을 것이니, 이를 위해 그 지방의 낯선 교우들 몇에게 돈을 주고 그 빌린 집을 지켜주고, 선교사들을 맞이하고, 그들을 보살펴 달라고 부탁하여 승낙을 받기가 얼마나 어렵겠습니까. 하느님에 대한 사랑으로 불타서 조국을 버리고, 이익을 바라지도 않은 채, 불신자들 사이에서 다른 곳에서 온 유럽인들을 지키기 위해 함께 머물러줄 사람은 극소수뿐입니다. 그러한 사람들이 있다 해도 여유 있게 오래 머물 수는 없습니다. 저는 그러한 이들은 매우 통찰력이 있거나 의심 많은 성격이어야 한다고 생각합니다. 그리고 선교사가 해야 할 일을 도울 어떤 기술도 있어야 한다고 생각합니다. 그러므로 가치나 풍습, 재주나 재력이 서로 달라 서로 잘 화합하지 못하거나, 선교사를 내버려둔 채 자기들끼리 서로 다퉈 떠나버리거나 자기가 필요한 것을 선교사에게 강요하며, 견딜 수 없도록 오만해지거나, 탐욕스럽게 돈을 받아내려 하거나, 가버린다거나 밀고하겠다고 위협하거나, 진짜인지 거짓인지는 모르겠으나 박해가 일어났다거나 아니면 이교인들에게 들켰다고 하며 돌아가기를 바란다거나 하는 여러 가지 경우의 일들이 일어날 수 있습니다. 또한 집주인이 임차 계약을 파기하는 수도 있습니다. 이런 모든 일들 가운데 한 가지라도 일어난다면, 그 선교사의 미래가 얼마나 통탄할 만할 것일지는 쉽게 짐작할 수 있습니다.

그러므로 신학교를 세우기 위해 믿을 만한 본토인 성직자가 있어야 합니다. 그러나 (신학교를) 즉시 조선에 세울 수는 없습니다. 처음에는 너무 위험하기 때문입니다. 제게는 모든 장소 가운데, 랴오둥이 더 적절하고 더 안전하게 보입니다. 제가 옳다면, 중국에서 빛났던 복음의 빛이 그곳에서 (빛날 것입니다.) 만주에서는 박해가 일어난 적이 한 번도 없습니다. 하지만 (랴오둥) 전역이 포르투갈인들의 재치권 아래 있는 동안에는 랴오둥에 신학교를 건립하는 것은 불가능할 것입니다. 포르투갈인들이 동의 요청을 전적으로 거부할 것이기 때문입니다. 파리와 로마는 그들이 들을 때까지 소리쳐야 할 것입니다.

조선인 학생들을 마카오나 페낭에 보낸다면, 비용도 엄청날 뿐더러 큰 위험에 직면할 것입니다. 왜냐하면 조선인들은 국경을 넘는 것이 엄격하게 금지되어 있으며 말을 전혀 모르는 중국으로 들어오면 밀고의 위험이 클 것이기 때문입니다. 그 밖에도 그 섬이 너무 뜨겁고 기후도 고르지 않아, 견디기 어려워하다가 많은 중국인 학생들이 생을 마감하거나 겨우 견딜 수 있을 정도의 건강만 지킨 슬픈 경험이 잘 알려져 있습니다.

늑대가 오더라도, 참된 목자는 그에게 맡겨진 양떼를 버리지 않으니, 도망가는 것은 오직 삯꾼뿐입니다. 박해가 있다고 해서 선교사가 큰 유익이 있을 수 있는 구령 사업을 포기하고 도망을 생각하는 일은 아마 없을 것입니다. 그러나 만일 그렇지 않다면 (어떻게 해야 하겠습니까?) 만일 신앙의 원수들이 그 선교사만을 끝까지 추적한다면 (어떻게 해야 하겠습니까?) 만일 그 상황에서 선교사가 교우들에게 이롭기보다 해로울 때는 (어떻게 해야 하겠습니까?) 만일 그 선교사가 잡혀서 유럽 사람임이 밝혀졌을 때, 그전까지 박해가 없었거나 진정되고 있다가 다시 불이 붙어 더 고통스럽게 일어나면(어떻게 해야 하겠습니까?) 만일 안전한 피난처를 마련해주려 하거나 마련해줄 수 있는 사람이 전혀 없다면 (어떻게 해야 하겠습니까?) 풍파가 가라앉고, 그(선교사)의 존재가 교우들에게 다시 유익해질 때까지, 일시적으로 피신처를 찾아 숨는 것이 그들에게 더 낫지 않겠습니까?

그래도 그가 자기 선교지의 경계 안에 굳건히 계속 머물러 있다면, 그가 자신에게 맡겨진 사명을 포기했다고 말할 수는 없을 것입니다. 하지만 랴오둥 지방의 재치권을 프랑스인들에게 허락하는 것이 필요하다는 사실을 아무도 이해하지 못하고 있습니다.

내친 김에 현재 중국에서 해로를 통해 조선으로 들어가는 것이 전혀 불가능하다는 것을 가늠하고, 그와 달리 생각하는 사람들에게 상기시키고 싶습니다. 중국인들과 조선인들이 산둥 지방에서 서로 교역하고 있다고 생각하는 사람들은 틀렸습니다. 조선으로 가는 길은 단 하나, 랴오둥뿐입니다.

교황 성하께서는 프랑스인들에게 조선 선교를 자애로이 맡기시면서 그들에게 일본으로 파견되어야 할 때 (일본으로) 들어가고 통과할 권리를 베푸셨습니다. 만일 (조선으로 가는) 다른 적당한 길이 전혀 없다면, 이런 권리를 주신 것은 잘 생각하신 것입니다. 교황님께서 저희를 조선으로 파견하실 때 그 나라에 접근할 길이 저희에게 열려 있었다면, 저희는 부여하신 법을 신속하게 실행하기 위해 노력했을 것입니다. 어떻게 준비되어야 하는 길이 하나뿐이겠습니까? 또한 준비되어야 하는 접근점이 (하나이겠습니까?) 제 생각에는 명령을 내리시는 것이 어렵지 않으실 것 같습니다.

조선 임금이 자기 왕국 안에 선교사들이 있다는 사실을 알게 된다면, 그는 선교사들이 중국으로부터 베이징을 거쳐 조선으로 왔다고 생각할 것이 틀림없습니다. 그러면 임금은 즉시, 사신(使臣)을 따라가는 모든 이가 중국으로 출발하기 전에 미신 행위를 시켜봄으로써 그들 안에 교우가 숨지 못하도록 할 것입니다. 이런 상황에 처하면, 랴오둥이 아니고서는 어떤 연락도 할 수 없습니다. 장이 열릴 때도, 선교사들이 지속적으로 랴오둥에 머물지 못하거나, 적어도 조력자들이 운 좋게 조선인들과 거래할 적당한 기회를 찾지 못한다면, 소식을 전달하는 것은 불가능합니다. 그 밖에도, 선교사들이 조선으로 들어가기 위해서 랴오둥에 머문다면 멀리 떨어져 있는 저희는 얻기 어려운 여러 수단들을 아마도 찾을 수 있을 것입니다.

저는 다른 여러 가지 방법들을 비웃으며 무시할 수 없습니다. 만일 랴오둥 지방이 포르투갈인들의 재치권 아래에서 벗어난다면, 그 지방이 상황의 변화로부터 얻는 이익은 적지 않을 것입니다. 랴오둥 지방은 겨우 늙고 병든 사람 2명 대신 활기찬 선교사들을 여러 명 얻게 될 것입니다. 교우들은 더 많은 보살핌을 받을 수 있고, 회개하는 이들은 늘어날 것이며, 아마 만주인들에게 직접 복음이 선포될 수도 있을 것입니다. 그 불운한 민족은 지금까지 어둠의 그늘 속에 버려져 있었습니다. 그곳에 있는 거의 모든 교우들이 중국 태생입니다. 그러나 제게는 이런 동기는 부차적이어서, 결코 사태의 핵심과는 직접 관계가 없으니, 개의치 않겠습니다.

이 이야기를 더 해야겠습니다. 만일 교황 성하께서 저희 간청을 기꺼이 들어주신다면, 사업을 취소하시지 않고, 포르투갈 신부들에게 귀 기울이시지 않는 것이 좋을 것 같습니다. 만일 호의로 양편의 사항 모두를 들으신다면, 평화로운 결과를 얻을 수 없을 것입니다. 포르투갈 신부들은 항의하며, 의논하고, 살펴볼 시간을 요구하며 시간을 지체할 것이나, 사실은 전혀 살펴보지 않고 아마 프랑스 선교사들이 조선에 들어가는 것을 반대할 새로운 이유를 찾아낼 것입니다. 그들이 랴오둥에 신학교를 충분히 세울 수 있다면, 그들에게 장소가 남아 있다면, 더 나아가 그들이 완성한다면, 저희는 그 지방에서 저희에게 허락되어야 할 건립권을 양도할 것입니다.

추기경님께서는 조선인들의 절박한 처지와 영적인 필요성을 기억하시기 바랍니다. 또한 3년 이상 땅과 바다를 떠돌며, 중국에서 방황하고, 만주에서도 이리저리 헤매는 불쌍한 당신 종의 처지도 기억하십시오. 제가 발을 쉴 곳은 어디에도 없습니다. 이 사람들에게 밀쳐지노라면, 또 다른 사람들에게 쫓겨나고, 어떤 사람들은 주저하면서도 받아들여주지만, 제가 쉴 곳이 어딘지 저는 모르겠습니다. 공경할 만한 중국인 사제가 저를 초대해 받아주었는데, 그 즉시 난징 주교는 편지를 보내 제가 선교지의 평화를 뒤흔들러 만주로 왔다고 아우성입니다. 다른 이들은 어디로 가든, 무슨 일을 하든 아무 말 없을 뿐 아니라, 심지어 환영까지 받으며 어디든 지나가는데, 저 혼자만 원성을 듣지 않고는 한 걸음도 옮길 수 없습니다. 도대체 진짜 제가 처한 위험이 무엇입니까? 저는 단지 말씀에 순명하여 교황 성하의 명을 수행하려고 열심히 길을 찾고 있을 뿐입니다.

제게 마지막으로 남아 있는 가능성에 기대어, 저는 랴오둥으로 세 사람을 보내어 이교인들 한가운데 제가 머물 집을 구해보라고 했습니다. 저는 그들에게 가진 돈 거의 전부를 맡겼습니다. 그곳에서 조선으로 들어가 보도록 노력하겠습니다. 아직 그들 가운데 아무도 돌아오지 않았습니다. 그들이 집을 얻지 못하고, 돈은 다 써버린 채 돌아온다 하더라도 저는 전혀 놀라지 않을 것입니다. 오히려 그들 누구에게나 권리와 칭찬을 돌리는 것이 마땅할 것입니다.

저는, 저를 도와주려고 힘썼으나 거리 때문에 많이 도와주지 못한 푸젠 주교와 산시 주교, 그리고 그의 선교사들과, 또한 성 빈첸시오 아 바오로회의 프랑스 사제들에게 분명하게 말합니다. 모든 인간적인 도움은 금방 지나갈 것이요, 하느님의 섭리만이 우리에게 더 유익할 것입니다. 낙담해서 하는 말이 아니라, 오히려 저는 추기경께서 저희 처지에 대해 아시리라 믿고 더더욱 오직 하느님께만 제 희망을 두려는 것입니다. 하느님께서 원하신다면, 이미 시작된 일이 확실히 이루어질 것임을, 인간적 시도를 바라고 되풀이할 것이 아니라, 지극히 선하시고 위대하신 하느님께서 전능하신 오른손으로 놀랍게 이루어질 것임을 믿어야 할 것입니다. 인간을 믿는 것보다 주님을 믿는 것이 선(善)입니다.

조선으로 입국할 것을 허락하셨던 교황 성하께서 철수를 명하실 때까지, 저희는 과업을 수행하면서 머물 것입니다. 만일 제가 슬기롭지 못하게 말씀드렸다면, 그것은 무시해주시기 바랍니다. 그리스도께서는 그분을 어미 양들과 어린 양들의 목자로 세우시고, 그분께 하느님의 교회 안에서 다스리고, 통치하고 명령하실 권한을 주셨으니, 그분은 모든 것을 위해 준비되신 분이십니다. 그분께 입맞춤으로 공경을 표합니다.

무릎을 꿇고 교황 성하의 사도적 축복을 간절히 청합니다. 또한 추기경님께도 기도의 도움을 청합니다. 이 편지에서 발견될 오자나 착오를 추기경님께서 용서해주시기 바랍니다. 다시 잘 옮겨 적었어야 마땅했으나, 심부름꾼이 마카오로 서둘러 돌아가야 했습니다.

제가 푸젠에 있을 때 추기경님께 몇 가지를 청한 바 있습니다. 그 가운데에는 견진성사 집전을 몇몇 사제들에게 위임할 수 있는 권한에 대한 청도 있었습니다. 다른 모든 교황 대리 감목들은 이 권한을 누리고 있는데, 저는 단 한 사제에게만 (견진성사 집전권을) 위임할 수 있을 뿐입니다. 아직도 답신을 받지 못했습니다. 이 편지에 조선인들의 편지 2통을 동봉합니다. 하나는 조선에서 그해 초에 베이징으로 보낸 것이고, 다른 하나는 어디에서 썼는지 언제 썼는지 저도 알지 못합니다.

지극히 공경하올 추기경님의
지극히 비천하고 충실한 종
† 갑사 주교이며 조선의 교황 대리 감목 바르톨로메오 드림

48신

발신자 : 브뤼기에르 주교
수신자 : 부스케 신부
발신일과 발신지 : 1835년 9월 28일, 시완쯔
출처 : AME, v. 577, ff. 331~334

1835년 9월 28일, 서부 타타르(네이멍구) 시완쯔에서

✝ 예수 마리아 요셉

친애하올 동료 부스케(프랑스 에르 교구 총대리) 신부님께,

신부님이 1833년 4월 23일자로 에르(프랑스 루르드 북쪽 주교좌 소읍)에서 보내주신 편지를 방금(1835년 9월) 받았습니다. 이 나라에서는 우편이 그리 잘 체계화되어 있지도 않고 프랑스만큼 신속하지도 않습니다. 심지어 신부님 편지를 찾으려고 예상 밖의 대가를 지불해야만 했습니다. 하마터면 이 편지가 배달원의 죽음을 초래할 뻔했습니다. 그래서 저는 이 편지에 더욱 비싼 값을 치르게 되었습니다. 편지가 엉뚱한 곳으로 배달되었던 것입니다. 장차 저희 심부름꾼은 다른 길로 가게 될 것입니다. 그러나 앞으로는 이와 같은 사고가 없을 것이니 염려 마십시오. 신부님의 편지들을 읽으면 저는 항상 기쁨이 새로 솟구칩니다. 신부님이 보내주시는 모든 것에 치

하를 드립니다.

끊임없이 수많은 적수를 상대로 싸우고, 엄청난 장애들을 극복하고 많은 어려움들을 평정하고, 크나큰 위험들을 모면하고 난 끝에 저는 드디어 타타르에 도착했습니다. 그리고 즉각 조선 국경으로 향하는 발길을 재촉하려고 합니다. 바로 이곳이 제 여정에 있어 진정 난관이 큰 곳입니다. 한 해의 가장 혹독한 계절에 길을 나서는 것입니다. 9월에도 이곳은 우리나라의 1월만큼 춥습니다. 매일같이 꽁꽁 얼어붙습니다. 족히 한 달가량 저희는 도적과 야수들이 득실대는 산을 넘고 황야를 지나게 될 것입니다. 저와 동행하는 이들은 모두 전투에 임하듯 무장을 합니다. 그들에게 없는 것은 용기뿐이지요. 그러니 저는 그런 지원군에 거의 희망을 걸지 않습니다. 저의 의지처는 주님인 것입니다. 성모 마리아를 통하여 하느님께서 제 편이 되어주시기를 기도합니다. 저의 믿음이 어긋나지 않게 되기를 굳게 소망합니다. 제 안 깊은 곳에는 그 어떤 유감스런 사고도 없이 제 여정 끝에 이르게 될 것이라는 믿음이 있습니다. 위태로운 횡단 후에 저는 교우들이 있는 한 지방에 들어갈 것입니다. 하지만 아무도 제게 미리 은신처를 제공하려 하지 않습니다. 돈을 지불해도 말입니다. 그들은 유럽인들을 엄청나게 두려워합니다. 하지만 저는 저의 존재로써 그들을 더욱 잘 다스릴 수 있도록 할 것입니다.

그들이 계속 고집을 부려 제게 은신처를 제공하지 않게 되면 목숨을 잃을 위험을 무릅쓰고라도 외교인들 가운데 처소를 잡아야 할 것입니다. 거기서부터 저는 국경까지 가서, 인내와 끈기로 조선 교우들을 기다릴 것입니다. 국경에서는 외교인 집이나 중국인 국경 수비대가 있는 마을에 거처를 정할 수밖에 없습니다. 국경 수비대가 저를 붙잡는다면 매우 흡족해하겠지요.

드디어 조선 교우들이 도착하면 (여전히 그들이 온다는 가정 아래) 저희는 시련과 고통의 강물이 흐르는 약속의 땅 조선으로 들어가게 될 것입니다. 하느님께서 허락하시면 말입니다.

하지만 저는 이것은 아무것도 아니라고 여기고 있습니다. 제가 두려워하는 것은 지금 제가 처해 있는 불확실한 현실입니다. 3년 전, 조선 교우들은 저희와 의견을 나누고 조정한 끝에 결국 저를 비롯하여 조선 선교를 원하는 유럽인 선교사들을 받아들이기로 합의를 보았지만 조선 교우들이 과연 3년 전에 제게 한 약속을 지킬 것인지에 대한 확신이 없습니다. 조선 교우들은 그런 결정을 하는 데, 즉 자기네 마음을 바꿔먹는 데 불행히도 1년이나 걸렸습니다. 이 같은 경우에는 흔히 말하듯 공이 튈 때 잡아야 합니다. 그런데 그것은 제가 할 수 있는 일이 아니었습니다. (5월 13일) 저는 사전 답사시키느라 사람들(3명)을 랴오둥으로 보냈습니다. 그들이 오래전에 돌아왔어야 했는데, 아무도 나타나지 않고 있습니다. 이들이 무엇을 했는지, 심지어 어떻게 되었는지조차 아는 것이 없습니다(10월 1일 귀환).

이렇게 대충 보고한 내용만 보셔도 신부님께서는 제가 처한 상황이 인간적으로 말해서 좋지 않다는 것을 파악하셨을 것입니다. 그러나 저는 제 선교 임무가 하느님께로부터 나왔고 교황 성하께서 저를 직접 파견하셨다는 것을 확신하는 까닭에 오직 하느님만 믿습니다. 저는 강제로 도중에 도리 없이 체포되기 전까지는 제가 가야 하는 땅을 향해 하느님 섭리의 품에 몸을 묻고 머리를 숙이며 위험을 헤쳐 나갈 것입니다.

방금 드린 말씀이 저희와 함께 가고자 하는 이들에게 두려움을 심어주지 말아야 할 것입니다. 선하신 하느님께서 제게 은총을 내리시어 조선으로 들어가게 해주신다면 저는 나머지 사람들에게 조선으로 가는 길과 조선 입국이 더욱 쉬워지도록 노력할 것입니다.

신부님은 우리 회의 많은 사람들을 알고 계십니다. 제 이름을 내세워 그들에게 그들의 비천한 이 몸과 불쌍한 조선 교우들을 위해 기도해달라고 해주십시오. 특히 프랑스 선교사들의 특별한 보호자이신 하느님의 어머니의 강력한 중개로써 하느님께서 제 편이 되어주시도록 애써주시기를 소망합니다. 그들에게 신부님을 통해서 이미 부탁드렸습니다마는 이제 다시 간청합니다. 지금까지 그들이 고마움으로 가득 찬 저를 위해 애써주신 것에 감사를 드립니다.

매우 비천하며 매우 복종하는 당신의 종
조선 대목구장 갑사 주교
바르톨로메오 드림

49신

발신자 : 브뤼기에르 주교
수신자 : 어머니
발신일과 발신지 : 1835년 9월 28일, 시왼쯔
출처 : 카르카손 교구 고문서고

사랑하는 어머니,

어머니께 편지를 올린 지 그리 오래되지 않지만 기회가 생겨 최근의 소식을 드립니다. 저는 곧 조선 국경을 향해서 떠날 것입니다. 네이멍구와 만주 3,000리 길을 통과해야 합니다. 아직 10월도 되지 않았지만 여기는 프랑스의 1월만큼이나 땅이 얼어붙었습니다. 저희가 가는 3,000리 여정은 시왼쯔보다 더 춥고, 한 달쯤 가고 나면 덜 추울 것입니다. 저희 형편이 별로 좋지 않습니다. 무사히 여행을 마칠는지 알 수 없군요. 동행인들을 데리고 사막과 산악 지대를 지나가야 하는데 거기에는 강도와 맹수들이 출몰하곤 합니다. 동행인들은 온갖 무기로 무장한 까닭에 마치 전투하러 출정하는 꼴이지만 전혀 용맹하지는 않습니다. 그렇지만 무사하기를 바랄 뿐입니다. 저는 인간의 힘에 의지하지 않고 주님께 모든 희망을 겁니다. 저의 희망은 헛되지 않을 것입니다. 그러니 저를 위해서 선하신 하느님께 기도해주십시오. 이 편지는 친척 모두에게 보내는 것입니다. 그러니 친척들에게 제 소식을 전해주시기 바랍니다. 그들 모두에게 문안을 여쭙습니다. 시르 본당 신부님과 본당 신부님의 할머니께도 문안드립니다. 할머니께서는 아직 살아계시겠지요?

 사랑하는 어머니, 저는 어머니의 겸손하고 순명하는 아들입니다.

브뤼기에르 드림

50신

발신자 : 브뤼기에르 주교
수신자 : 포교성성 장관 추기경
발신일과 발신지 : 1835년 10월 1일, 시완쯔
출처 : APF. SOCP, v. 76, ff. 502~503; AME, v. 577, ff. 335~338

1835년 10월 1일, 시완쯔

✝ 예수 마리아 요셉

지극히 공경하올 추기경님,

저는 10월 7일에 조선 국경으로 떠날 것입니다. 제게 장차 무슨 일이 일어날지 모르지만, 새로운 어려움들과 더 큰 위험을 예상합니다. 성공은 불확실하지만 한 해 가운데 가장 혹독한 계절에 여정을 시작할 것입니다. 그만큼 위험을 덜 수 있을 것 같아서입니다. 저희는 마치 전쟁터에 나가는 것처럼 무장되어 있습니다만 마음 말고는 경호원들은 없습니다.

5월 초(13일)에 저는 넉넉히 돈을 주어 저와 제 일행들을 위한 집을 준비하도록 랴오둥으로 사람들을 보냈으나 그들은 아직도 돌아오지 않았습니다. 중대한 방해가 없다면, 적어도 한두 명은 40일 전에 돌아왔어야 했습니다만, 무슨 일이 있었는지 확실치 않습니다. 혹시 랴오둥의 시골 교우가 우리 재치권에 속하는 사람인지 (모르겠습니다.) 그러므로 저희와 포르투갈인들 사이에서 문제가 없도록, 저는 랴오둥 지방의 재치권을 다시금 열심히 청합니다. 논쟁을 그만두고, 무엇이든지 허락된 것을 명확하고 정확하게 그리고 자기 이름으로 하는 것이 제게는 좋을 것 같습니다. 제게 속한 것을 주의 깊게 검증해야 할 것입니다. 저는 중국어로 펑티엔푸(Fongtienfou, 奉天府 : 지금의 선양)라고 하는 곳이 그에 속한 모든 주현(州縣)과 함께 저희에게 허락되어야만 한다고 생각합니다. 아주 옹색한 단 한 군데 지역만 저희 관할 구역이고 그 밖의 다른 곳은 저희 구역이 아닌 것으로 알고 있습니다. 그 지역들의 재치권도 저희에게 허락해주시는 것이 더 나을 것입니다. 지역 주민들도 그 지역구에는 70~80명 정도의 교우들이 있을 뿐이니, 포르투갈인들이 경쟁하려는 이유로 저희들로부터 결코 빼앗아가지 못할 것이라고 말했습니다.

만일 교황님께서 당신 종의 소원을 받아들이신다면, 난징 주교가 모든 일을 확실히 알고 있듯이, 이미 진행된 일을 보상해주시는 것입니다. 또한 그에게는 그 지역구의 사제와 교우들에게 권고하여 훗날 그들이 조선의 교황 대리 감목의 재치권에 순명하도록 해야 할 의무가 부과되어야 할 것입니다. 그렇지 않다면 불순명이나 분열의 위험이 있을 것입니다.

만일 포르투갈인들이 랴오둥에 신학교를 건립하고자 한다면, 청컨대 그들이 프랑스인들에게 허락된 지역구에서 장소를 고를 수 있는 권한을 포기하도록 해주십시오. 또한 이 편지에서 보시는 것처럼, 저는 애매함과 모든 의문점을 제거하기 위해 모든 고유 지명(地名)을 중국어로 적는 것이 필요하다고 생각합니다.

이 일에서 이름이 자주 등장하는 랴오둥 지방은 최근 중국인들로부터 다른 이름을 얻었는데, 흔히 관둥(Quantum)이라 하며 중국어로는 '關東'(이라고 씁니다.)

편지에 중국어로 이름을 기록해 언급한, 난징 교구의 교리 교사 몇 사람은 포르투갈인들의 야만성에 대해 거친 어조로 불평하며(그들의 표현입니다) 자신들의 짐을 덜어주기를 바라고 있습니다. 포르투갈 선교사들과 다른 일들로도 힘들게 일하고 있는 예수회 선교사들이, 조선을 향한 여정을 시도하고 있는 프랑스 선교사들의 사명에 개입하는 것을 금지해달라고 청원합니다. 그들이 제게만 보낸 다른 편지에서 그들은, 제가 그들과 함께 충분히 오래 생활할 것이고, 제 눈으로 모든 것을 보게 될 것이니, 그들의 소청도 함께 전해달라고 했습니다. 이것이 그들 편지를 요약한 내용입니다. 저는 중립적 위치에 있으니, 단지 이것, 즉 기꺼이 제 마음을 열어놓고 증인 노릇을 할 것이지만, 이 일에서 제 이름은 항상 비밀로 해주시기를 바랍니다.

중국에 거주하는 성 빈첸시오 아 바오로회의 포르투갈인 선교사들은 모두 박식하고, 경건하며, 지극히 정결하면서도 뜨거운 열정을 가지고 있으며, 엄격하게 자신들의 규칙을 잘 지키고, 놀라울 만큼 바르고 엄격한 규칙을 원하며, 잘못된 것을 결코 용서하지 않는 사람들이라, 그들이 고쳐야 한다고 제가 들은 것은 고쳐야만 하고, 사제들이 실행해야 하는 것은 확실히 실행해야만 했습니다. 그러나 그들 중에는, 즉 중국인 사제들 중에는, 명성이 자자한 대로, 어떤 이도 크게 교정되거나 심각하게 견책되어야 할 사람이 없었습니다. 포르투갈인 지도자들도 견책되어야 할 만큼 죄를 짓지 않습니까? 혹시 의롭고 공정한 규율에 대한 두려움 때문에 그렇게 된 것이 아닙니까? 저는 모르겠습니다.

그들의 논쟁에 대해 토론한 바가 부족하여 제가 뭐라 말씀드릴 수는 없습니다. 만일 난징 교구에 예수회 회원들이 파견된다면, 아마 그 사실 자체로 포르투갈인 선교사들은 밀려나고 말 것입니다. 예수회 회원들이 생각으로나 행동으로나 다른 선교사들과 거의 화합하지 못하고 있음을 비참하기는 하지만 경험으로 배운 바 있습니다. 저는 수도회나 재속회에 속한 선교사들뿐만 아니라, 법으로나 서원으로나 (예수회 회원들이) 순명을 지켜야 하는 교황 대리 감목들과도 (이에 대해) 이야기한 바 있습니다. 제 생각에는 (선교사들 사이의) 이런 혼돈은 심각한 암투를 유발하며, 짧은 시간 안에 악표양을 주는 불화를 자아낼 것입니다. 오늘날 예수회 회원들이 전부 변화되지 않는다면, 그들은 이 세상 마지막 때에 가서야 아시아에 있게 될 것입니다.

다른 이들에게 강요당하여, 억지로 제 의견을 개진했습니다. 만일 제 말이 지혜롭지 못했다면, 그것은 제 탓이니 더 드릴 말씀이 없습니다. 그런데 성 이냐시오의 그 지극히 훌륭하고, 지극히 거룩하고, 교회에서 큰 공로를 세운 아들들에 대해 크게 존경심을 표하며 저를 쉽게 설득할 수 있는 사람들이 적었습니다. 제가 분쟁을 일으켜, 세계 어디서나 성령으로 거룩하고 경건하다고 칭송되는 예수회를 괴롭히는 불신자들의 광란에 대항하여 외치지 않는다면, 저는 신실하게 그리고 마음 깊은 곳에서 우러난 고통으로 그들의 운명을 눈물까지 흘리며 슬퍼할 것입니다. 하지만, 제가 보기에도, 예수회 회원들은 자신들이 선교 활동을 할 때 다른 이들의 모든 재치권과 교류에서 비밀스럽게 떨어져 있다는 것은 사실입니다.

하지만 다시 사안의 주요점으로 돌아가겠습니다. 제 생각으로는, 포르투갈인들과 중국 교우들의 불화는 주교의 부재(不在)가 근본 원인입니다.

난징 주교는 마치 자기 궁전에서 왕실 근위병들로부터 호위받는 베이징의 총독처럼 멀리 떨어져 지내니, 이래서는 자기 교구를 살피고, 자기에게 맡겨진 양들을 돌아보고, 자기 눈으로 엄격하게 살펴, 악습을 바로잡고, 평화와 화목과 애덕을 굳건히 할 수 없습니다.

영혼의 선익을 위해 가치 있게 일하는 것과 부지런히 행한 것에 대해서는 그를 탓할 수는 없으나 교구장이 부재한다는 것은 교구에 머무는 시간이 짧아 다른 이들의 활동을 통하지 않고서는 일하고 다스릴 수가 없으니, 이는 즉 (엘리사의 제자) '게하지'가 예언자의 지팡이를 가지고 가서 합당하게 파견되었으나 수넴 여자의 아들을 살릴 수 없었고, 오직 엘리사의 현존으로만 다시 살릴 수 있었다는 예를 보아도 명확한 것입니다(2열왕 4,8-37 참조). 저는 이 일을 숙고해보건대, 어떤 교황 대리 감목이 입국하여 다른 유럽인 선교사들(의 활동을) 금지한다면 조선에서 장차 무슨 일이 벌어질지 쉽게 예상할 수 있는 적절한 예라고 생각합니다. 만일 이 편지가 나폴리에 있는 중국인 신학생들에게 전해진다면 라틴어로 번역되어 빨리 감춰진 것이 드러날 것입니다. 무릎 꿇어 교황님의 기도의 도움과 사도적 축복을 겸손히 청합니다.

추기경님께 커다란 존경의 마음을 가지고
지극히 비천하고 신실한 종
갑사 주교이며 조선의 교황 대리 감목인
† 바르톨로메오 브뤼기에르 드림

51신

발신자 : 브뤼기에르 주교
수신자 : 랑글루아 신부
발신일과 발신지 : 1835년 10월 2일, 시완쯔
출처 : AME, v. 577, ff. 339~341

1835년 10월 2일, 네이멍구 시완쯔에서

✝ 예수 마리아 요셉

매우 존경하올 동료 신부님께,

  최근에 신부님에게 편지를 보냈지만 장문의 편지 1통을 다시 보냅니다. 이 편지에는 제가 밟고 있는 위태로운 여정 중에 겪은 서글픈 사고들과 지리한 사건들을 낱낱이 적었습니다. 신부님 보시기에 제 행동과 편지 속에서 질책받아 마땅한 것으로 여겨지는 것이 있으면 빠짐없이 지적해주시는 자비를 베풀어주시기를 고대하고 있습니다. 신부님의 생각을 숨김없이 제게 말씀해주시기를 간청합니다. 이 장문의 편지를 요약하면 다음과 같습니다.
  요셉이 난징에서 건강이 아주 안 좋은 상태로 돌아왔습니다. 지금은 나아져서 저를 수행할 수 있을 것입니다. 저희 여정이 언제 어떻게 끝을 맺을지 매우 불확실한 상태에서 저희는 10월 7일 조선 국경을 향해 출발합니다다. 제가 랴오둥으로 파견했던 사람들이 돌아오지 않고 있습니다. 적어도 그들 중 누군가는 이미 50일 전에 돌아왔어야 하는데 말입니다. 그들은 무엇을 하고 무엇을 하지 않은 것일까요? 어떻게 되었을까요? 모르겠습니다. 그리고 르그레즈와 신부가 당신 심부름꾼들에게 건네준 돈을 받아오도록 두 달쯤 전에 산시로 보낸 심부름꾼들도 아직 돌아오지 않았습니다. 이들이 돌아오기는 할까요? 도무지 모르겠습니다. 이렇게 저는 여정을 끝낼 때까지 필요한 것보다 더 많은 돈이 있으면서도 또다시 빌려야 할 처지가 되어버렸습니다. 저는 그저 하느님 섭리만을 온갖 구원과 온갖 희망으로 삼고서, 랴오둥의 그 누구도 돈을 받고도 임시 거처 한 곳 제공하려 하지 않을 것이라는 것을 확신하다시피 하면서도 떠나는 것입니다. 하느님 뜻대로 이루어지소서! 선하신 하느님께서 조선 입국을 허락하신다면 저는 조선으로 들어가는 더욱 짧고도 쉬운 길을 신부님에게 가르쳐드릴 수 있을 것으로 생각됩니다. 가능한 한 빨리 제 입국 소식을 신부님에게 알려드리도록 하겠습니다. 하지만 지난 8월에 보낸 편지를 통해 제가 포교성성에 제안한 바 있고 이 편지에서 더욱 자세히 피력하고 있는 계획을 신부님이 채택하지 않는다면 이번 조선 입국에 성공하고 나서 계속 좋은 일이 있을 것이라고는 기대하지 마십시오. 그러니 제 요청을 지원해주십시오. 랴오둥의 펑티엔푸라고 부르는 도시를 파리외방전교회에 주십사고 요구하십시오.

  조선에 이웃해 있는 이 지방은 모든 부속 지역과 함께 저희 사정에 꼭 맞을 뿐더러 저희 계획의 온전한 성공에 절대적으로 필요한 곳입니다. 베이징 주교가 공석으로 있으니 이런 요구를 할 절호의 상황입니다. 빠르면 빠를수록 좋습니다. 제가 뒤부아 신부가 원하는 것을 온전히 이루었다고 뒤부아 신부에게 말해주십시오. 뒤부아 신부에게 저의 모험적 여정에 대한 꽤 긴 보고서를 보내는 바입니다.

저는 전교후원회 회원들이 저희 선교 사업이 돌아가는 상황에 대해 잘 인지하여 하늘이 저희 편이 되도록 다시금 노력을 기울여주시면 좋겠습니다.

난징에서 온 한 심부름꾼에 따르면 앵베르 신부가 조선 선교사로 뽑힌 것이 확실하다고 합니다. 정말 확실한 소식인지는 잘 모르겠습니다. 이런 소식을 접하면 늘 기분이 좋아집니다. 진정 그런 선교사가 저희와 함께한다면 좋겠습니다. 그는 때를 기다리면서 랴오둥에 머물 수 있을 것입니다. 신부님이 저희에게 그를 교구장 서리나 부주교로 삼을 수 있게 해주시면 좋겠습니다. 그렇게 되면 그는 이 지역의 교우들을 돌보고 심기일전시킬 것이며, 타타르인들을 개종시키는 일을 할 것입니다. 그리고 여태까지 엄두도 내지 못했던 선교지에 마침내 신학교가 세워질 것입니다. 그만이 조선 신학교를 괜찮은 규모로 세우고 유지할 능력이 있습니다. 제가 비록 제 인생의 많은 부분을 신학교에서 보냈다고 해도 그 때문에 더 나은 교장이 되는 것은 아니기 때문입니다. 저는 학생들과 친교하는 재주가 없고 그들을 이끄는 재주는 더욱 없습니다. 게다가 저는 조선 선교지를 모든 점에서 쓰촨 선교지 수준으로 만들고 싶습니다. 제가 볼 때 이를 위해 필요한 정보들을 제공하기에 적합한 사람은 앵베르 신부뿐입니다. 조선에서 버텨낼 수 있으면 일본 입국도 가능하다는 희망도 가질 수 있습니다. 하지만 이 두 선교지는 위에서 말씀드린 랴오둥 지역을 얻지 못하면 우리 손에서 빠져나가버릴 것입니다.

신부님의 기도와 미사에 마음으로 함께하겠습니다.

신부님을 매우 존경하는 비천한 종
† 조선 대목구장 바르톨로메오 드림

52신

발신자 : 브뤼기에르 주교
수신자 : 르그레즈와 신부
발신일과 발신지 : 1835년 10월 6일, 시완쯔
출처 : AME, v. 579, ff. 127~130

서부 타타르(네이멍구) 시완쯔에서, 1835년 10월 6일

✝ 예수 마리아 요셉

매우 친애하올 동료 신부님,

1835년 9월 8일에 드디어 저는 신부님 편지 2통을 받았습니다. 그중 하나는 마카오발 1833년 6월 18일자이고, 다른 하나는 어디서 쓴 것인지는 모르나 1833년 9월 19일자입니다. 이 2통의 편지는 난징에서 오랜 기간 묵혀 있었습니다. 저는 요셉을 보내 이 편지들과 저희의 살림살이들을 빼내 오도록 해야만 했습니다. 그런데 이 여행 때문에 요셉이 죽을 고비를 넘겼습니다. 요셉은 일곱 달하고 반이나 걸린 여정 끝에 최악의 딱한 행색으로 시방(시완쯔)에 도착했습니다. 그는 종기와 상처로 뒤덮여 있었습니다. 그나마 오늘은 조금 덜합니다.

그의 용기는 그가 가진 힘을 능가합니다. 기어코 조선 국경 지대까지 저

와 동행하겠다는 의지를 보입니다. 저희는 내일 길을 떠나려고 합니다. 앞으로가 제 여행 중 가장 험난한 여정입니다. 제 앞에는 온갖 어려움과 장애와 위험만이 도사리고 있습니다. 저는 머리를 숙이고 이 미로 속으로 몸을 던집니다. 제게는 선하신 하느님께서 성모 마리아의 강력한 중재로써 제 소망을 들어주시어 저를 무사 안전하게 그 미로에서 구해주시리라는 믿음이 있습니다.

이 (조선) 선교 임무는 랴오둥에 있는 펑티엔푸와 펑티엔푸에 속하는 모든 주와 모든 현을 조선 대목구장 산하에 두지 않으면 결코 성공하지 못할 것입니다. 이 내용으로 저는 이미 로마에 편지를 썼습니다. 이 구역의 교우 수가 700명에서 800명만 되면 즉각 제 요청에 힘을 실어주기 바랍니다.

저는 조선으로 갈 3명의 젊은 선교사가 10월 중에 마카오에 도착한다는 내용의 편지를 받았습니다. 앵베르 신부는 네 번째 선교사가 될 것이라고 덧붙이고 있습니다. 조선 선교행에 나선 사람들이 많군요. 이들 중 누구도 도중에 헤매는 일이 없도록 하느님께서 보살펴주시기를 바랍니다. 이런 일이 사실이라면, 신부님에게 청하건대 젊은 선교사 3명이 중국어 공부를 하도록 해주십시오. 저는 한자를 읽지 못합니다. 암만 해도 소용없습니다. 하지만 중국어 단어들은 힘 안 들이고 알아들을 수 있고, 말할 때 억양이 거의 없는 중국 북부 지방에서 쓰는 어조는 특히 이해하기 쉽습니다. 단어를 많이 알면 알수록 편해질 것입니다. 이를 위해서는 젊은 선교사들을 따로 떼어놓고 중국어만 하는 사람들과 같이 두어야 합니다. 그들끼리만 있으면 중국어로 말하는 것은 불가능합니다. 중국어 구사력이 가능해지면 그들은 더욱 짧고 더욱 쉬우며 위험이 덜하고 비용이 덜 드는 다른 길을 찾아낼 수 있을 것입니다. 교황 성하께서 제 요청에 신뢰를 주시는 한, 앵베르 신부가 온다는 것은 매우 이로운 일입니다. 그가 오면 랴오둥에 배치되어 교우들을 보살필 것이고, 타타르인들을 개종시키기 위해 일할 것이며, 신학교를 이끌어갈 것입니다. 이 선교 지역의 책임자가 될 것입니다. 그가 출발하기 전에 보좌 주교로 임명하고 주교품을 받는 게 바람직하기까지 합니다. 그런데 신부님에게 간곡히 청하건대, 신부님이 공식적으로 저의 조선 입국 소식과 모방 신부와 샤스탕 신부의 향방에 관한 소식을 듣기 전에는 아무도 조선으로 파견하지 말아주십시오. 요셉이 보내는 편지들에 대해서는 답장도 하지 마십시오. 요셉이 신부님에게 여쭙는 내용들을 전부 믿지 마십시오. 이 청년은 행정과 관련된 이성적 판단보다는 상상력이 더 많습니다. 세상을 그지없이 믿는 바람에 허위 사실을 말하기가 십상인 청년입니다.

  신부님은 1832년에 제가 보낸 공문이 자아낸 파장을 잠재우셨습니다. 잘하셨습니다. 저도 소란이 일어날까 신부님만큼 염려하고 있었습니다.

  신부님은 제 편지들이 짧다고 푸념하셨지요. 하지만 이번에는 이런 힐책을 하지 않으시게 될 것입니다. 꽉꽉 채운 100쪽이 넘는 편지 1통을 보내고 있으니까요. 신부님이 그에 만족하지 않으시면 그건 좀 곤란합니다. 훨씬 더 길게 쓰려고 했지만 제가 시간이 없었답니다.

  편지들 속에는 중국어로 교황님께 올리는 청원서와, 포교성성 장관 추기경 앞으로 보내는 제 편지 한 편이 있을 것입니다. 제 편지는 읽으십시오. 그리고 마카오 주재 포교성성 경리부장 움피에레스 신부도 읽도록 해주십시오. 하지만 간청하건대 그 누구를 통해서건 중국어 편지를 번역시키는 것은 삼가해주십시오. 이 2통의 편지를 파리로 보내시어 우리 회 사제들이 그것들을 읽고 난 후 합당하다고 생각되면 로마로 보내도록 해주시면 고맙겠습니다. 우리와 관련된 내용만 포교성성 경리부장 신부가 읽게 하십시오. 중국어 청원서와 관련된 내용은 빼주십시오.

소포가 너무 커지지 않도록 하려고 움피에레스 신부와 다른 사람들에게는 따로 편지를 쓰지 않았습니다. 이 편지들을 산시로 가지고 가는 외교인이 의심을 할 수 있을 테니까요. 하지만 방금 사정이 바뀌었습니다. 한 교우가 제 편지들을 가지고 갈 것입니다.

신부님이 마닐라 주교에게 제 소식을 전하셨더군요. 대단히 감사합니다. 방금 주교에게 편지를 썼습니다.

제 조카 말로는 신부님과 움피에레스 신부가 저의 모험적인 여행에 대해 저의 부모님을 안심시켜드렸다고요. 저로서는 그런 배려가 있으리라고 기대하지도 못했는데 그리하셨다니 매우 감동했습니다. 두 분에게 제 진실된 감사의 표시를 올리니 받아주시기 바랍니다.

저는 제 앞으로 온 편지들을 읽어도 좋다는 허락을 거두어들인다고 말한 적이 전혀 없으며, 그럴 의도를 가진 적도 결코 없습니다. 부탁하고 또 부탁드립니다. 이것은 신부님이 제게 봉사하시는 것으로 여겨주십시오. 그러나 혹 신부님이 읽으셨다 해도 읽으신 것이 그 어떤 것이든 매번 원본을 제게 보내주십시오.

저는 샤스탕 신부가 있는 지역(산둥)에 숙박할 만한 곳이 있는지 알아보기 위해 그에게 편지를 쓰려고 합니다. 그곳에서 숙박할 곳을 찾게 되면 저희는 바닷길을 통해서 랴오둥으로 갈 것입니다. 조선으로 간다고 하지 않는 것은 그것이 불가능하기 때문입니다. 불행하게도 포르투갈인들은 이유를 들어보려고도 하지 않고, 저희가 선교지를 통과하는 것을 막겠다는 고집만 부리고 있습니다. 다른 방법이 없으면 그들 도움 없이도 저희가 할 수 있을지 알아봐야 합니다. 그들이 휴식을 방해한다고 소리 지르는 것은 내버려둡시다. 귀를 막고 앞으로 나아갑시다.

신부님은 샴 선교지에서 푸젠 주교의 명예를 실추시킨 일이 없습니다. 필요한 경우 제가 변호를 위해 증인으로 나서겠습니다. 그렇다고는 해도 푸젠 주교가 불만을 표하는 것이 전적으로 그른 것은 아닙니다. 1832년 초엽인가 1831년 말엽인가 신부님이 그저 무심결에 어떤 말 한마디를 뱉으셨지요. 그 말을 들은 자들 중 한 사람이 그것을 문제 삼았습니다. 그리고 그는 그 말을 나름대로 바꾸었습니다. 아마도 부풀리기까지 했을 것입니다. 그는 테바스트 주교(푸젠 주교)의 명성에 심각하게 흠집을 낼 만한 말을 만들어냈습니다. 이 자는 페낭으로 와서 이 말을 옮겼습니다. 그 말을 들은 두 번째 사람은 우선 입을 다물었다가 그다음에 한마디를 해서 상황을 더욱 악화시켰습니다. 세 번째 사람은 이 분별 없이 뒤섞인 말들을 푸젠 주교에게까지 전했습니다. 모방 신부는 전혀 그런 짓을 하지 않았습니다. 이 지방에서 제가 들은 바로는 푸젠 주교가 탓하는 명예 훼손의 경위는 이렇습니다. 제가 볼 때 이 불행한 사건은 깊은 망각의 세계 속에 묻어버리는 것이 좋을 듯싶습니다.

그런데 보에 신부의 슬픈 기억이 되살아나지 않을까, 저로서는 적잖이 염려됩니다. 그는 싱화푸(興化府)에서 억울하게 누명을 쓴 것처럼 행동했습니다. 신부님은 그가 잘못했다는 확신을 갖고 계십니다. 그러나 신부님이 그를 페낭으로 보낸 것은 아니라고 저는 확신합니다. 유난히도 이 선교지의 교우들은 프랑스인 선교사들이 정결하다는 생각을 갖고 있습니다. 그런데 제가 신부님에게 편지를 보내는 이 순간에는 교우들이 그런 생각을 하지 않을 것입니다. 보에 신부가 선교사 자리를 보전하는 것은 도덕적으로 불가능합니다. 자리를 지킨다면 결과가 좋지 않을 것입니다.

싱가포르 사태는 모든 이의 마음에 들게 끝이 났는지요? 마이아 신부는 프랑스인들과 함께 본국으로 송환되었나요? 사람들 말로는 이 식민지에서 이미 상당수의 중국인들을 개종시켰다고 하던데, 사실인지요? 그리고 니아스(수마트라 서쪽 섬)는 완전히 포기한 것입니까? 샌드위치 섬들에 간 선교사들은 어찌 되었나요?

파치피코 신부에게 해마다 얼마를 주어야 하는지 말씀해주십시오.

제 의사와는 반대로 난징 주교가 파치피코 신부에게 준 200테일을 난징 주교나 그 동료 사제들이 신부님에게 요구하면, 청컨대 저와의 상의 없이 돈을 주지는 마십시오. 저로서는 반대하는 입장입니다.

친애하올 동료 신부님,
저는 신부님의 매우 초라하고
신부님께 매우 복종하는 종입니다.

조선 대목구장
갑사 주교 바르톨로메오 드림

추신: 갈겨써서 죄송합니다. 이 편지를 쓰는 지금 저는 동상에 걸려 있습니다. 이 지방은 오래전부터 날씨가 꽁꽁 얼어붙어 있습니다.

53신

발신자 : 알퐁소 데 도나타(Alphonso De Donata) 산시 보좌 주교
수신자 : 파리외방전교회 총장 랑글루아 신부
발신일과 발신지 : 1835년 10월, 산시
출처 : AME, v. 577, f. 451

공경하올 신부님, 가슴을 도려내는 슬픔을 안고 바르톨로메오 브뤼기에르 주교님의 부음을 알려드립니다. 브뤼기에르 주교님은 타타르(시완쯔)에 있는 라자로회 신학교를 1835년 10월 7일에 떠나 조선으로 향하셨고, 그 달 19일에는 도중(마찌아즈, 馬架子)에 어떤 교우 집에 이르러 휴식을 취하셨습니다. 여기서 기다리다가 난징 주교의 편지를 받고 랴오둥으로 떠날 작정을 하셨습니다. 그런데 20일 저녁을 드신 다음에 갑자기 병이 악화되셨습니다. 그와 동행하던 중국인 신부가 병자성사를 드렸고, 그 뒤 한 시간이 지나 주교님은 세상을 떠나셨습니다. 보행군 두 사람이 주교님의 부고를 전하러 마찌아즈를 즉시 떠났습니다. 한 사람은 산시성으로 떠났는데 이 사람이 우리에게 이 슬픈 소식을 가져왔고, 또 한 사람은 라자로회 신부들과 모방 신부에게 이 소식을 전하려고 시완쯔로 떠났습니다. 모방 신부가 어떻게 하려는지 우리는 아직 모릅니다만 그가 조선을 향하여 떠

날 것으로 기대됩니다. 브뤼기에르 주교님은 당신의 죽음을 예언하여 우리에게 보내신 편지에 다음과 같은 말을 쓰셨습니다. "나는 외지 타타르에서 죽을 것입니다. 하느님의 뜻이 이루어지시기를 바랄 따름입니다." 주교님은 예수 그리스도를 위하여 고통을 많이 겪으셨으니, 큰 상을 받을 자격을 갖추셨습니다. 우리는 지금 주교님이 천국에서 당신이 맡으셨던 선교지를 위하여 하느님께 기도하고 계시리라는 확고한 희망을 지니고 있습니다.

카라드라(Caradra) 명의 주교 겸 산시 보좌 주교 알퐁소 데 도나타 드림

54신

발신자 : 모방 신부
수신자 : 마카오 주재 파리외방전교회 경리부장 르그레즈와 신부 및
　　　　파리외방전교회 본부 신부들
발신일과 발신지 : 1835년 11월 9일, 시완쯔
출처 : AME, v. 1260, ff. 63~76

지극히 경애하는 동료 신부님 여러분,

1835년 10월 7일 브뤼기에르 주교님께서 타타르(시완쯔)에서 조선을 향해 떠나셨다는 사실을 제가 10월 14일자로 신부님들께 올린 편지에서 말씀드렸습니다. 그리고 이처럼 빨리 다시 편지를 쓰리라곤 전혀 생각하지 못했습니다. 전혀 뜻밖의 일을 당해서 마카오로 급히 슬픈 소식을 전하지 않을 수 없습니다. 브뤼기에르 주교님이 시완쯔에서 떠나신 지 24일 만에 (11월 1일) 동행인 두 사람이 제게로 돌아와서 주교님의 선종 소식을 전해주었습니다. 이 소식을 듣고 제가 겪은 고통과 경악을 여러분께서는 짐작도 못하실 것입니다. 그러나 저는 주교님의 죽음을 예견하고 두려워했었습니다. 주교님은 우선 인도의 작열하는 기후 아래서, 그리고 광활한 중국 대륙을 북상하면서 궁핍과 피로와 온갖 고통을 겪으신 나머지 기운이 쇠잔

하셨던 것입니다. 주교님께서는 평야가 아닌 곳을 가실 때는 15분마다 쉬지 않고선 걸음을 옮길 수 없는 지경이었으니까요. 그럼에도 불구하고 타타르(네이멍구와 만주)를 통과하는 고통스러운 여행이 가능하다고 여기시고 강행하셨습니다. 주교님이 겨울이 아닌 좋은 계절에 떠나셨다고 해도, 고신극기에 익숙해서 단식을 계속하신 그분이 설사 단식하지 않으셨다고 해도 조선에 들어가지 못하셨을 것입니다. 고신극기와 기도는 그분이 가장 좋아하는 덕행이었습니다. 그분은 돌아가신 분들을 위해서 매주 기도를 드리셨습니다. 성모님을 공경하는 뜻에서 날마다 묵주기도를 드렸을 뿐 아니라 성모칠고 묵주기도와 기타 여러 가지 기도를 바치셨습니다. 어려운 조선 선교의 성공을 위해서 매일 특별 기도를 바치셨습니다. 산 이와 죽은 이 가릴 것 없이 프랑스의 친절한 교우들과 전교후원회 회원들을 위해서도 날마다 특별히 기도하셨습니다.

주교님께서는 얼마 전부터 두통이 심했습니다. 시완쯔에서 떠나시기 2~3일 전엔 병이 악화되어 구토까지 하셨지만, 차츰 차도가 있어, 떠나시던 날에는 상당히 회복되신 것 같았습니다. 그러나 그날 저녁 다시 병이 도져서 10월 8~9일에는 우하오(Ou Hao, 五號) 마을 교우 집에서 지냈습니다. 다행히 중국인(라자로회 회원) 고 신부가 여행 내내 동행하면서 힘닿는 대로 고통을 완화시키려고 애썼습니다. 주교님께는 심부름꾼이 셋이 딸렸고, 필요하면 고 신부의 심부름꾼 둘도 마음대로 부릴 수 있었습니다. 이들이 세심하게 주교님을 돌보았습니다. 그렇다고 10월부터 시작되는 타타르의 지독한 추위로부터 주교님을 보호할 수는 없었습니다. 타타르의 추위는 프랑스 북부 지방의 가장 심한 추위보다도 훨씬 더 혹독합니다. 혹한으로 병이 악화되어 주교님은 참혹한 몰골이 되셨습니다. 온몸이 얼어서 어떤 음식도 소화시키지 못하셨습니다. 비교적 잘 드시던 우유도 감당하지 못하셨습니다. 위가 탈이 나서 무엇이든 드시기만 하면 토하셨습니다.

10월 10일 병약한 몸으로 다시 길을 나서셨습니다. 15일 서부 타타르의 큰 읍 라마미아오(Lamamiao, 喇嘛廟)에서 그분은 하루 동안 휴식을 취하셨습니다. 마침내 19일 200~300명 교우들이 사는 큰 마을 펠리쿠(마찌아즈)에 도착하여 보름 동안 묵을 예정이셨습니다. 그러나 주님의 섭리는 달랐습니다. 브뤼기에르 주교님은 산시 주교님이 붙여주신 당신 안내자의 친척집에 유숙하셨습니다. 주교님이 머무시는 방을 덥히고, 주교님 건강에 적합한 죽을 마련했습니다. 주교님의 건강이 약간 호전되어 고 신부와 이야기를 나누시고 함께 잠시나마 휴식을 취하셨습니다. 주교님은 토하시지도 않고 별 고통 없이 주무셨습니다. 두통도 사라져서, 아주 나으신 것으로 생각하셨습니다. 일행이 미사 준비를 하지 못했기 때문에 주교님은 그날 미사를 드리지 않았습니다. 주교님은 (20일) 오전 중에 책을 읽으시고 나서 고 신부와 이야기를 나누시면서 많이 쾌차하신 것으로 느끼셨습니다. 그러나 사람이란 얼마나 연약한가요, 한 시간 안에 돌아가셨으니 말입니다. 주교님은 (저녁) 식사를 드신 다음에 중국의 관행에 따라 잠시 누워 계신 다음에 일어나셔서 발을 씻겠다고 하셨습니다. 이때 곁에 있었던 노인이 제게 이런 일들을 이야기해주었습니다. 노인이 더운 물을 대령하려고 했더니, 주교님은 면도도 하고 싶다고 하셔서 교우 면도사를 불렀다고 합니다. 면도를 해드린 다음에 중국식으로 머리카락을 다듬는 조발을 마무리한 순간, 갑자기 주교님은 너무 고통스러운 나머지 두 손으로 머리를 감싸며 소리를 지르셨답니다. (중국어로 Ho Ya Yaille) 이어 침상에 쓰러져 프랑스어로 예수 마리아 요셉을 부르셨는데, 이것이 주교님의 마지막 말씀이었답니다. 옆에 있던 고 신부가 급히 달려갔으나 주교님은 한마디 말씀도 못하셨답니다. 이에 고 신부는 병자성사를 드리고 전대사를 베푼 다음 옆에서 임종을 돕는 기도를 바쳤다고 합니다. 저녁 8시 15분경에 주교님은 하느님께 당신 영혼을 바치셨다고 합니다.

하느님께서는 당신 섭리로 주교님을 택하시어, 장차 조선에 신앙을 전파하도록 선택된 선교사들이 조선에 입국할 수 있는 길을 마련케 하셨습니다. 하느님께서는 당신 섭리로 주교님으로 하여금 여러 번에 걸쳐 많은 위험을 겪게 하셨습니다. 4~5번 정체가 탄로 나기도 했는데, 마지막으로는 라마미아오 근처에서 유럽인임이 드러났습니다. 오랫동안 거의 식사를 못하셨건만 하느님께서는 당신 섭리로 주교님을 지켜주셨습니다. 기아와 갈증과 병고와 온갖 고난을 겪은 나머지 주교님은 기력을 잃고 쇠잔해지셨지만 용기만은 잃지 않으셨습니다. 주교님은 조선인들에게 신앙의 도움을 주러 가겠다는 계획을 주님 앞에서 세우셨습니다. 주교님은 그 계획을 이루고자 당신이 할 수 있는 모든 일을 하셨습니다. 모든 방법을 써서 조선 교우들로 하여금 당신과, 그리고 동행할 사제들을, 또는 뒤따라올 사제들을 받아들이도록 설득하셨습니다. 가장 유능하다고 여기시는 이들을 내세워서 조선 교우들을 설득시키도록 했던 것입니다. 주님께서 주교님의 노력을 축복하시어, 마침내 조선 교우들이 주교님을 모시기로 결심했습니다. 몰래 조선 교우들이 타타르 국경의 지정된 장소(펭후앙성 비엔민)에서 주교님을 만나서 모셔가기로 했던 것입니다. 그런데 웬 변고입니까? 주교님이 약속의 땅이라고 이름 지으신 조선으로 들어가시기 직전에 돌아가시다니요. 주님께서 그분을 부르신 것이지요. 주교님은 주님께서 맡기신 탈렌트를 잘 활용해 이득을 남기셨습니다(마태 25,14-30 참조). 주님께서는 도

중에 주교님을 데려가시어 영원한 보상, 충만한 보상을 내리셨습니다. 복음의 계명과 권고에 따라 사는 모든 이들에게 약속하신 그 영원하고 충만한 보상을 베푸셨습니다.

동료 신부님 여러분, 주교님의 선종 소식을 가장 먼저 접한 제가 이 어려운 처지에서 어떻게 처신해야 할까요? (멀리 산둥에 계시는) 샤스탕 신부와 의논하는 것은 전혀 불가능합니다. 저는 샤스탕 신부에게 즉각 편지를 써서, 그가 주교님 대신 약속 장소(펭후앙성 비엔민)로 가서 올해 12월 말에 조선에 밀입국할 것을 권유할까 했습니다. 그러나 제가 당장 편지를 쓰더라도 빨라야 12월 17일쯤에 (산둥성) 샤스탕 신부에게 당도할 것입니다. 그러면 주교님이 조선 교우들과 만나기로 했던 사흘에 (펭후앙성 비엔민에서 중국과 조선 무역 시장이 열리는 기간) 맞추어 샤스탕 신부가 비엔민에 도착하기엔 시간이 너무 촉박할 듯합니다. 설령 샤스탕 신부가 제때에 비엔민에 도착할 시간이 있다 할지라도, 그가 긴 여행을 할 만큼 건강한지, 제 편지를 받자마자 즉각 떠날 수 있겠는지 저로서는 알 길이 없습니다. 저는 시완쯔에 남기로 하고, 샤스탕 신부더러 조선행을 감행하라고 했다가, 만일 비엔민으로 가지 못하는 사태가 발생한다면, 올해 선교사가 조선에 입국할 수 있는 절호의 기회를 놓치는 것입니다. 주교님 선종 후 저희 둘 가운데 한 사람이 올해 조선에 밀입국해야 한다면 아무래도 제가 조선으로 떠나야 하겠습니다. 지금 떠나지 않는다면 여러분이 저를 다른 선교지로 보낼지도 모른다는 생각이 듭니다. 고백하거니와, 제가 조선에 들어가는 일을 두고 묵상하다 보면 저는 불안해집니다. 왜냐하면 한 선교지를 관리하는 어려운 임무를 완수하기에는 제 능력이 부족하다는 것을 잘 알기 때문입니다. 그것을 생각하면 떨리고, 그것에 대해서 하느님께 셈을 바쳐야 할 것을 생각하면 더욱 두렵습니다. 친애하는 동료 여러분, 그러나 저는 주님께서 부르신다고 생각하는 그곳에 갈 기회를, 죄를 짓는 일 없이 놓칠 수는 없다고 늘 믿어왔습니다. 지금 여러분의 손을 통하여 우리를 보내시는 예수 그리스도께서 거룩한 복음을 전하는 데 학식과 재주가 뛰어난 사람들을 쓰실 생각이 있으셨다면, 가말리엘(사도 22,3)과 나타나엘(요한 1,43-51)을 사도단에 추가하지 않으셨을 리가 없습니다. 그런데 아우구스티노 성인의 말에 따르면 그분들이 율법 박사들이었기 때문에 사도단에 참여하지 못했다는 것입니다. 프랑스를 떠나기 전에도, 떠난 후에도 여러 번 저는 두 가지 질문을 스스로 했습니다. '너는 그렇게도 고상하고 그렇게도 어려운 직무를 다할 자격이 있느냐? 능력이 있느냐?' 제가 자격이 없고 능력이 없다고 늘 자인하면서도 저는 하느님의 말씀에 순종했다고 믿습니다. 이와 똑같은 생각이 떠오르는 이 어려운 처지에서 제가 어떻게 해야 하겠습니까? 지난날이나 마찬가지로 하느님의 부르심에 순종하여 가야 할 곳으로 나아가, 어떤 일을 당하든지 하느님의 뜻을 알아보고 자비로우신 하느님의 구원과 도우심에 몸을 맡겨야 한다고 생각합니다. 친애하는 동료 여러분, 저는 이런 심정으로 월요일에 시완쯔를 떠나 돌아가신 주교님이 닦아놓으신 길을 따라 조선 교우들이 지정한 시기에 (펭후앙성) 비엔민에 가 있으려고 합니다.

   제가 조선에 밀입국하게 되면 저의 밀입국 소식을 두 달 후쯤 마카오에 전할 수 있는 방편을 마련했습니다. 아무런 위험이 따르지 않고 확실한 방편입니다. 중국어로 대충 다음과 같은 내용의 편지를 보내겠습니다. "일은 잘 끝났습니다. 라(羅, 모방 신부의 조선 성) 씨는 원하던 물품을 구했습니다. 약속한 대로 정(鄭, 샤스탕 신부의 조선 성) 씨가 음력 3월, 9월 또는 11월에 와서 저와 합류하기 바랍니다. 평안히 계십시오." 제가 조선에 입국하지 못하면 중국어로 대충 다음과 같은 말을 담은 편지를 보내겠습니다. "라 씨는 원하던 물품을 구하지 못했습니다. 앞으로 일이 어떻게 될지 모르겠습니다." 저는 랴오둥이나 시완쯔에, 또는 정 신부(샤스탕)와 함께 산둥에 머물면서, 저희가 말씀드렸던 요청에 대한 답을 기다리겠습니다. 여러분에게 간청합니다. 되도록 빨리 브뤼기에르 주교님의 후계자를 뽑아서 저희에게 보내주십시오.

(마카오 주재 파리외방전교회 경리부) 신부님과 토레테 신부는 선교사를 푸젠성 푸저우로 보낼 때면 번번이 푸저우 주교와 교구에 선물을 드렸습니다. 예로 라리브 신부를 보낼 때 토레테 신부는 포도주 한 병을 선물했고, 다른 때에는 100피아스터 현금을 선물로 드렸습니다. 푸저우 교구가 가난해서 드린 것이라고 물리(Mouly) 신부(프랑스 라자로회원 시완쯔 선교사)는 말했습니다. 제가 머물고 있는 (시완쯔) 마을의 교우들은 푸저우 교우들보다도 더 가난합니다. 가난에도 불구하고 여기 교우들은 중국에서 가장 아름다운 성당을 짓는 용기를 보였습니다. 그들은 건축비에 보태려고 모금을 했습니다. 이 모금액과 자신들이 낸 돈을 합쳐도 건축비가 모자라서 교우들은 빚을 지고 있는 형편입니다. 그럼에도 불구하고, 브뤼기에르 주교님이 먼 여행을 하시자면 말이 필요한 것을 알고 교우들이 의논해서 말 한 필을 선물했습니다. 말 한 필 값은 교우들이 성당을 지으려고 모금한 액수와 같습니다. 저는 여러분이 동의하시리라고 믿고, 교우들이 주교님께 드린 선물 액수와 비슷한 금액을 성당 건축에 보태 쓰라고 헌금했습니다. 주교님은 시완쯔 교우들과 함께 1년 몇 달을 지내셨고, 저는 1년 남짓 지냈습니다. 저의 헌금액은 칼듸(Caldus) 신부가 푸저우를 거쳐 가면서 푸저우

교구에 헌금한 액수의 10분의 1 정도입니다. 저의 작은 정성으로 시완쯔의 물리 신부와 교우들에게 예를 표했다고 생각합니다.

여러분 한 사람 한 사람 모두에게 저와 조선 선교지를 위해 서원 미사 6대씩을 드려주시기를 간청합니다. 첫째는, 조선에서 오직 삼위일체 하느님만이 흠숭을 받고 우상숭배나 그 밖에 가톨릭 신앙에 배치되는 숭배는 무엇이든지 없어지라고 드리는 지극히 거룩하신 삼위일체 서원 미사 1대, 둘째는, 성령께서 조선의 선교사들과 교우들의 정신과 마음을 더욱더 비추시고 부추기시며, 가톨릭 신앙을 모르는 자들로 하여금 그것을 알고 받들게 하여주시기 위해 드리는 성령 서원 미사 1대, 셋째는, 예수 그리스도께서 저희들과 사랑하는 조선 교우들에게 닥쳐올 모든 고생을 당신 모범을 따라 인내와 끈기로 참아 받도록 가르쳐 달라고 기도하는 예수 수난 서원 미사 1대, 넷째는, 동정 성모님께서 우리와 사랑하는 조선 교우들을 어머니로서 보호해주시도록 비는 동정 성모 서원 미사 1대, 다섯째는, 천사들이, 특히 수호천사들이 조선을 특별한 정성으로 보호해주신 것을 감사하고 앞으로도 계속하여 보호하여주시도록 비는 천사 서원 미사 1대, 여섯째는, 주님께서 어려움을 없애고 장애물을 덜어주시며 조선에서 하느님 복음의 씨가 자라고 열매를 맺게 해달라고 비는 선교 서원 미사 1대, 이렇게 서원 미사 6대씩을 드려주시기 바랍니다.

여러분의 지극히 비천하고 지극히 순종하는 종 모방 드림

55 신

발신자 : 부스케 신부
수신자 : 랑글루아 신부
발신일과 발신지 : 발신일은 미상, 발신지는 에르
출처 : 미상

총장 신부님께,

신부님, 듣기 고통스러운 소식(브뤼기에르 주교 선종)이지만 이 소식을 제게 알려주시는 배려를 해주신 것에 감사드리며 영광스럽게 생각합니다. 이 소식을 듣고 처음에는 무척 가슴이 찢어졌으나 하늘에서 그분이 이미 영광의 관을 썼을 것을 소망하고 확신하면서 고통을 삭였습니다. 저는 9일 기도에서 (그분과의 우정과 고마움의 표시로서 올리는 게 당연했지요) 그분을 위해 기도한다기보다 그분께 기도하게 되었다고 느꼈습니다. 저는 이 슬픈 소식을 그분의 친애하는 부모님께 알려드렸습니다. 한 사제가 가족사를 해결하는 대리 임무를 맡고 있었습니다. 그분이 저에게 쓴 편지에 따르면 모든 것이 그분의 부모님 마음에 드시게끔, 그리고 브뤼기에르 주교님 바람대로 진행되었다고 합니다.

제가 (브뤼기에르) 주교님에게서 받은 마지막 편지(제48신)를 그대로 옮겨 쓴 사본을 신부님께 전하게 되어 영광으로 생각합니다.

  총장 신부님, 제게 소식을 주신 데 대하여 더없이 고마운 마음을 드리니 부디 받아주시기 바랍니다.

  신부님께서 적절하다고 판단되시면 주교님의 편지를 『파리외방전교회 연보』에 실으셔도 좋습니다. 저는 그 원본을 매우 귀한 유물로 간직하겠습니다.

  총장 신부님께 감사와 존경을 표하는 영광을 간직하겠습니다.

에르 교구 총대리 부스케 드림

56 신

발신자 : 포교성성 장관 프란소니우스 추기경
수신자 : 브뤼기에르 주교
발신일과 발신지 : 1836년 6월 18일, 로마
출처 : AME, v. 579, f. 134, No. 6

지극히 공경하올 주교님,

　(파리) 외방전교회 신학교 책임자인 가롤로 랑글루아 신부가 작년 8월 7일에 주교님께서 만주 시완쯔에 계실 때 성성으로 보내셨던 편지를 전해주었습니다. 이로써 그는 주교님께서 얼마나 염려 중에 계신지 알게 되었습니다. 그러나 그는 희망하기를 장차 더 편리하고 더 유익하게 주교님의 직무를 행사하실 수 있을 것이라 했습니다. 교황 성하께서 인준하시고 사도적 권위로 확인하신 성성의 최근 교령에 따라 주교님께 허락된 대로 즉시 류큐 왕국에 조선 선교지에 부여된 사도적 권한으로 주교님의 좌를 세우고 동시에 그곳에서 그 지역 주민들의 영혼 사정을 돌보고 조선 선교를 담당할 수 있을 것입니다. 그리고 적절한 기회가 있다면 일본 열도의 교우들에게도 직무를 수행할 수 있을 것입니다.

　포교성성은, 유 파치피코 신부가 올해 1월 30일에 받은 편지의 명령에,

그리고 주교님 친히 그에게 쓰신 편지에서 그에게 관심을 기울이시며 돌아오라고 거듭 명하신 바에 그가 순명하기를 바라고 있습니다. 왜냐하면 이 사제가 (나폴리의) 성가정 신학원에 있을 때 이미 조선인들을 위한 신학생으로 선의를 가지고 자신을 온전히 봉헌했고, 포교성성으로부터 조국으로 돌아와서도 조선 선교를 받아들였기 때문입니다. 그는 그곳(조선)으로 들어와서 모든 어려움을 극복했으니, 천국에서 받아야 할 자신의 노고에 대한 보상을 놓치지 않기 위해 순명에 대한 책무를 힘써야 할 것이기 때문입니다. 그러므로 하느님께서 시작하셨으니 좋게 완성하실 것입니다. 저 역시 그를 위해 그리고 주교님께서 건강하시고 행복하게 지내시기를 기도하겠습니다.

1836년 6월 18일 로마 포교성성에서
주교님의 지극히 성실한 형제
프란소니우스 추기경 장관

(서한 봉투)
갑사 주교이며 조선의 교황 대리 감목
바르톨로메오 브뤼기에르 주교님께
차관 A. 마유스

부록

브뤼기에르 주교 약전과 송별기

정양모 옮김

브뤼기에르 주교가 선종한 후 어느 지기가 주교의 성덕을 기리고자 프랑스어로 쓴 글 두 편이 카르카손 교구청 고문서고에 있다. 첫째 글은 그의 출생부터 카르카손을 떠나기까지의 생애를 적은 약전이고, 둘째 글은 그가 카르카손을 떠나 파리외방전교회에서 이별하기까지의 과정을 그린 송별기다. 이제 약전과 송별기 수사본 두 편을 우리말로 옮기고자 한다.

브뤼기에르 주교 약전

1.

사도좌 선교사인 브뤼기에르 주교의 신체적, 정신적 모습을 우리가 경험한 대로 적어보겠다.

거룩하고 영광스러운 주교를 추모하면서 적어보는 이 글을 대하는 이는 누구나 감동을 받을 것이다. "그의 키는 보통 사람보다 작고 몸은 약간 가

날픈 편이었다. 머리카락은 금발이고 얼굴색은 구릿빛이었다." "그는 매우 총명하고 건전한 판단력을 지녔으며 대단히 열성적이었다. 그는 에너지가 넘치는데다 독립심이 강해서 그의 장상이 언젠가 웃으면서 말하기를, 만일 브뤼기에르가 언젠가 주교로 발탁된다면, '사람들이 어찌 생각하든 무슨 말을 하든 나는 전진하리라' 와 같은 문장 표어를 만들 것이라고 했다. 그는 엄격하게 고행을 실천했다. 파리외방전교회로 떠나기 전에 카르카손 대신학교에서 보낸 마지막 한 해 동안 그는 빵과 물만 먹고 살았는데, 그래도 건강은 좋은 편이었다." 주교가 사용한 옷장에는 빛나는 십자가가 있었고, 그 십자가 위에는 그리스도 약자가 새겨져 있었으며 양쪽에는 성모 마리아 약자와 선교사들이 타는 배가 새겨져 있었다. 그 아래쪽에는 파리외방전교회 표어 "너희는 가서 만백성을 가르쳐라"(마태 28,19 참조)라는 말씀이 새겨져 있었다.

2.

바르톨로메오 브뤼기에르 주교는 1792년 2월 12일 나르본(Narbonne) 근처 오드 지방 레삭(Raissac d'Aude) 마을의 비교적 넉넉한 가정에서 태어났다. 그러니까 그는 프랑스 혁명의 소용돌이 속에서 햇빛을 보았다. 그때로 말하면 국민공회(Convention national, 1792년~1795년)가 소집된 해로서, 편협·박해·살생을 조장하는 법률·총살·익사·단두대 참수 등을 일삼은 제1공화정 시절이었다.

프랑스 가톨릭교회가 극심한 탄압을 받던 이 시절에 하느님께서는 한 아기를 보내시어 아시아 극변에까지 그리스도교와 프랑스의 이름을 전파하게 하심으로써 프랑스 교회에 위안과 광영을 베푸셨다.

그의 탄생지(Raissac)는 나르본 근교의 아름다운 마을로서, 19세기 초에 56가구 280명 주민이 고색창연하고 조용한 로마네스크 양식의 소성당 주변에 옹기종기 모여 살았다. 주민들은 대대로 열심히 신앙생활을 하는 편이었다. 매혹적인 레삭 마을 주변은 광활하고 비옥한 평야로서 농사, 특히 포도 농사가 잘되어 농민들의 수입이 많았다. 레삭 평야는 오드(Aude) 강과 오르비엥(Orbien) 강 사이에 자리 잡고 있다. 두 강은 평야 북서쪽 끝에서 합류하는데, 거기로 주르(Jourre) 개울이 흘러든다.

3.

레삭의 생활 환경은 쾌적했다. 이 지역은 메마른 편이라 나무가 없지만 레삭 마을은 오드 강, 오르비엥 강, 주르 강 가까이에 자리 잡은 까닭에 숲과 자연 공원으로 둘러싸여 있다. 전망도 좋았다. 가까이에는 옹기종기 마을들이 보이고, 저 멀리는 클라프(Clappe) 구릉 포도밭들이 보인다. 역사가 긴 레삭 마을 골목길, 성당 가까이에 고색창연한 주교 생가가 잘 보존되어 있다. 주교 생가는 레삭 마을에서 가장 살기 좋은 집들 가운데 하나다. 집 앞에는 높은 담으로 둘러친 작은 안뜰이 있고, 그 안뜰을 지나서 오른쪽에 안채가, 왼쪽에 양우리가 자리 잡고 있다. 그러니까 주교의 생가는 당시 중산층의 집인 셈이다.

레삭은 신앙생활에 충실한, 정말 복 받은 지방에 속한다. 12km쯤 떨어진 나르본 읍으로 말하자면 역대 대주교들과 여러 수도원, 여러 성인들과 온갖 가톨릭 사업에 힘입어 수세기 동안 가톨릭 신심이 활발한 곳이다. 또 12km쯤 떨어진 레지냥(Lézignan)에는 글라라 수녀원이 있는데 여기는 프랑스 왕가 혈통의 복녀 본느(Bonne)가 살았던 곳이다. 18km 떨어진 퐁쿠베르

트(Fontcouberte)는 대중 선교에 힘을 기울인 프랑수아 레지스(François Régis, 1579년~1640년) 성인의 탄생지다. 또 18km쯤 떨어진 시토 수도원 퐁프루아드(Foutfroide)는 거룩한 사람들이 양성된 곳으로 유명하다. 14km 떨어진 부테낙(Boutenac)에서는 시메온 성인(아르메니아 출신, 프랑스와 스페인 순례, 1016년 이탈리아에서 선종)이 명상과 고행을 했다고 한다. 25km 떨어진 곳에는 유명한 베네딕도회 수도원이 자리 잡고 있다. 44km 떨어진 곳에는 카르카손이 있다. 이 지방의 가톨릭 신앙은 매우 돈독해서 위에서 본 바와 같이 많은 성덕의 열매를 맺었던 것이다. 이런 신심의 영향을 받고 프랑스 혁명의 엄청난 시련을 겪으면서 브뤼기에르는 착실히 자랐다.

4.

브뤼기에르 가족은 마을 사람들의 존경을 받으면서 정직하고 편안하게 살았다. 바르톨로메오는 1792년 2월 12일 태어났다. 아버지는 레삭의 중산층 프랑수아 브뤼기에르, 어머니는 테레즈 푸르키 또는 풀키(Fourqui 또는 Foulqui)였다. 그 집안은 대가족이라, 언젠가 주교는 "하느님께서 대가족을 축복하시고 상을 주신다"라고 말한 적이 있다. 그는 1825년 11월 6일 어머니에게 보낸 편지(2신)에서 이런 말을 썼다. "어머니가 말씀하시듯이 저는 어머니의 자녀들 가운데서 열한 번째, 가장 사랑받는 아들입니다. 저 바르톨로메오에 대한 어머니의 각별한 사랑을 매우 자랑스럽게 여기지만, 제가 야곱 성조의 열한 번째 아들인 요셉을 온전히 닮았으면 좋겠습니다. 저의 신심이 야곱의 아들 요셉처럼 돈독했으면 좋겠습니다. 어머니께서 한평생 어느 날이고 기도하실 때 이런 뜻으로 기도해주시면 고맙겠습니다."

브뤼기에르 집안의 열한 번째 아들은 본당 주보의 이름을 따서 바르톨로메오라는 이름으로 세례를 받았다. 사도 바르톨로메오는 인도로 가서 전도했다고 하니, 1650년이란 세월이 지나서 인도 옆의 샴과 말라카의 보좌 주교로서 신앙을 전파할 동명이인 선교사를 하느님께서는 보호하실 것이 틀림없다. 바르톨로메오를 출산할 때 어머니 테레즈 푸르키는 42세였다.

5.

랑그독 지방 사료에 따르면 그가 세례를 받은 레삭 성당 건물은 로마네스크 양식으로 9세기에 지어진 작은 성당이다. 그는 같은 성당에서 확고한 믿음과 열렬한 사랑의 심정으로 첫영성체를 했다. 아울러 자모이신 교회의 영광을 위해서 일하기로 굳게 결심했다. 프랑스 혁명으로 전대미문의 시련을 겪은 교회, 엄청난 폐허에서 신속히 재건되는 교회의 영광을 위해 헌신하기로 결심했던 것이다. 그는 하느님의 축복을 받아 어린 시절을 바로 이 성당 곁에서 보냈다. 신심을 키우고 일을 배우면서 장차 하느님께서 맡기실 성스럽고 오묘한 해외 선교 사업을 준비했다. 지고하신 하느님의 영감을 받아 그는 일찍부터 이런 사업을 꿈꾸었던 것이다. 브뤼기에르는 조선행을 생전 처음으로 언급한 글에서 이렇게 적었다. "저는 프랑스에서 아주 젊은 나이에 조선 선교에 관한 말을 들었습니다. 조선의 신입 교우들이 (성직자들의 도움을 받지 못해) 버림받은 처지라는 말을 듣고 저는 조선으로 가고 싶은 열망에 사로잡혔습니다."

6.

브뤼기에르가 중등 과정 공부를 시작할 나이가 되자 그의 부모는 그를 신학교에 보내기로 결정했다. 그들은 신학교 기숙사비를 마련하는 희생을 감수했다. 그들은 부모의 일을 도울 수 있는 나이에 아들이 신학교에 입학함으로써 자신들이 일을 도맡아서 해야 하는 부담도 감수했다. 그들은 무거운 희생이긴 하지만 또 한편 큰 공덕을 쌓는 계기가 되는 희생으로 말미암아 가족에게 미칠 영예만을 생각하고 아울러 하느님께서 자기네 가정에 주실 축복만을 유의하기로 했다. 그들의 기대는 어긋나지 않았다. 총기와 활력이 넘치는 성격을 지닌 아들이 결국 잘 해내리라고 그들은 확신했다. 그들은 신심이 돈독했기 때문에 하느님께서 자기들에게 보상하시리라고 확신했다. 아들은 나르본 소신학교에 입학했다가 곧 카르카손 소신학교로 전학했다. 카르카손 소신학교는 프랑스 혁명 때 폐교되었다가 1805년에 다시 문을 열었다. 소신학생 숫자는 얼마 되지 않았는데, 장래가 촉망되는 브뤼기에르가 입학하자 모두들 환영했다. 그를 두고 "총기와 학식, 진실된 신심과 대담한 정직성이 돋보였다"라고 훗날 한 선생이 술회했다. 그는 소신학교 측에 매우 좋은 인상을 주었다. 그래서 학교 측은 소신학교 교육의 내실을 기하고자 부제품만 받은 브뤼기에르를 1814년 교사로 채용했다.

7.

브뤼기에르는 카르카손 소신학교에서 중등 과정을 마친 다음 카르카손 대신학교로 진학했다. 페르피냥(Perpignan) 교구 신학생들도 여기서 공부했다.

8.

1813년 아르노 페르디낭 드 라 포르트(1802년~1824년 카르카손 교구장) 주교에게서 소품들을 받았다. 1814년 3월 26일 차부제품을 받았으며, 6월 4일에는 부제품을 받았다. 같은 해 대신학교를 졸업한 후, 10월부터는 카르카손 소신학교 교사로 재직했다. 1815년 12월 23일에는 연령 미달로 관면을 받고 사제로 서품되었다. 당시 그의 나이는 23세 10개월에 불과했다.
(카르카손 교구청 기록)

9.

브뤼기에르 신부는 소신학교에서 5년 동안 헌신적이고 존경받는 교사로 재직했다. 그는 1819년 카르카손 대신학교 철학 교수로 취임하고, 같은 해 7월 19일 카르카손 주교좌 성당 명예 참사 위원이 되었다. 이때 그의 나이는 26세에 불과했다.

10.

브뤼기에르 신부에게 훌륭한 신학 교수 자격이 있다고 교회 당국은 판단했다. 카르카손 대신학교 학장은 그를 신학 교수로 발탁했는데, 그는 이 중요한 직책의 적임자였다.

11.

출발 시간은 다가왔다. 브뤼기에르 신부는 가족을 아주 떠나는 순간에 가족에게 차마 이별을 고하지 못하고 은밀히 고향 마을을 떠났다. 가족은 그의 (해외 선교) 계획을 짐작하기는 했지만, 그는 그 계획을 행동으로 옮기는 날을 알리고 싶지 않았다. 때는 여름방학이었다. 브뤼기에르 신부는 카르카손에 볼 일이 있었기 때문에 그곳에 간다는 핑계를 대기 쉬웠다. 1825년 가을 학기부터는 라자로회 사제들이 카르카손 대신학교 교육을 맡을 것이기 때문에, 교구청에 가서 새로운 직책을 의논해야겠다는 핑계를 만들기 쉬웠던 것이다. (브뤼기에르) 신부는 솔직 담백하고 에너지가 넘쳐 이런 핑계를 대는 것이 결코 쉽지 않았다. 하지만 오로지 하느님과 부모님을 생각하는 여리고 섬세한 마음을 지녔기에 다른 도리가 없었다.

고향을 영영 떠나려는 순간에 그가 용기를 잃고 마음이 약해지지나 않았을까, 혹시 겁을 먹지는 않았을까? 절대로 그럴 리는 없었을 것이다. 사실대로 말씀드렸다가 사랑하는 부모님이 돌아가실 정도로 극심한 고통을 겪으시면 어쩌나, 그는 이것만을 염려했다. 그래서 생이별의 고통을 혼자 감당하기로 작심했던 것이다. 사실이 그랬다. 마음의 고통이 얼마나 심했을까! 그렇지만 하느님께서 그를 부르시니 앞으로 나아갈 수밖에!

며칠 전에 카르카손 교구장으로 새로 부임한 조셉 줄리앙 드 생롬 귀알리(Joseph Julien de Sait-Rome Gualy)에게서 브뤼기에르 신부는 해외 선교차 교구를 떠나도 좋다는 허락을 받았다. 선종한 드 라 포르트 주교는 장차 브뤼기에르 신부를 카르카손 교구에서 중용하고자 그의 소원을 계속 거부했는데, 이제 새 주교가 해외 선교를 허락하므로 브뤼기에르 신부는 진심으로 고마워했다.

브뤼기에르 신부는 파리에 도착해서 즉시 이 존경스럽고 성스러운 주교를 아직도 자신의 주교님이라고 칭하면서 사은의 정을 표했다. 교구 총대리 드 귀알리(M. de Gualy) 신부에게 보낸 서한에서 카르카손 교구의 주교를 자신의 주교님이라고 부르면서 사은의 정을 표했던 것이다. 총대리 신부는 오래지 않아 생 플루르(Saint Flour) 교구의 주교로 승품했다. 마찬가지로 브뤼기에르 신부는 당신이 친히 가르친 카르카손 신학생들에게 보낸 편지에서도 주교를 그렇게 예우했다. 브뤼기에르 신부는 그토록 오래 기다리면서 간청했던 해외 선교를 허락한 주교의 은혜를 한시도 잊지 않았다.

12.

　브뤼기에르 신부는 영영 헤어져야 하는 생이별을 아무에게도 알리지 않고 고향 마을을 떠났다. 그는 마지막으로 마을 성당에 가서 기도를 드렸다. 어린 시절에 기도하던 곳, 첫 미사를 드린 곳, 해외 사도직 은총을 받은 곳에서 송별의 기도를 드렸다. 어린 시절·젊은 시절에 섬긴 예수님 발치에서 생이별을 고할 때 어찌 그가 눈물을 흘리지 않을 수 있었겠는가. 인정으로는 서러운 눈물이요, 신심으로는 고마운 눈물을 쏟았으리라…. 레삭 성당의 돌들이 말을 할 수 있다면, 이 거룩한 사제가 성체 감실 앞에서 주님께 품은 정을 소리 높여 외치리라. 주님께서 당신을 택하시어 해외 선교와 순교와 영복의 은혜를 베푸심을 감사하면서 느낀 신부의 신심과 희열을 성당의 돌들이 소리 높여 외치리라. 극동에까지 가서 주님의 원수로 지내는 미개한 민족들에게 선교하여 주님을 섬기고 사랑하도록 하겠노라고 다짐하면서 느낀 신앙의 기쁨을 성당의 돌들이 소리 높여 외치리라. 이제 브뤼기에르 신부는 생이별의 고통을 남에게 알리지 않고 혼자서만 간직한 채 하직 인사를 했다. 친구들, 동료 사제로서 존경한 본당 사제 시르(Sire) 신부, 정으로 얽힌 많은 친족들, 형제자매들, 마음속 깊이 늘 사랑한 부모님과 두루두루 작별 인사를 나누었다.

　마지막으로 부모님을 포옹하면서 얼마나 마음이 찢어지는 고통을 느꼈을까? 부모님이 생이별, 영영 이별의 고통을 눈치 채지 못하도록 숨기면서, 열한 번째 자식에게 온통 사랑과 희망과 행복을 걸다시피 한 부모님을 마지막으로 포옹할 때 그 심정이라니.

13.

희생의 순간이 다가왔다. 거룩한 사제는 다시는 볼 수 없는 가족·성당·고향 마을을 떠나서 카르카손으로 가서 마지막으로 작별을 고하게 된다. 우선 주교님을 찾아가 축복을 받았다. 동료 사제들은 잊지 않고 기도로 그를 돕겠다고 약속했다. 여러 해 동안 자신이 배우기도 했고 후에 신학생들을 가르치기도 한 소신학교와 대신학교를 찾아갔다. 마지막으로 고지대에 자리 잡은 요새(cité)를 바라보면서 지난 일을 회상하고 고뇌와 고통을 통해서 가게 될 하늘나라 거룩한 요새(cité Sainte)를 갈망했다.

그는 대신학교 경당에서 정성을 다해 카르카손에서의 마지막 미사를 드렸다. 많은 기쁨을 만끽한 이 집, 하느님의 은총을 듬뿍 받은 이 집에서 마지막 미사를 드리면서 얼마나 많은 눈물을 쏟았을까! 그가 열렬히 사랑한 예수님, 신학생들에게 사랑하라고 가르친 예수님, 이 예수님께 의지하면 무슨 일이든 할 수 있다, 이 예수님은 나를 버리시지 않는다라는 생각으로 위안과 힘을 얻고 브뤼기에르는 떠날 준비를 했다.

카르카손을 떠나던 날 브뤼기에르는 부모님께 감동적인 서한(1825년 9월 8일자, 1신)을 올렸다. 그 내용은, 자신은 (아시아에 가서 선교하라는) 하느님의 말씀에 순종한다는 것, 부모님께서는 신앙의 힘으로 이 희생을 극복해주십사 하는 것이었다. 신심과 애덕이 뛰어난 아버지가 하느님께서 요구하시는 큰 희생을 감수했다는 소식을 듣고 브뤼기에르 신부는 매우 기뻐했다. 부모 사랑을 독차지한 아들 신부에 대해서 사람들이 말을 꺼내면 아버지는 눈에 눈물이 고이면서 이렇게 대꾸했다. "무슨 말을 듣고 싶으세요. 제 아들 신부는 애비보다 하느님이 더 좋았나 봐요. 옳은 일이지요"(Que volez-vous? Il a Préféré le bon Dieuà moi, il a eu raison). 가족이 보관하고 있는 브뤼기에르가 올린 서한(1신)은 읽을 때마다 큰 감동을 받게 되는데, 이는 영적으로도 매우 유익하다.

브뤼기에르 주교 송별기

1.

브뤼기에르는 소년기와 청년기 거의 전부를 카르카손 소신학교와 대신학교에서 보냈다. 기도와 연구에 몰두하고, 하느님과 교회를 섬기기로 작심한 신학생들을 가르치는 일에 헌신하는 신학교의 분위기는 성스럽고 아름답고 행복했으며, 언제나 은은한 기쁨을 발산했다. 브뤼기에르 신부를 아끼는 이들이 파리행 역마차 정류장까지 그를 배웅했는데, 마지막으로 이들을 포옹하는 신부의 착잡한 심정을 헤아리기는 결코 쉽지 않다. 때는 1825년 9월 8일 복되신 동정 마리아 탄신 축일이었다.

과연 현세의 인간이 이 엄청난 희생의 큰 가치를 알아보고 평가할 수 있을까? 인간은 그럴 수 없고 그래서도 안 된다. 그러나 곰곰이 생각해보면 찬탄을 금할 수 없는 희생이요 영혼에 유익한 희생이라 하겠다. 오직 하느님 홀로 이런 희생을 요구하고 차지하실 수 있다. 그리고 하느님 홀로 기꺼이 희생을 치를 수 있는 용기를 주신다. 오직 전능하신 하느님의 은총에 힘입어야만 이제까지 진심으로 깊이 사랑한 사람들에게 상심·낙심하지 않고 "안녕히 계세요. 하늘나라에서 다시 봅시다"라는 작별 인사를 할 수 있다. "안녕히 계세요. 영영 이별입니다"라는 작별 인사는 얼마나 잔혹한가! 반대로 "하늘나라에서 다시 봅시다"라는 작별 인사는 위안과 매력과 상승의 뜻을 담고 있다.

2.

브뤼기에르 신부가 "안녕히 계세요. 하늘나라에서 다시 봅시다"라고 작별 인사를 했을 때 그는 인사말의 뜻을 알고서 했다. 그는 오래전부터 열렬하고도 완전하게 이날을 준비했던 것이다.

브뤼기에르 신부는 가족까지 포함해서 이승의 모든 것을 포기했다. 포기에는 고통이 따른다. 그는 여러 편지에서, 그리고 조카딸에게 거듭해서 그렇게 언명했다. 잠시 부모님을 떠나는 것도 고통스러울 텐데 하물며 영원히 작별을 고한다는 것은 오죽하겠는가. 카르카손 신학생들에게는 이렇게 말했다. "존경하고 사랑하는 부모님을 슬프게 하는 것이 매우 고통스럽습니다"(1827년 2월 6일자, 8신). 브뤼기에르 신부는 기쁨과 생기를 안기는 모든 것을 포기했다. 부모·동기·친구, 그리고 그를 사랑하고 신뢰한 모든 이들을 떠나는 희생을 치렀다. 그는 이제까지 숱한 행복을 안겨준 가정과 우정의 고리를 끊었다. 그는 아름답고 평안한 프랑스, 살기 좋은 프랑스, 지구상에서 비길 데 없이 매혹적인 땅 프랑스와의 인연을 끊었다. 그는 자신을 통째 제물로 바쳤다. 기도와 연구에 헌신하는 평온한 삶을 버리고 그 대신 고통스럽고 위험한 해외 선교를 택했다. 프랑스의 안락한 삶을 버리고 온갖 시련과 위험과 고통으로 일그러진 삶을 택했다. 프랑스의 아름다운 전통과 도덕과 생활 방식을 버리고 성품에 어긋나서 심한 고통을 안겨주는 이질적인 전통과 도덕을 택했다. 우아한 프랑스어를 사용하지 않고 그 대신 온전히 익히기 힘들고 재미없는 이교도의 말을 배우게 되었다.

브뤼기에르 신부는 또한 밝은 미래를 희생했다. 그는 젊은 나이에 대신학교 교수에다 주교좌 참사 위원이 됨으로써 존경과 시선을 한몸에 받은, 장래가 촉망되는 신부였다. 카르카손 교구에서 크게 출세할 만한 위치에 있었다. 그러나 그는 모든 소유를 포기한데다 행복하게 장수하면서 당연히 누릴 수 있는 복락을 버렸듯이 이제 출세까지 완전히 포기했다.

브뤼기에르 신부가 파리에 도착하여 가족에게 보낸, 1825년 9월 22일자 편지에서 언명했듯이, 그는 곧 죽을 각오까지 했다. "제가 항해 중에, 또는 현지에 도착해서 죽을 수도 있겠지요. 그러나 상관없어요. 하느님께서는 제게 가장 유익한 것을 아시니까요." 나중에 가족에게 쓴 편지에서 이렇게 말했다. "(1826년 2월 말경 보르도에서 승선하여) 프랑스를 떠나면서 저는 선교지에서 1년 반 또는 길어야 두 해쯤 살고 죽으리라고 생각했습니다."

3.

어떻게 죽든 상관하지 않고 죽음을 받아들이기로 그는 처음부터 작심했다. 순교하기를 바랐다. 사고사, 흑사병과 말라리아 열병과 과로로 죽는 것, 원주민들에게 당하는 죽음, 사나운 짐승에게 물려 죽는 것, 독사와 독충에 물려 죽는 것, 밀림에서 죽는 것, 물 한 잔 떠다주고 눈을 감겨줄 친구 하나 없이 홀홀단신 슬프고 외롭게 오막살이에서 죽는 것, 병자성사도 받지 못하고 죽는 것 등 모든 죽음을 받아들일 작정이었다. 그는 현세의 모든 것을 포기했다. 그는 끊임없이 시련과 위험을 겪으려고 작심하고 미지의 세계를 향해 달려갔다. 그는 죽음의 지역으로, 환란의 강물이 흐르는 땅으로, 선교사들을 집어삼키는 대지로 달려갔다.

자신의 삶이 십자가와 순교, 고난이라는 것을 열성적 선교사는 잘 알고 있었다. 그는 자포자기 상태로 그것들을 당한 것이 아니라, 용기와 기쁨을 지니고 능동적으로 그것들을 끌어안았다. 그는 하느님의 부르심, 이교도 영혼들의 외침을 귀담아들었다. 하느님께서는 그의 심중에 이렇게 말씀하셨다. "내 이름을 현양하기 위해서 내가 너를 선교사로 삼았다. 가서 이교도 백성들을 가르쳐라." 브뤼기에르는 오래전부터 이런 말씀을 듣고 묵상하고 의논하고 기도했다. "저는 주님의 부르심이 두려웠습니다. 이교도 선교가 얼마나 큰일인지 되새기면서 저는 전율했습니다." 마침내 그는 부르심에 응답했다. "저 여기 대령했사오니 저를 보내십시오(Ecce ego, Mitte me). 주님의 선교사가 되겠습니다. 저는 지상의 영광보다 훨씬 더 큰 것을 추구하겠습니다. 어떤 선교사도 가지 않아서 무수히 멸망하는 영혼들을 구하러 제가 가겠습니다. 저는 주님의 사제로서 주님의 선교사, 주님의 사도로 살겠습니다. 저 영혼들이 저를 부릅니다. 저는 그에 응답해서 하늘나라를 얻고 싶습니다."

4.

선교사들의 목표, 선교사들의 영웅적인 용기의 숨은 동기라면 가련한 이교도들에게 하느님을 알림으로써 하느님의 영광을 현양하는 것이다. "이들 가련한 이교도들은 사제가 가서 도와주지 않으면 구원을 받을 수 없기 때문이다." 선교사의 관심사는 오직 하느님과 영혼과 하늘나라다. 주님께서는 "기뻐하고 즐거워하여라. 너희가 하늘에서 받을 상이 크다"라고 하셨다(마태 5,12 참조). 주님께서는 현세의 선교사에게 한없이 소중한 은총과 위안과 은밀하고도 초월적인 기쁨을 선사하신다. 주님께서는 사도들에게, 환란과 지독한 박해를 받는 가운데서도 '여러분은 행복할 것이다'라고 말씀하셨다(마태 5,11 참조). 그러므로 선교사들은 이별의 순간에 큰 고통도 겪지만 아울러 세상이 줄 수 없는 기쁨, 하늘나라 참된 행복의 서광이라 할 수 있는 기쁨도 느끼게 마련이다.

5.

브뤼기에르 신부는 1825년 9월 17일 파리외방전교회 신학교에 입학하여 넉 달 반 동안 머물면서 해외 선교 준비 과정을 이수했다. 틀림없이 그는 전심전력으로 이 과정에 임했다고 본다. 그의 소원은 성취되었던 것이다. 그의 아름다운 꿈은 이루어졌던 것이다. 그는 앞으로의 시련이 크다고 해서 뒤를 돌아다보거나 물러설 사람이 아니었다. 파리외방전교회에 도착한 후 가족에게 보낸 편지에서 말했듯이, 아무리 희생이 많고 클지라도 그는 전진할 것이다.

파리외방전교회 지도 신부들은 카르카손 교구 신학교의 출중한 교수이며 교구 참사 위원인 브뤼기에르 신부를 무척 환영했다. 당시 파리외방전교회는 지원자가 적은 형편이었는데 이처럼 유능하고 장래가 촉망되는 사람이 입회했으니 기쁨이 배가 될 수밖에 없었던 것이다. 첫날부터 모두 그에게 관심을 갖고 찬탄해 마지않았다.

브뤼기에르 신부는 파리외방전교회 신학교에서 불과 넉 달 반 동안 지냈지만 매우 행복했다. 그는 별로 힘들이지 않고 해외 선교 연수 과정에 적응했다. 철들고 나서 늘 카르카손 신학교에서만 지냈기에, 파리외방전교회 신학교에서도 빨리 적응했던 것이다. 복도에서 침묵하고 방에서 조용히 지내며, 신심 시간을 지키고 공부와 묵상에 오랜 시간을 보내며, 동료끼리 애덕을 지키고 아름다운 경당을 가까이 하는 것 등은 카르카손이나 여기나 마찬가지였다. 오히려 카르카손에서보다 여기의 분위기가 더 좋았다고나 할까.

6.

　브뤼기에르 신부는 그 옛날 사도들이 주님께 가르침을 받았듯이 지금 새로운 선교사들을 기르는 이곳에서(의 배움의 시간이) 정말 행복했다. 은총과 열정과 세상이 짐작도 할 수 없는 기쁨이 충만한 이 집에서 수련을 받고 나면, 온갖 희생을 감수하는 그리스도의 참군인이 되고 영혼들과 하늘나라의 정복자가 된다. 신학교 수련원에서 브뤼기에르 신부가 느낀 거룩한 감동을 확인하는 것은 어렵지 않다. 그는 루이 14세(1643년~1715년 재위) 때 지은 경당에서 거룩한 감동을 받았을 것이다. 여러 영광스러운 순교자들, 여러 성스러운 증거자들, 비길 데 없이 너그러운 은인들, 선교사들의 노력으로 마음으로나마 함께한 프랑스 친구들이 수시로 기도한 경당 아닌가.

　또한 처음으로 또 거듭해서 순교자들의 방을 찾아가서 무릎을 꿇고 기도하고 묵상할 때 그는 얼마나 감미로우면서도 강력한 감동을 받았을까? 순교자들의 방에는 파리외방전교회 순교자들의 유해를 담은 유골함과 핏자국이 선명한 순교자들의 옷, 극동에서 죄인의 목에 씌우던 칼, 포승줄, 등나무 회초리 등 여러 가지 형구들이 전시되어 있다. 이것들은 모조리 박해 현장에서 가져온 것들로서, 파리외방전교회 신학교에서 양성한 선교사들의 위대한 승리를 상기시킨다. 순교자들의 유해 앞에서 느끼는 감동은 특히 진해서, 곧 해외 선교 현장으로 파견될 선교사들에게, 하늘에서 그들을 위해서 기도할 영광스런 선배들을 느끼게 했다.

　작지만 아름다운 원죄 없이 잉태되신 성모 마리아 경당에서 느끼는 감동 또한 은혜로웠다. 성모님께서는 순교자들의 모후, 증거자들의 모후, 사도들의 모후이시며 하느님 앞에서 간구하시는 선교사들의 주보가 아니신가. 선교사들이 떠나기 전날 밤 저녁 기도 후에 행하는 송별식은 말할 수 없이 감동적이었다. 파리외방전교회 회원들, 선교사들의 부모와 가족, 그리고 친구들이 모여 행하는 송별식은 감격 그 자체였다(파리외방전교회 경당에 걸려 있는, 선교사 송별 그림을 유심히 보라).

7.

파리외방전교회 신학교 교수 신부 한 분이 회를 대표하여 새 선교사들을 환영하고 격려하는 뜻으로 인사말을 하고 나면 새 선교사들은 성당 앞 계단을 올라가서 감실 두 발짝 앞에서 동료들을 향해 돌아선다. 그러면 송별식 참석자들이 모두 선교사들의 발에 입을 맞춘다. 그때 다 같이 부르는 노래 가사는 이렇다. "저 멀리 평화와 구원의 복음을 전하러 가는 지상 천사들의 발은 그 얼마나 아름답고 존경스러운가!"

이때 많은 이들이 눈물을 흘리는데, 동행하는 선교사 없이 홀로 땅 끝으로 떠나는 경우에는 감동이 더욱 컸다. 그 시절에는 선교사 지망생이 적어서 홀로 떠나는 경우가 적지 않았는데, 브뤼기에르 신부 역시 그처럼 기다리고 원했던 시간이 되어 작별을 고할 때 혼자였다.

송별식을 통해서 생생한 연수를 받는 예비 선교사들은 하느님과 영혼들을 섬기는 탄탄한 교육을 통해 불굴의 투지를 갖게 되며 대단한 용기를 기르게 된다. 예비 선교사들은 시련과 고통, 환멸, 실패 등 선교에 수반되는 앞날의 실정을 배우게 된다. 예비 선교사들은 지옥과 인간 욕망을 누르려고 매일매일 싸우다 보면 겪게 될 중단 없는 어려움과 모순을 늘 숙고하게 된다. 그들은 사도 바오로가 "나는 매일 죽는다"라고 말씀하셨듯이 자신들의 삶은 희생 제물이라는 것을 알게 된다. 예비 선교사들이 연수를 받다 보면 진실한 신심에 기초하지 않은 환상적 열정은 깨어지게 마련이다. 진실한 신심은 주님께서 저들을 선교사로 부르면서 베푸시는 선물이다.

8.

복음을 전하는 선교사로서의 완덕을 갖추려고 브뤼기에르 신부가 따로 노력할 필요는 별로 없었다. 그는 이전부터 하느님의 사람이요 기도하는 사람이었기 때문이다. 그는 지난 15년에 걸쳐 카르카손 대신학교에서 교육을 받았고, 나중에는 신학생들을 사제직으로 인도하는 교육을 담당했던 것이다. 그러면서 늘 해외 선교의 생각을 키웠으니 브뤼기에르는 이미 높은 신심을 길렀다고 하겠다. 물론 그 자신은 "하느님께서 맡기실 고귀하고도 어려운 선교 사업"을 맡기에는 부족한 사람이라고 여겼지만 말이다. 아울러 그는 겸손한 사제였다. 그는 카르카손 대신학교의 유능한 교수요 카르카손 주교좌 성당의 참사 위원이었건만 전혀 우쭐하지 않고, 오히려 파리외방전교회 신학교의 젊은 신학생들과 함께 공부하면서 순종적이고 규칙을 잘 지키는 사랑스런 학생으로 처신했던 것이다. 그는 인내심이 부족하다고 여겨 인내하는 법을 익히려고 노력했다. 카르카손 신학생들이 의지하고 순종하던, 빼어난 스승이었던 그였지만 장차 어렵고도 보답 없는 해외 선교를 할 때에는 인내심이 절실히 필요했기 때문이다.

그의 선교 열정은 대단했다. 그는 이교도들을 개종시키는 데 성공하려면 많은 협조자들이 필요하다고 생각하여, 카르카손 신학생들을 끌어들이려고 애썼다. 하느님의 영광을 위해서 함께 일할 작정으로 왕년의 제자들에게 충고하고 기도했던 것이다.

곧고 힘차고 너그러운 성품을 지닌 그는 자신이 시작하려는 선교 사업에 참으로 합당한 능력을 갖추고자 완덕을 추구했다. 선교 사업에 헌신하려면 선교사 자신이 성스러워야 한다는 것을 알고 있었던 것이다. 그래서 그는 주님의 은총을 받고자 기도와 고행을 일삼았다. 인간은 은총 없이는 아무 일도 할 수 없기 때문이다. 하느님을 모시고 사는 삶은 무척 행복했다. 그러나 그의 삶에 어두운 그림자 같은 비탄도 있었다. 곧, 가족에게 솔직히 이별을 알리지 못하고 떠난 일, 존경하올 부모님에게 하직 인사 없이 축복도 받지 못하고 떠난 일이 늘 마음에 걸렸던 것이다.

9.

브뤼기에르 신부는 슬픔에 잠긴 부모님을 자주 생각했다. 그가 작별 인사를 드리지 않고 떠나서 부모님에게 큰 고통을 안겼다고 여긴 나머지, 부모님에게서 한마디라도 들어야만 편안한 마음과 기쁨을 누릴 수 있을 것 같았다(1825년 9월 8일). 그래서 그는 파리행 역마차를 타고 카르카손을 떠나기 직전에 부모님을 위로하는 감동적인 편지를 썼다(1신). 파리 도착 닷새 후에는 조카딸들에게 이렇게 썼다. "너희 엄마에게 부탁해서, 할아버지, 특히 할머니를 위로해드리도록 해라. 그분들에게서 아무런 소식이 없구나. 그분들 앞에서 내 처신을 나무라지 않도록 너희 엄마에게 말씀드려라. 만일 내 처신을 꾸짖는다면 두 분의 고통을 격하게 할 뿐이다. 내가 할아버지 할머니께 약속드린 대로, 곧 편지를 보내드린다고 말씀드리도록 해라. 두 분이 처음으로 내게 쓰실 편지에서, 본의 아니게 내가 끼친 고통을 용서해주신다고 말씀하셔야만 비로소 내 마음이 편할 것 같구나. 두 분이 진심으로 하느님을 사랑하신다면 하느님의 영광과 무수한 이교도들의 구원을 위해서 이만한 희생쯤은 각오하실 것이다. 두 분의 희생 없이는 저 많은 영혼들이 구원을 받을 수 없단다."

10.

부모님을 사랑하기 때문에 상심한 브뤼기에르 신부의 마음을 위로하는 어머니의 편지가 두 달쯤 후에 도착했다. 그는 즉시 답신을 보냈다. "어머니가 친히 써 보내신 편지를 읽고 저를 위하시는 어머니의 사랑을 다시금 확인했습니다. 어머니께서 주시는 축복을 감사하는 마음으로 받아들입니다"(1825년 11월 6일자, 2신).

11.

10항에서 말한 대로 브뤼기에르 신부는 부모님으로부터 아무런 소식이 없어 상심하다가 1825년 11월 6일 어머니의 편지를 받았다. 어머니는 아들 신부를 축복했다. 그러나 축복의 조건으로 아들 신부가 고향으로 돌아오기를 은근히 바랐다. 나중에는 또 한 가지 조건을 덧붙였는데, 꼭 중국으로 가기로 작심했다면 출발 전에 고향에 와서 가족들에게 작별 인사를 하고 가라는 것이었다. 그는 1826년 2월 26일 보르도에서 부모님에게 쓴 편지에서 부모님의 간절한 요구에 응할 수 없는 이유들을 적어보냈지만 답신이 없었다.

그리고 3년 이상 아무 연락도 못받았다가 마침내 1829년 6월 부모님에게서 소식을 받고 이렇게 답신을 올렸다. "부모님이 1827년 3월 6일과 1828년 1월 21일자로 주신 편지 2통을 이제야(1829년 6월) 받았습니다. 저는 부모님이 편지 쓰실 생각이 없으신 줄로 여겼습니다. 제가 3년도 넘게 부모님에게서 아무런 소식도 받지 못했으니까요. 그러나 부모님이 주신 두 편지의 날짜를 보고 늦게 배달되었다는 사실을 알게 되었습니다. 거리가 워낙 먼 데다, 유럽 배가 자주 다니는 인도 항구들과 제가 있는 샴 사이에는 왕래가 아주 드물기 때문에 편지가 늦게 배달된 것입니다."

며칠 전에 부모님에게 길고 흥미진진한 내용의 편지를 쓰긴 했지만, 드디어 부모님으로부터 편지 2통을 받은 그는 너무도 행복한 나머지 또 편지를 올렸다. 기다리고 기다리던 중 마침내 받은 편지에서 위안과 기쁨을 만끽하면서 그 기쁨을 지체 없이 부모님과 또 나누고 싶었기 때문이었다. 부모님에게서 3년 이상 소식을 듣지 못한 것은 엄청난 시련이요 혹독한 고통이었다. 부모님이 그를 잊어버렸거나 그를 버렸거나 그를 배척한다고 여길 만도 했던 것이다. 그가 부모님에게 자주 길고 정감어린 편지를 드렸으나 아무런 회신도 받지 못했기 때문에 그는 이런 식으로 불평하곤 했다.

"부모님, 소식을 주세요."
"부모님의 편지를 받지 못해서 유감입니다."
"가족들의 소식을 주십시오."

브뤼기에르 신부의 가족이 대가족임을 상기하라. 그러니 가족으로부터 소식이 전무한 게 두렵지 않았을 수 있겠는가. 그의 편지 행간에서 그런 심정을 느낄 수 있다.

12.

부모님으로부터 소식이 없자 그는 부모님께 올린 편지에서 이렇게 말했다. "머지 않아 부모님이 쓰신 편지를 자주 받을 줄로 믿습니다. 저도 머지 않아, 그리고 자주 편지를 드리기로 약속합니다." 항해 중 세 번째로 부모님께 드린 편지에서는 이렇게 썼다 "제가 (고향과 조국을) 떠난 것을 두고 부모님께서 분노하시지 않는다는 소식을 주시면 제 마음이 편하겠습니다. 간청합니다. 차라리 실망하셨다고 말씀해주십시오. 저는 지나가는 배를 만나기만 하면 부모님께 편지 쓸 생각부터 합니다. 기회가 있을 때마다 기꺼이 부모님께 존경과 사랑의 정을 표하는 게 당연한 도리라고 생각합니다."

1829년 4월 1일 방콕에서 부모님께 드린 편지에서는 이렇게 불평했다. "프랑스로부터 편지들을 받지 못했습니다." 그러면서 부모님의 편지를 받지 못한 연유를 이렇게 짐작했다. "부모님의 편지 배달이 지연되는 것 같습니다. 편지가 샴에까지 도착하자면 여러 단계를 거쳐야 합니다(1829년 6월에 가서야 부모님의 편지 2통을 받았다).

고향에서 도무지 소식이 없으니, 고향으로 보낸 편지가 제대로 도착하지 않았다고 브뤼기에르 신부는 생각할 수도 있었다. 만일 그가 항해 중에 쓴 편지가 한 통도 고향에 도착하지 않았다면 고향 친지들은 그가 죽었거나, 편지 한 통도 써 보낼 수 없는 난관에 처해 있다고 여길 수도 있지 않을까, 그는 걱정이 되었다.

그렇다면 그처럼 헌신적이고 사랑스러운 아들 신부에 대한 부모님의 근심 걱정은 여러 해를 두고 얼마나 컸을까. 브뤼기에르 신부는 가족에게 행복과 기쁨만을 주고 싶었기 때문에, 그의 부모님이 자기 때문에 괴로워한다면, 나아가서 자기를 몹쓸 아들로 치부한다면 견디기 힘들었으리라.

현세에서 행복할 일이 전혀 없는 사람에게도 다행히 하느님은 계신다. 하느님과 함께라면 어떤 역경에서도 희망이 있다. "부모님께서 도무지 편지를 주지 않으시니 저는 몹시 괴롭습니다. 곧 맞이할 새해 초에는 (부모님의 편지를 받잡고) 행복하리라고 믿습니다." 3년도 넘게 없던 소식이 (1829년 6월에) 당도한다.

13.

조카딸 하나가 수녀원에 입회한다는 소식을 듣게 되자, 조카딸에게 1825년 11월 21일자로 쓴 서신에서 그는 "위안과 기쁨을 안고 머나먼 고장으로 떠난다. 1826년 1월 말쯤 중국으로 갈 것 같다"라고 화답했다. 일단 그다음 편지에서는 이렇게 말했다. "1826년 1월 말경에 배를 탈 것 같다. 크나큰 희생을 치르면서 태어난 고향을 영원히 떠나려는 순간에, 네가 가장 좋은 선택을 해서 세속의 위험에서 보호받는 항구에 정착한다니, 삼촌은 기쁘고 위안이 되고 흡족하구나."

그러니까 브뤼기에르 신부는 곧 승선할 줄로 믿었다. 그의 가장 아름다운 꿈이 실현될 참이었다. 그는 만족했다. 행복한 날이 다가오고 있었다.

14.

파리외방전교회 신학교에서 짧지만 행복한 넉 달 반을 보내고 나서 1826년 2월 5일 그곳을 떠났다. 헌신적이고 너그러운 친구들과 영영 이별하는데 어찌 눈물이 없었겠는가. 그러나 장차 동방에서 할 선교 업무를 생각해서 기쁨의 눈물을 흘렸을 것이다. 임지가 정해졌다. 파리외방전교회 지도자들은 그를 코친차이나로 발령을 냈다. 그는 이에 대해 긍지를 갖고 만족했는데, 그 까닭은 다음과 같다

코친차이나(남부 베트남)와 통킹(북부 베트남) 선교에는 가장 혹독한 박해가 따랐다. 그래서 여러 지역 선교 가운데서 그곳을 가장 보람 있는 선교지이며 천국의 현관이라고 한다. 그곳에서 선교하는 선교사들을 일컬어 엘리트 부대라고도 한다. 지난 200년 동안 베트남에서는 순교의 종려나무들이 무성하게 자랐다. 여기서는 영웅적인 순교가 일상사가 되다시피 했다. 그래서

『포교성성 연보』에서는, 늘 칼로 위협받는 베트남 교회의 발은 피 속에서 자라고, 머리는 형틀에서 자란다고 한다. 지난 5년 전부터 베트남을 통치한 민멘(Ming Mehn, 明命, 1820년~1841년 재위) 황제 즉위 후의 첫 번째 칙서는 가톨릭교회와 선교사들을 끈질기고 지능적으로 박해하는 내용의 칙서였다.

브뤼기에르 신부는 이런 박해를 염원했다. 박해는 성스러운 선교사의 전쟁터였다. 베트남으로 항해하면서 사도적 삶을 두고 그는 얼마나 아름다운 묵상을 하고 얼마나 고상한 꿈을 꾸었을까. 사도적 삶이란 계속되는 십자가의 길이요, 그 길의 끝은 순교였다. 그러나 하느님의 섭리로 선교지가 바뀌었다. 파리외방전교회 총장은 브뤼기에르 신부를 아주 평화로운 선교지 샴으로 보내기로 최종 결정했다. 샴 선교는 할 일이 많고 궁핍하기 그지없었지만 박해는 없었다. 브뤼기에르 주교는 (1831년 9월 9일자로 신설된 조선 교구 초대 교구장으로 발령을 받고) 조선행을 강행하다가 (네이멍구 마짜아즈에서 선종한다).

15.

『포교성성 연보』(제11호, 1827년 8월 발행)를 보면 브뤼기에르 신부는 바르브(Barbe) 신부와 함께 보르도에서 승선하여 페낭으로 항해했다. 두 선교사 가운데서 한 명은 퓌피에(Pupier) 신부 대신 페낭 신학교에서 일하고, 한 명은 방콕(샴 교구장 플로랑 주교 소재지)으로 갈 작정이었다. 단, 부쇼(Boucho) 신부가 방콕 플로랑 주교에게로 가겠다고 하면, 새 선교사가 방콕으로 갈 필요는 없다.

『포교성성 연보』 제11호에 따르면 1827년도에 선교사 6명이 떠나는데, 예로 바다이(Badailh) 신부는 샴으로, 샤스탕(Chastan) 신부는 중국으로 발령을 받았다.